DuD-Fachbeiträge

Herausgegeben von
H. Reimer, Erfurt, Deutschland
K. Rihaczek, Bad Homburg v.d. Höhe, Deutschland
A. Roßnagel, Kassel, Deutschland

Die Buchreihe ergänzt die Zeitschrift DuD – Datenschutz und Datensicherheit in einem aktuellen und zukunftsträchtigen Gebiet, das für Wirtschaft, öffentliche Verwaltung und Hochschulen gleichermaßen wichtig ist. Die Thematik verbindet Informatik, Rechts-, Kommunikations- und Wirtschaftswissenschaften. Den Lesern werden nicht nur fachlich ausgewiesene Beiträge der eigenen Disziplin geboten, sondern sie erhalten auch immer wieder Gelegenheit, Blicke über den fachlichen Zaun zu werfen. So steht die Buchreihe im Dienst eines interdisziplinären Dialogs, der die Kompetenz hinsichtlich eines sicheren und verantwortungsvollen Umgangs mit der Informationstechnik fördern möge.

Herausgegeben von

Prof. Dr. Helmut Reimer   Prof. Dr. Alexander Roßnagel
Erfurt   Universität Kassel

Dr. Karl Rihaczek
Bad Homburg v.d. Höhe

Weitere Bände in dieser Reihe http://www.springer.com/series/12486

Alexander Roßnagel

Datenschutzaufsicht nach der EU-Datenschutz-Grundverordnung

Neue Aufgaben und Befugnisse der Aufsichtsbehörden

Gutachten im Auftrag der unabhängigen
Datenschutzbehörden der Länder

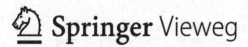

Prof. Dr. Alexander Roßnagel
Wissenschaftliches Zentrum für
Informationstechnik-Gestaltung (ITeG)
Universität Kassel
Kassel, Deutschland

DuD-Fachbeiträge
ISBN 978-3-658-18505-3   ISBN 978-3-658-18506-0   (eBook)
DOI 10.1007/978-3-658-18506-0

Die Deutsche Nationalbibliothek verzeichnet diese Publikation in der Deutschen National-
bibliografie; detaillierte bibliografische Daten sind im Internet über http://dnb.d-nb.de abrufbar.

Gedruckt auf säurefreiem und chlorfrei gebleichtem Papier

Springer Vieweg ist Teil von Springer Nature
Die eingetragene Gesellschaft ist Springer Fachmedien Wiesbaden GmbH
Die Anschrift der Gesellschaft ist: Abraham-Lincoln-Str. 46, 65189 Wiesbaden, Germany

Vorwort

Die Datenschutz-Grundverordnung (EU) 2016/679 vom 27. April 2016 soll das Datenschutzrecht in der Europäischen Union vereinheitlichen und effektivieren. Um Datenschutz besser durchzusetzen und seine Anwendung zu harmonisieren, enthält sie viele neue Instrumente, Institutionen und Verfahren. Diese verändern Aufgaben und Befugnisse der Aufsichtsbehörden, den Handlungsrahmen der Verantwortlichen und die Zusammenarbeit zwischen beiden.

Die Verantwortung für das Erreichen ihrer Ziele überträgt die Datenschutz-Grundverordnung überwiegend den Datenschutzaufsichtsbehörden. Ihnen kommt eine zentrale Rolle für die einheitliche Durchsetzung des neuen Datenschutzrechts in der Europäischen Union und im Europäischen Wirtschaftsraum zu. Ihre Tätigkeit ist entscheidend dafür, inwieweit das neue Datenschutzrecht wirksam wird und in allen Mitgliedstaaten zu einem gelebten Datenschutz führt. Sie sind ein wesentlicher Bestandteil des Schutzes natürlicher Personen bei der Verarbeitung personenbezogener Daten und sollen Grundrechtsschutz auch gegenüber den neuen Herausforderungen gewährleisten.

Aufgrund der hohen Bedeutung der Aufsichtsbehörden widmet die Datenschutz-Grundverordnung ihren Aufgaben und Befugnissen, ihrer Stellung und ihrer Zusammenarbeit große Aufmerksamkeit. Während sich in der Datenschutz-Richtlinie nur drei Vorschriften mit der Stellung, den Aufgaben, den Befugnissen und der unionsweiten Zusammenarbeit der Aufsichtsbehörden befassen, regelt die Datenschutz-Grundverordnung diese Fragen in insgesamt 26 Vorschriften.

Der besonderen Bedeutung der Aufsichtsbehörden für die Ziele der Datenschutz-Grundverordnung entspricht auch die Zuweisung einer herausgehobenen Stellung. Den neuen Akzenten, die die Datenschutz-Grundverordnung für die Umsetzung des Datenschutzes setzt, entsprechen auch neue und zusätzliche Aufgaben und Befugnisse der Aufsichtsbehörden. Sie führen im Ergebnis dazu, dass sich der Charakter und Zuschnitt der Aufsichtsbehörden und der Modus und die Intensität ihrer Tätigkeiten gegenüber der Datenschutz-Richtlinie stark verändern und sie neue und erweiterte Tätigkeitsfelder ausfüllen müssen.

Mit der Änderung der Handlungsgrundlagen und der Erweiterung der Aufgaben ist auch ein erhöhter Ressourcenbedarf für die unabhängigen Aufsichtsbehörden verbunden. Um über die neuen Aufgaben und die zusätzlichen Bedarfe, sie zu erfüllen, Klarheit zu gewinnen, beauftragten die unabhängigen Datenschutzbehörden der Länder den Autor, in einem Rechtsgutachten die neuen Aufgaben zu beschreiben und den zusätzlichen Aufwand zu bewerten, die sich für sie aus dem Inkrafttreten der Datenschutz-Grundverordnung gegenüber der bisherigen Rechtslage ergeben.

Dieses Buch enthält das nur leicht überarbeitete und aktualisierte Rechtsgutachten, das den Aufsichtsbehörden im Januar 2017 übergeben wurde. In dieser Fassung wurde vor allem der am 1. Februar von der Bundesregierung beschlossene Entwurf eines neuen Bundesdatenschutzgesetzes berücksichtigt. Er regelt Aufgaben und Befugnisse der Datenschutzbehörden der Länder im Anwendungsbereich der Datenschutz-Grundverordnung nur in einer einzigen Vorschrift unmittelbar. Allerdings wirken sich einige Regelungen anderer Rechtsfragen auch auf die neuen Tätigkeitsfelder der Aufsichtsbehörde der Länder aus.

Kassel, März 2017   Alexander Roßnagel

Inhaltsverzeichnis

1 Neue Aufgaben der Datenschutzaufsicht?   1

2 Verfassungsrechtliche Aufgaben der Aufsichtsbehörden   7
   2.1   Aufgaben und Stellung nach dem Primärrecht der Union   7
   2.2   Aufgaben nach deutschem Verfassungsrecht 10

3 Herausforderungen der Digitalisierung 15

4 Datenschutz-Grundverordnung 21
   4.1   Regelungskonzept 24
   4.2   Konzeption der Aufsichtsbehörden 27
         4.2.1   Schutz der Grundrechte 28
         4.2.2   Einheitliche Umsetzung der Datenschutz-
                 Grundverordnung 29
         4.2.3   Vollendung der Datenschutz-Grundverordnung 32
         4.2.4   Verantwortung der Aufsichtsbehörden 34
         4.2.5   Kommunikationsaufgaben 34
         4.2.6   Unabhängigkeit 36
         4.2.7   Ausgestaltung und Ausstattung 37
         4.2.8   Verteilung der Aufgaben 38

5 Neue Pflichten der Datenschutzbehörden 41
   5.1   Pflichten gegenüber den betroffenen Personen 41
         5.1.1   Beschwerde 41
         5.1.2   Gerichtlicher Rechtsbehelf 45
   5.2   Pflichten gegenüber der Allgemeinheit 48
         5.2.1   Berichtspflichten 48
         5.2.2   Verzeichnispflichten 49

5.3   Pflichten gegenüber den Verantwortlichen.   49
        5.3.1   Anwendungsbereich von Datenschutz-
                Folgenabschätzungen.   49
        5.3.2   Empfehlungen zur verordnungskonformen
                Gestaltung   52
        5.3.3   Genehmigung von Verhaltensregeln   54
        5.3.4   Zertifizierung von Verarbeitungsvorgängen.   57
        5.3.5   Standardvertragsklauseln für die
                Auftragsverarbeitung.   60
        5.3.6   Genehmigung von Klauseln und interne Vorschriften. . .   64
        5.3.7   Standardvertragsklauseln für die Übermittlung
                in Drittländer   65
5.4   Pflichten gegenüber Überwachungs- und
        Zertifizierungsstellen.   67
        5.4.1   Kriterien für die Akkreditierung von
                Überwachungsstellen.   67
        5.4.2   Kriterien für die Akkreditierung von
                Zertifizierungsstellen   70
        5.4.3   Kriterien für die Zertifizierung.   71
        5.4.4   Akkreditierung von Überwachungsstellen.   73
        5.4.5   Akkreditierung von Zertifizierungsstellen   74
5.5   Pflichten zur Kooperation   77
        5.5.1   Verfahren der grenzüberschreitenden
                Zusammenarbeit.   78
        5.5.2   Gegenseitige Amtshilfe   87
        5.5.3   Kohärenzverfahren.   89

6   Neue Aufgaben für die Aufsichtsbehörden.   95
6.1   Datenschutzkontrollen.   95
6.2   Datenschutzanordnungen.   97
6.3   Aufklärung und Öffentlichkeitsarbeit   101
6.4   Politische Beratung   103
6.5   Individuelle Beratung.   105
        6.5.1   Beratung zu allgemeinen Datenschutzfragen.   105
        6.5.2   Beratung in speziellen Fällen.   108
6.6   Verhaltensregeln.   110
6.7   Datenschutz-Folgenabschätzung   111
        6.7.1   Anregung zur Datenschutz-Folgenabschätzung.   113
        6.7.2   Regelsetzung zur Datenschutz-Folgenabschätzung.   115

6.7.3   Entwicklung einer Konzeption zur Durchführung   116
6.7.4   Konsultation und Überprüfung des Verantwortlichen . . .   119
6.7.5   Konsultation des Gesetz- und Verordnungsgebers   120
6.8   Datenschutz durch Systemgestaltung   122
6.9   Zertifizierung   127
6.9.1   Förderung von Zertifizierung   128
6.9.2   Überprüfung von Zertifizierungen   129
6.10   Sanktionen   130
6.11   Prozessführung und -begleitung   136
6.11.1   Verwaltungsgerichtliche Verfahren   136
6.11.2   Strafverfahren   140
6.11.3   Bußgeldverfahren   141
6.11.4   Nichtigkeitsklage vor dem Europäischen Gerichtshof . . .   142
6.11.5   Vorabentscheidungsverfahren   144
6.11.6   Anfechtung eines Angemessenheitsbeschlusses der
          Kommission   145
6.12   Koordinierung der Datenschutzaufsicht   146
6.12.1   Informationsaustausch   147
6.12.2   Verfahren der Zusammenarbeit   149
6.12.3   Vorbereitende Maßnahmen zur gegenseitigen
          Amtshilfe   150
6.12.4   Gemeinsame Maßnahmen   150
6.12.5   Mitarbeit im Datenschutzausschuss   151
6.12.6   Kohärenzverfahren   154
6.13   Internationale Zusammenarbeit   155
6.14   Sonstige Aufgaben der Aufsichtsbehörde   158

7   Modus der Aufgabenerfüllung   161
7.1   Präzisierung und Konkretisierung von Vorgaben   161
7.2   Bestimmung des Anwendungsvorrangs der Verordnung   163
7.3   Technik- und Risikoneutralität   165
7.3.1   Konkretisierung durch Regelsetzung   167
7.3.2   Konkretisierung im Einzelfall   168
7.4   Regelsetzung   170
7.5   Erweiterter Anwendungsbereich   172

8   Umsetzung der Unabhängigkeit   175

9   Aufgaben mit zusätzlichem Personalbedarf   179
9.1   Einzelne Bereiche mit zusätzlichem Arbeitsbedarf   180

	9.1.1	Datenschutzprüfungen und -anordnungen	180
	9.1.2	Kooperation in der Union	182
	9.1.3	Datenschutzkommunikation	185
	9.1.4	Verfahrensmanagement	188
	9.1.5	Justiziariat, Beschwerde- und Sanktionsstelle	191
	9.1.6	Organisation der Unabhängigkeit	193
9.2	Zeitliche Verteilung des Arbeitsbedarfs		193
9.3	Weiterer Personalbedarf		195
9.4	Erfüllung des Personalbedarfs		196
9.5	Notwendigkeit der Evaluation		198

Literatur. 199

Neue Aufgaben der Datenschutzaufsicht?

Die Datenschutz-Grundverordnung (EU) 2016/679 vom 27. April 2016[1] verändert die bisherigen Handlungsgrundlagen der Verantwortlichen und der Aufsichtsbehörden nachdrücklich. Neue Instrumente, Institutionen und Verfahren bilden einen neuen Handlungsrahmen der Zusammenarbeit. Beide müssen zusammenarbeiten, um die Grundrechte und Freiheiten der betroffenen Personen zu schützen.

Datenschutz in der Europäischen Union und im Europäischen Wirtschaftsraum einheitlich zu gewährleisten, ist vor allem Sache der unabhängigen Aufsichtsbehörden. Sie erhalten hierfür neue Aufgaben und Befugnisse, Pflichten zur Zusammenarbeit sowie Institutionen und Verfahren der einheitlichen Willensbildung. Diese Neuerungen verändern die Rolle und den Charakter der unabhängigen Aufsichtsbehörden und verursachen einen zusätzlichen Ressourcenbedarf. Um über die neuen Aufgaben und die zusätzlichen Bedarfe Klarheit zu gewinnen, beauftragten die unabhängigen Aufsichtsbehörden der Länder den Autor, in einem Rechtsgutachten den zusätzlichen Aufwand zu bewerten, der sich für die Datenschutzbehörden der Länder aus dem Inkrafttreten der Datenschutz-Grundverordnung gegenüber der bisherigen Rechtsanwendung ergibt. Dabei sollte sowohl die Vorbereitungszeit seit Inkrafttreten der Verordnung am 24. Mai 2016 bis zur Geltung der Verordnung in den Mitgliedstaaten ab dem 25. Mai 2018 als auch die nachfolgende Zeit, wenn die Verordnung in allen Mitgliedstaaten gilt, berücksichtigt werden.

Bei der Bewertung sollten unter anderen folgende Umstände Berücksichtigung finden:

– das Ziel einer einheitlichen Anwendung der Datenschutz-Grundverordnung in der gesamten Union, zu dem jede Aufsichtsbehörde ihren Beitrag leisten muss (Art. 51 Abs. 2 und 57 Abs. 1 lit. g DSGVO, Erwägungsgrund 10 DSGVO),

[1]EU ABl. L 119 vom 4.5.2016, 1.

© Springer Fachmedien Wiesbaden GmbH 2017
A. Roßnagel, *Datenschutzaufsicht nach der EU-Datenschutz-Grundverordnung,* DuD-Fachbeiträge,
DOI 10.1007/978-3-658-18506-0_1

- der technologieneutrale Ansatz der Datenschutz-Grundverordnung (Erwägungsgrund 15 DSGVO),
- die gegebenen Strukturen zur europaweiten Abstimmung in der Art. 29-Datenschutzgruppe und ihren Subgroups und den entsprechenden Nachfolgegremien,
- ein etwaiger Konkretisierungs- und Auslegungsbedarf bei ungenauen oder unklaren Regelungen,
- die Ausgestaltung der Rechte von betroffenen Personen gegenüber den Aufsichtsbehörden nach der Datenschutz-Grundverordnung.

Aus diesen Rahmenbedingungen für die künftigen Tätigkeiten der Aufsichtsbehörde entwickelten die Datenschutzbeauftragten der Länder folgende Gutachtenfragen:

1. Welche konkreten Anforderungen ergeben sich für den behördlichen Alltag der Datenschutzbehörden der Länder aus den nachfolgenden Regelungsbereichen der Datenschutz-Grundverordnung? Welche Anforderungen bestehen für entsprechende Sachverhalte nach der bisherigen Rechtslage? Wie ist die Relevanz, der Aufwand, die Qualität und die Quantität der Erfüllung der jeweiligen Pflichten gegenüber der bisherigen Rechtslage zu bewerten? Steigt der von den Aufsichtsbehörden zu betreibende Aufwand gegenüber der bisherigen Rechtslage? Lässt sich der zusätzliche Aufwand quantifizieren?
   a. Regelungen zur Zuständigkeit und Zusammenarbeit von federführenden und betroffenen Aufsichtsbehörden unter besonderer Berücksichtigung der Fristen im One-Stop-Shop-Verfahren. Dabei sollte sowohl der Aufwand für die federführende als auch für die betroffene Behörde analysiert werden.
   b. Regelungen zu den (teilweise einklagbaren) Pflichten der Aufsichtsbehörden gegenüber betroffenen Personen.
   c. Regelungen zur Durchführung der weiteren in der Datenschutz-Grundverordnung vorgesehenen Formen der Zusammenarbeit in der Europäischen Union (gemeinsame Maßnahmen und gegenseitige Amtshilfe).
   d. Regelungen zum Kohärenzverfahren unter besonderer Berücksichtigung von Relevanz, Aufwand, Qualität und Quantität von Abstimmungen auf nationaler und europaweiter Ebene (insbesondere vor dem Hintergrund der in der Datenschutz-Grundverordnung verankerten Fristen).
   e. Regelungen der Datenschutz-Grundverordnung bei Übermittlungen personenbezogener Daten an Drittländer (Kapitel V).
   f. Regelungen zum Marktortprinzip des Art. 3 Abs. 2 DSGVO.

g. Regelungen der Datenschutz-Grundverordnung zur Datenschutz-Folgenabschätzung und zur vorherigen Konsultation.

h. Regelungen zur Unterrichtung der Aufsichtsbehörden in Zertifizierungsverfahren und gegebenenfalls zur Akkreditierung von Zertifizierungsstellen.

i. Regelungen zu den Sanktions- und Anordnungsmöglichkeiten nach der Datenschutz-Grundverordnung im nicht-öffentlichen und öffentlichen Bereich. Muss insbesondere damit gerechnet werden, dass Aufsichtsbehörden verstärkt an Gerichtsverfahren beteiligt werden?

2. Welche präventiven Ansätze und welche Beratungsansätze verfolgt die Datenschutz-Grundverordnung im Einzelnen? Welchen Stellenwert haben präventive und Beratungstätigkeiten in der Datenschutz-Grundverordnung gegenüber anderen Tätigkeiten der Aufsichtsbehörden? Folgt aus den präventiven Instrumenten und den Beratungstätigkeiten der Datenschutz-Grundverordnung eine Veränderung in Relevanz, Aufwand, Qualität oder Quantität gegenüber ähnlichen Instrumenten des bisherigen Rechts? Steigt der von den Aufsichtsbehörden zu betreibende Aufwand gegenüber der bisherigen Rechtslage? Lässt sich, sofern dies zutrifft, der zusätzliche Aufwand quantifizieren?

3. Gibt es sonstige Regelungen, die den von den Aufsichtsbehörden nach der Datenschutz-Grundverordnung erwarteten Aufwand beeinflussen? Lässt sich für diese ein zusätzlicher Aufwand quantifizieren?

4. Welche Vorgaben ergeben sich aus der europarechtlich geforderten Unabhängigkeit der Aufsichtsbehörden (Art. 51 Abs. 1 DSGVO) für die Rechtsform der Landesbehörden? Sind bestimmte Rechtsformen nicht geeignet, weniger gut geeignet oder besser geeignet, die Unabhängigkeit zu gewährleisten?

5. Welche weiteren Umstände wären bei einer allgemeinen Bewertung des aktuellen und künftigen zusätzlichen Aufwands der Datenschutzbehörden der Länder außerdem zu berücksichtigen – etwa technologischer Fortschritt, Digitalisierung, nationale Gesetzgebung? Gibt es höchstrichterliche Rechtsprechung (z.B. des Europäischen Gerichtshofs oder des Bundesverfassungsgerichts), die den Datenschutzbehörden der Länder bestimmte neue Aufgaben zuweist?

6. Welcher Mehraufwand ist damit verbunden, dass die Datenschutzbehörden im öffentlichen Bereich von einer reinen Kontroll- und Beratungsstelle in eine Aufsichtsbehörde mit Weisungs- und Verbotsbefugnissen entwickelt sowie mit Klagerechten ausgestattet werden? Wie ist die Relevanz, der Aufwand, die Qualität und die Quantität der Erfüllung der jeweiligen Pflichten gegenüber der bisherigen Rechtslage zu bewerten?

Um diese Fragen zu beantworten, klärt die Untersuchung zuerst, welche Bedeutung die Aufsichtsbehörden[2] nach dem Primärrecht der Europäischen Union und nach dem Verfassungsrecht der Bundesrepublik Deutschland für den Schutz der Grundrechte haben (2.). Um diese Bedeutung in vollem Umfang zu erfassen, skizziert sie einige wichtige absehbare künftige Entwicklungen, die größere Herausforderungen für die zu schützenden Grundrechte verursachen (3.). Danach untersucht sie die Konzepte der Datenschutzregelungen der Datenschutz-Grundverordnung unter Berücksichtigung des Entwurfs für ein neues Bundesdatenschutzgesetz (BDSG-E),[3] diese Grundrechte zu schützen, und die Rolle, die die Aufsichtsbehörden in diesen einnehmen (4.).

Um besser bewerten zu können, welche Tätigkeiten der Aufsichtsbehörden zusätzlich zu ihren bisherigen erforderlich sind, unterscheidet die Untersuchung zwischen Pflichten und Aufgaben. Zur Erfüllung einer Pflicht ist ein Tätigwerden der Aufsichtsbehörde zwingend erforderlich. Davon soll sich eine Aufgabe in dieser Untersuchung dadurch unterscheiden, dass sie ein Tätigkeitsfeld beschreibt, das der Aufsichtsbehörde zugewiesen ist, für das jedoch der Umfang der erforderlichen Tätigkeit nicht zwingend vorgegeben ist, sondern von den anstehenden Herausforderungen, dem gebotenen Aufgabenverständnis und dem Engagement der Aufsichtsbehörde abhängig ist. Entsprechend dieser Unterscheidung untersucht das Gutachten sowohl zusätzliche Pflichten (5.) als auch zusätzliche Aufgaben (6.).

Welcher Aufwand zur Erfüllung der Pflichten und zur Wahrnehmung der Aufgaben erforderlich ist, hängt nicht nur von der Pflicht oder Aufgabe als solcher ab. Vielmehr ist auch die Art und Weise entscheidend, in der die Pflichten zu erfüllen und die Aufgaben wahrzunehmen sind. Um diese näher zu bestimmen, untersucht das Gutachten die normativen Vorgaben der Datenschutz-Grundverordnung und des Entwurfs eines neuen Bundesdatenschutzgesetzes danach, wie sehr sie Entscheidungen der Aufsichtsbehörde vorherbestimmen oder ihnen die Aufgabe übertragen, die Entscheidungsgrundlagen erst noch selbst zu erarbeiten (7.).

Schließlich prüft das Gutachten noch, welche Anforderungen hinsichtlich Status und Organisation an die „völlige Unabhängigkeit" der Aufsichtsbehörden

---

[2]Mit Aufsichtsbehörden sind in diesem Gutachten sowohl die „Datenschutzbehörden" nach den Datenschutzgesetzen der Länder, die für die öffentlichen Stellen der Ländern zuständig sind, als auch die „Aufsichtsbehörden" nach Art. 4 Nr. 21 und 51 Abs. 1 DSGVO als auch die „Aufsichtsbehörde" nach § 38 BDSG und „Aufsichtsbehörden der Länder" nach § 38 BDSG-E gemeint.

[3]Regierungsentwurf vom 1.2.2017, BT-Drs. 18/11325.

bestehen und wie diese erfüllt werden können. Aus diesen Anforderungen können sich neue, bisher nicht zu erfüllende Pflichten und Aufgaben ergeben. Das Gutachten bewertet diese hinsichtlich ihres zusätzlichen Arbeitsbedarfs (8.).

Abschließend fasst das Gutachten die bis dahin erarbeiteten Erkenntnisse zu zusätzlichen Pflichten und Aufgaben der Aufsichtsbehörden zusammen und bewertet sie hinsichtlich des zusätzlichen Aufwands. Um diesen präzis in Form von Stellenzuschnitten und Vollzeitäquivalenten ausdrücken zu können, müsste der konkrete Aufgabenzuschnitt, die absehbare Arbeitsbelastung und die Ausstattung der einzelnen Aufsichtsbehörde detailliert untersucht werden. Dies würde die Möglichkeiten dieses Gutachtens übersteigen. Es bewertet jedoch generisch die durchschnittliche zusätzliche Arbeitsbelastung einer Aufsichtsbehörde (9.). Aus dieser kann dann unter Berücksichtigung der konkreten Umstände der Pflichtenerfüllung und Aufgabenwahrnehmung der zusätzliche Stellenbedarf einer einzelnen Aufsichtsbehörde bestimmt werden.

Verfassungsrechtliche Aufgaben der Aufsichtsbehörden

2

Sowohl das Primärrecht der Europäischen Union als auch das Verfassungsrecht der Bundesrepublik Deutschland sehen die datenschutzrechtlichen Aufsichtsbehörden als wichtige Garanten für die Gewährleistung von Grundrechten und Freiheiten gegenüber der Verarbeitung personenbezogener Daten. Sie weisen ihnen daher besondere Aufgaben zu und gewährleisten ihnen eine besondere Stellung. Diese sind im Folgenden näher zu beschreiben.

2.1 Aufgaben und Stellung nach dem Primärrecht der Union

Sowohl die Aufgabe des Datenschutzes als auch ihre Wahrnehmung durch unabhängige Aufsichtsbehörden ist im Primärrecht der Europäischen Union ausdrücklich geregelt.

Nach Art. 16 Abs. 1 AEUV hat jede Person das Recht auf Schutz der sie betreffenden personenbezogenen Daten.[1] Um diesen Schutz zu gewährleisten, kann nach Abs. 2 Satz 1 die Union Regelungen erlassen. Nach Abs. 2 Satz 2 wird die Einhaltung dieser Vorschriften von „unabhängigen Behörden" überwacht.[2]

---

[1] Zum Grundrechtscharakter dieser Vorschrift s. z.B. *Kotzur*, in: Geiger/Khan/Kotzur, EUV/AEUV, 6. Aufl. 2017, Art. 16 AEUV, Rn. 2.

[2] Zum Verständnis dieser Regelung als Institutionsgarantie s. z.B. *Thomé*, Reform der Datenschutzaufsicht, 2015, 62 m.w.N.

© Springer Fachmedien Wiesbaden GmbH 2017
A. Roßnagel, *Datenschutzaufsicht nach der EU-Datenschutz-Grundverordnung,* DuD-Fachbeiträge,
DOI 10.1007/978-3-658-18506-0_2

Auch Art. 8 GRCh[3] gewährleistet in Abs. 1 jeder Person das Recht auf Schutz der sie betreffenden personenbezogenen Daten.[4] Die Vorschrift fordert in Abs. 3, dass eine „unabhängige Stelle" die Einhaltung der Datenschutzvorschriften überwacht.[5] Diese ist ein wesentliches, von der Charta ausdrücklich abgesichertes Element zum Schutz der Privatheit.[6]

Zu dieser Aufgabe der Aufsichtsbehörden und zu der aus ihr abgeleiteten Stellung als „unabhängige Behörden" hat der Europäische Gerichtshof mehrfach festgestellt, dass die Aufsichtsbehörden keine normale Verwaltungstätigkeit ausüben. Sie nehmen vielmehr eine sehr spezifische Aufgabe wahr, die allein darin besteht, „Hüter der Grundrechte und Grundfreiheiten" zu sein, die durch die Verarbeitung personenbezogener Daten betroffen sind.[7] „Die Einrichtung unabhängiger Kontrollstellen in den Mitgliedstaaten stellt daher – wie dem 62. Erwägungsgrund der Richtlinie 95/46 zu entnehmen ist – ein wesentliches Element zur Wahrung des Schutzes der Personen bei der Verarbeitung personenbezogener Daten dar."[8] Die Aufsichtsbehörde muss daher jede Eingabe einer Person, die sich „zum Schutz ihrer Rechte und Freiheiten bei der Verarbeitung ihrer personenbezogenen Daten an sie wendet, in völliger Unabhängigkeit prüfen können, ob bei" der Verarbeitung „dieser Daten die in der Richtlinie" oder Verordnung „aufgestellten Anforderungen gewahrt werden".[9]

---

[3]S. zum Zusammenwirken mit Art. 8 der MRK s. *Bensdorff*, in: Meyer, GrCh, 4. Aufl. 2014, Art. 8 Rn. 12; *Jarass*, GRCh, 3. Aufl. 2016, Art. 8 Rn. 1.

[4]S. z.B. *Danwitz*, DuD 2015, 581 ff.; *Johannes*, in: Roßnagel, Datenschutz-Grundverordnung, 2017, 82 ff.

[5]S. zu dieser Anforderung auch *EuGH*, Urteil vom 8.3.2014, Rs. C-293/12 und C-594/12, Rn. 68; s. hierzu *Roßnagel*, MMR 2014, 376.

[6]S. z.B. *Johlen*, in: Tettinger/Stern, GRCh, Art. 8 Rn. 62; *Jarass*, GRCh, 3. Aufl. 2016, Art. 8 Rn. 17.

[7]*EuGH*, Urteil vom 9.3.2010, Rs. C-518/07, Rn. 23; *EuGH*, Urteil vom 16.10.2012, Rs. C-614/10, Rn. 52; *EuGH*, Urteil vom 8.4.2014, Rs. C-288/12, Rn. 53. Auch das *BVerfG* hat mehrfach festgestellt, dass der Schutz der informationellen Selbstbestimmung eine effektive Kontrolle der staatlichen Datenverarbeitung erforderlich macht – s. z.B. *BVerfGE* 65, 1 (46); 100, 313 (361); 133, 277 (366f.); s. auch *Roßnagel/Pfitzmann/Garstka*, Modernisierung des Datenschutzrechts, 2001, 188 ff.

[8]*EuGH*, Urteil vom 6.10.2015, Rs. C-362/14, Rn. 41; *EuGH*, Urteil vom 9.3.2010, Rs. C-518/07, Rn. 25; *EuGH*, Urteil vom 8.4.2014, Rs. C-288/12, Rn. 48; *EuGH*, Urteil vom 21.12.2016, Rs. C-203/15 und C-698/15, Rn. 123; s. auch *Eichenhofer*, EuR 2016, 86.

[9]*EuGH*, Urteil vom 6.10.2015, Rs. C-362/14, Rn. 57.

Diese spezifische Aufgabe fordert und rechtfertigt eine besondere Stellung im Gefüge der Verwaltungsbehörden und ihre völlige Unabhängigkeit.[10] Mit dieser Unabhängigkeit ist nicht zu vereinbaren, dass die Aufsichtsbehörden gezwungen werden können, die Umsetzungsregelungen so auszulegen, dass sie anderen Verwaltungszwecken wie der Finanzverwaltung oder wirtschaftlichen Interessen Vorrang einräumen. „Völlige Unabhängigkeit" bedeutet in diesem Zusammenhang, dass die Aufsichtsbehörde „völlig frei von Weisungen und Druck handeln kann".[11] Eine „funktionelle Unabhängigkeit der Kontrollstellen in dem Sinn, dass deren Mitglieder bei der Wahrnehmung ihrer Aufgaben an keine Anordnungen gebunden sind, ist daher eine notwendige Voraussetzung", reicht aber „für sich allein noch nicht aus, um die Kontrollstellen vor jeder äußeren Einflussnahme zu bewahren".[12] Die Aufsichtsbehörden müssen vielmehr „mit einer Unabhängigkeit ausgestattet sein …, die es ihnen ermöglicht, ihre Aufgaben ohne äußere Einflussnahme wahrzunehmen".[13] Die geforderte Unabhängigkeit schließt nicht nur jegliche Einflussnahme durch die kontrollierten Stellen aus, sondern auch „jede Anordnung und jede sonstige äußere Einflussnahme, sei sie unmittelbar oder mittelbar, durch die in Frage gestellt werden könnte, dass die genannten Kontrollstellen ihre Aufgabe, den Schutz des Rechts auf Privatsphäre und den freien Verkehr personenbezogener Daten ins Gleichgewicht zu bringen, erfüllen".[14]

Die notwendige Unabhängigkeit ist bereits gefährdet, wenn „die bloße Gefahr einer politischen Einflussnahme der Aufsichtsbehörden auf die Entscheidungen der Kontrollstellen" besteht.[15] Denn bereits daraus könnte „ein ‚vorauseilender Gehorsam' dieser Stellen im Hinblick auf die Entscheidungspraxis der Aufsichtsstelle folgen".[16] Vielmehr muss jede Möglichkeit politischer Einflussnahme so

---

[10]S. hierzu auch *Thomé*, Reform der Datenschutzaufsicht, 2015, 61 ff.; *Roßnagel*, ZD 2015, 106f.

[11]*EuGH*, Urteil vom 9.3.2010, Rs. C-518/07, Rn. 18.

[12]*EuGH*, Urteil vom 16.10.2012, Rs. C-614/10, Rn. 42; *EuGH*, Urteil vom 8.4.2014, Rs. C-288/12, Rn. 53.

[13]*EuGH*, Urteil vom 9.3.2010, Rs. C-518/07, Rn. 30; *EuGH*, Urteil vom 16.10.2012, Rs. C-614/10, Rn. 41 und 43; *EuGH*, Urteil vom 8.4.2014, Rs. C-288/12, Rn. 51.

[14]*EuGH*, Urteil vom 9.3.2010, Rs. C-518/07, Rn. 30 und 25; *EuGH*, Urteil vom 16.10.2012, Rs. C-614/10, Rn. 41 und 43; *EuGH*, Urteil vom 8.4.2014, Rs. C-288/12, Rn. 51; *EuGH*, Urteil vom 6.10.2015, Rs. C-362/14, Rn. 42.

[15]*EuGH*, Urteil vom 9.3.2010, Rs. C-518/07, Rn. 36; *EuGH*, Urteil vom 16.10.2012, Rs. C-614/10, Rn. 52; *EuGH*, Urteil vom 8.4.2014, Rs. C-288/12, Rn. 53.

[16]*EuGH*, Urteil vom 8.4.2014, Rs. C-288/12, Rn. 53; *EuGH*, Urteil vom 9.3.2010, Rs. C-518/07, Rn. 36.

ausgeschlossen sein, dass die Entscheidungen der Kontrollstellen „über jeglichen Verdacht der Parteilichkeit erhaben" sind.[17]

Die primärrechtliche Aufgabe der Aufsichtsbehörde und ihre Erfüllung in „völliger Unabhängigkeit" setzt die für die Aufgabenerfüllung „benötigten personellen und sachlichen Mittel" voraus.[18] Die Ausstattung der Aufsichtsbehörden muss so sein, dass sie nicht nur ihre gesetzlich unabdingbaren Pflichten erfüllen, sondern auch ihre Aufgaben in einer Weise wahrnehmen können, wie sie dies für ihre Aufgabenerfüllung für richtig und notwendig ansehen. Die Ausstattung darf sich nicht darauf beschränken, ihnen reaktiv das Unabdingbare zu ermöglichen, sondern muss ihnen auch aktiv die Initiative zum Handeln ermöglichen, wenn sie das für den Grundrechtsschutz als erforderlich ansehen.

2.2   Aufgaben nach deutschem Verfassungsrecht

Im Text des Grundgesetzes ist zwar kein Grundrecht auf Datenschutz vorgesehen. Doch hat das Bundesverfassungsgericht in ständiger Rechtsprechung seit 1983 aus dem Schutz der Menschwürde in Art. 1 Abs. 1 GG und dem Grundrecht auf freie Entfaltung der Persönlichkeit in Art. 2 Abs. 1 GG das Grundrecht auf informationelle Selbstbestimmung abgeleitet.[19] Dieses bildet die verfassungsrechtliche Grundlage und das Schutzgut des deutschen Datenschutzrechts.

„Individuelle Selbstbestimmung" so das Bundesverfassungsgericht – „setzt ... voraus, dass dem Einzelnen Entscheidungsfreiheit über vorzunehmende oder zu unterlassende Handlungen einschließlich der Möglichkeit gegeben ist, sich auch entsprechend dieser Entscheidung tatsächlich zu verhalten".[20] Um diese Freiheit auch unter den „modernen Bedingungen der Datenverarbeitung" zu gewährleisten, hat das Bundesverfassungsgericht die informationelle Selbstbestimmung als Grundrecht anerkannt. „Das Grundrecht gewährleistet die Befugnis des Einzelnen, grundsätzlich selbst über die Preisgabe und Verwendung seiner persönlichen Daten zu bestimmen."[21]

---

[17]*EuGH*, Urteil vom 9.3.2010, Rs. C-518/07, Rn. 36; *EuGH*, Urteil vom 16.10.2012, Rs. C-614/10, Rn. 52 und 61; *EuGH*, Urteil vom 8.4.2014, Rs. C-288/12, Rn. 53.

[18]*EuGH*, Urteil vom 16.10.2012, Rs. C-614/10, Rn. 58.

[19]*BVerfGE* 65, 1.

[20]BVerfGE 65, 1 (43).

[21]BVerfGE 65, 1 (43); 78, 77 (84); 84, 192 (194); 96, 171 (181); 103, 21 (32f.); 113, 29 (46); BVerfG, NJW 2006, 976 (978), Rn. 85; BVerfG, NJW 2006, 1939 (1940), Rn. 69.

Die informationelle Selbstbestimmung schützt einmal die selbstbestimmte Entwicklung und Entfaltung des einzelnen.[22] Er muss in der Lage sein, selbst zu entscheiden, welche Daten er über sich in welcher Rolle und in welcher Kommunikation preisgibt. In dieses Grundrecht greift derjenige ein, der Daten der betroffenen Person gegen ihren Willen verarbeitet – unabhängig davon, ob dies eine staatliche Behörde oder ein privates Unternehmen ist.[23] Die betroffene Person ist in beiden Fällen gleich schutzwürdig. Die Missachtung ihrer informationellen Selbstbestimmung ist in beiden Fällen ein Eingriff.[24] Allerdings begründet das Grundrecht nur gegenüber der staatlichen Gewalt eine unmittelbare Abwehrfunktion.

Greifen jedoch private Unternehmen in das Grundrecht ein, die sich für ihre Datenverarbeitung ebenfalls auf Grundrechte – hier vor allem die Freiheit der Berufsausübung – berufen können, hat der Staat eine Schutzfunktion für das beeinträchtigte Grundrecht. Er muss die konkurrierenden Grundrechtssphären so abzugrenzen, dass die Ausübung von Grundrechten nicht dazu führt, dass dadurch die Grundrechte anderer verletzt werden.[25]

Die Schutzpflicht kann entweder durch materielle Verhaltensvorschriften verwirklicht werden oder durch technische, organisatorische und verfahrensmäßige Vorkehrungen. Zu den verfassungsrechtlich geforderten technischen Schutzvorkehren gehören etwa Anforderungen an die Datensicherheit, zu den organisatorischen und verfahrensmäßigen Schutzvorkehrungen eine effektive Datenschutzaufsicht.[26]

Der Schutz der informationellen Selbstbestimmung macht – wie das Bundesverfassungsgericht mehrfach festgestellt hat – eine effektive Kontrolle der Datenverarbeitung durch unabhängige Aufsichtsbehörden erforderlich.[27] Schon im Volkszählungsurteil hat das Gericht erkannt, dass Eingriffe in das Grundrecht auf informationelle Selbstbestimmung vielfach nur dann dem Grundsatz

---

[22]Der folgende Text verwendet zur besseren Lesbarkeit anstelle der Doppelbezeichnungen in weiblicher und männlicher Form die Personen- und Funktionsbezeichnungen in männlicher Form. Diese stehen aber jeweils für die weibliche und männliche Form.

[23]Ebenso z.B. *Simitis*, NJW 1984, 401; *Hoffmann-Riem*, AöR 1998, 524.

[24]*BVerfGE* 84, 192 (195).

[25]S. z.B. *Roßnagel/Pfitzmann/Garstka*, Modernisierung des Datenschutzrechts, 2001, 46 ff.; *Simitis*, NJW 1984, 401.

[26]S. z.B. *Thomé*, Reform der Datenaufsicht, 2015, 74.

[27]S. z.B. BVerfGE 65, 1 (46); 100, 313 (361); 133, 277 (366f.); s. hierzu auch *Roßnagel/Pfitzmann/Garstka*, Modernisierung des Datenschutzrechts, 2001, 188 ff.

der Verhältnismäßigkeit sowie der Pflicht zu verfahrensrechtlichen Vorkehrungen gerecht werden können, wenn unabhängige Aufsichtsbehörden diese Datenverarbeitung kontrollieren:[28] „Wegen der für den Bürger bestehenden Undurchsichtigkeit der Speicherung und Verwendung von Daten unter den Bedingungen der automatischen Datenverarbeitung und auch im Interesse eines vorgezogenen Rechtsschutzes durch rechtzeitige Vorkehrungen ist die Beteiligung unabhängiger Datenschutzbeauftragter von erheblicher Bedeutung für einen effektiven Schutz des Rechts auf informationelle Selbstbestimmung."[29]

In seinem Beschluss zum G10-Gesetz hält das Bundesverfassungsgericht heimliche Datenerhebungen allenfalls dann für verhältnismäßig, weil zum Ausgleich eine unabhängige Kontrolle stattfindet: „Verfassungsrechtlich hingenommen werden kann dies bei der hohen Bedeutung der Grundrechte sowohl als Abwehrrechte des einzelnen als auch als objektive Prinzipien der gesamten Rechtsordnung nur deshalb, weil die Kontrolle der Maßnahmen der strategischen Überwachung durch unabhängige und an keine Weisung gebundene staatliche Organe und Hilfsorgane (Kontrollkommission[30] und Datenschutzbeauftragte) sichergestellt ist."[31]

Auch in seiner Entscheidung zur Vorratsdatenspeicherung sieht das Gericht unabhängige Aufsichtsbehörden als verfassungsrechtlich gebotene Vorkehrungen zum Schutz der Grundrechte an: „Verfassungsrechtlich geboten sind weiterhin eine für die Öffentlichkeit transparente Kontrolle unter Einbeziehung des unabhängigen Datenschutzbeauftragten."[32]

Schließlich hat das Bundesverfassungsgericht in seiner Entscheidung zur Anti-Terrordatei die verfassungsrechtlichen Aufgaben der behördlichen Datenschutzkontrolle wie folgt zusammengefasst: „Die aufsichtliche Kontrolle flankiert die subjektivrechtliche Kontrolle durch die Gerichte objektivrechtlich. Sie dient – neben administrativen Zwecken – der Gewährleistung der Gesetzmäßigkeit der Verwaltung insgesamt und schließt dabei den Schutz der subjektiven Rechte der Betroffenen ein. Dass auch Anforderungen an die aufsichtliche Kontrolle zu den Voraussetzungen einer verhältnismäßigen Ausgestaltung der Datenverarbeitung

---

[28]Zur verfassungsrechtlichen Institutionalisierung der Kontrolle s. *Albers.* Informationelle Selbstbestimmung, 2005, 475; *Thomé,* Reform der Datenaufsicht, 2015, 78.

[29]*BVerfGE* 65, 1 (46).

[30]Jetzt G 10-Kommission nach § 15 G 10.

[31]*BVerfGE* 67, 157 (185) unter Verweis auf *BVerfGE* 30, 1 (23, 31) und 65, 1 (46).

[32]*BVerfGE* 125, 260 (327) unter Verweis auf *BVerfGE* 65, 1 (46); s. auch *BVerfGE* 120, 274 (331); s. hierzu auch *Roßnagel*, NJW 2010, 1238 ff.

gehören können,[33] trägt dem Umstand Rechnung, dass es sich bei der Speicherung und Verarbeitung von Daten um Eingriffe handelt, die für die Betreffenden oftmals nicht unmittelbar wahrnehmbar sind und deren freiheitsgefährdende Bedeutung vielfach nur mittelbar oder erst später im Zusammenwirken mit weiteren Maßnahmen zum Tragen kommt. Eingriffe in das Recht auf informationelle Selbstbestimmung können deshalb auch dann unverhältnismäßig sein, wenn sie nicht durch ein hinreichend wirksames aufsichtsrechtliches Kontrollregime flankiert sind. Dies hat umso größeres Gewicht, je weniger eine subjektivrechtliche Kontrolle sichergestellt werden kann."[34]

„Weil eine Transparenz der Datenverarbeitung und die Ermöglichung individuellen Rechtsschutzes durch das Antiterrordateigesetz nur sehr eingeschränkt sichergestellt werden können, kommt der Gewährleistung einer effektiven aufsichtlichen Kontrolle umso größere Bedeutung zu. Der Verhältnismäßigkeitsgrundsatz stellt deshalb an eine wirksame Ausgestaltung dieser Kontrolle sowohl auf der Ebene des Gesetzes als auch der Verwaltungspraxis gesteigerte Anforderungen."[35]

Die Datenschutzaufsicht muss tatsächlich und „effektiv" den Schutz des Grundrechts auf informationelle Selbstbestimmung gewährleisten können. Die Verwendung des Adjektivs „effektiv" in den Entscheidungen des Bundesverfassungsgerichts gibt einen Hinweis darauf, dass die Aufsichtsbehörde die Aufgabe des Grundrechtsschutzes möglichst umfassend, abschließend und erfolgreich bearbeiten soll.[36] Dies ist aber nur möglich, wenn die Aufsichtsbehörde dazu finanziell, technisch und personell in der Lage ist. Es ist daher verfassungsrechtlich geboten, die für den Grundrechtsschutz erforderlichen Tätigkeiten der Aufsichtsbehörden durch eine angemessene Ausstattung zu gewährleisten.[37]

---

[33]Hier verweist das Gericht auf *BVerfGE* 100, 313 (361); 30, 1 (23f., 30f.); 65, 1 (46) und 67, 157 (185).

[34]*BVerfGE* 133, 277 (366f.); *BVerfG* vom 20.4.2016 – 1 BvR 966/09, Rn. 135.

[35]*BVerfGE* 133, 277 (369.).

[36]S. hierzu auch *Thomé*, Reform der Datenaufsicht, 2015, 79.

[37]So *BVerfGE* 133, 277 (370f.) für die regelmäßige Kontrolle der Anti-Terrordatei.

Herausforderungen der Digitalisierung 3

Ausgangspunkt für die Beantwortung der gestellten Fragen ist eine Bewertung der Datenschutz-Grundverordnung und der Aufgaben der Aufsichtsbehörden in einer sich dynamisch ausbreitenden und in die Tiefe der Gesellschaft eindringenden Digitalisierung des Lebens. Die Bedeutung der Aufsichtsbehörden wird erst richtig deutlich, wenn berücksichtigt wird, vor welchem Hintergrund der technisch-ökonomischen Entwicklung der Informationstechnik und ihrer Anwendungen sie künftig versuchen müssen, die Vorgaben der Datenschutz-Grundverordnung umzusetzen.

Von den künftigen Herausforderungen sind neben künstlicher Intelligenz, automatisierten selbstlernenden Systemen, Cloud Computing und individualisierten Diensten und Produkten vor allem die explosionsartige Zunahme personenbezogener Daten durch datengetriebene Geschäftsmodelle im Internet und durch Ubiquitous Computing sowie die gezielte Auswertung dieser Datenfülle durch Big Data-Techniken zu nennen.[1]

Kennzeichnend für viele Angebote im Internet ist eine Kultur des „Umsonst". Jeder hat sich daran gewöhnt, erwartet es geradezu, dass Angebote im Internet nichts kosten. Suchmaschinen, Lexika, Filme, Bilder, Musik, Nachrichten, Zeitschriften, Social Networks, Foren und Blogs und viele andere Informationen und Dienstleistungen sollen „umsonst" verfügbar sein. Die Nutzer zahlen für die Nutzung zwar kein Geld. Aber dennoch sind diese Angebote nicht kostenlos.[2] Inzwischen sind personenbezogene Daten der Preis für nahezu jede Nutzung des Internet. Die umfassende Kenntnis des einzelnen Nutzers ermöglicht nicht nur personalisierte Werbung, sondern auch eine Individualisierung des Angebots, die

---

[1] S. zum Folgenden auch *Roßnagel*, DuD 2016, 562f.
[2] S. hierzu auch *Kugelmann*, DuD 2016, 566 ff.

© Springer Fachmedien Wiesbaden GmbH 2017
A. Roßnagel, *Datenschutzaufsicht nach der EU-Datenschutz-Grundverordnung*, DuD-Fachbeiträge,
DOI 10.1007/978-3-658-18506-0_3

an die Bedürfnisse und Vorlieben des Nutzers anknüpfen. Indem das umfassende technische Angebot sich von selbst dem Nutzer anpasst, wird es über den gesamten Tagesablauf hinweg in die Handlungsabläufe integriert. Wird der Nutzer durch die Datenverarbeitung in seinem Tun umfassend und ständig begleitet, wird sie unmerklich Teil seines Verhaltens und seines Handelns.[3]

Viele Alltagsumgebungen und Alltagsgegenstände werden mit „intelligenter" und vernetzter Informationstechnik ausgestattet. Sie verbinden durch ihre Sensoren die körperliche und die virtuelle Welt.[4] Bereiche, die sich inzwischen abzeichnen, sind etwa Smart Car,[5] Smart Home[6] und Smart Health.[7] Die Daten werden durch die eingebetteten Informationstechnik-Systeme in den technischen Geräten oder in der Lebensumgebung aufgenommen. Sie werden erhoben, ohne dass der Einzelne sie eingibt – einfach durch schlichtes Verhalten in einer technikgeprägten Umgebung.[8] Auf diese Weise werden unbemerkt viele Lebensregungen in der körperlichen Welt dem digitalen Zugriff zugänglich. Dies gilt sogar für Bereiche – wie das Auto, die Wohnung oder den eigenen Körper –, die bisher als privat galten.

Diese „intelligente" Datenverarbeitung ermöglicht eine autonome, unmerkliche und angepasste Unterstützung im Hintergrund und verspricht dabei Menschheitsträume zu erfüllen. Sie stellt zum einen eine Erweiterung der eigenen Sinne in Aussicht. Die Sensoren der „intelligenten" Dinge erfassen ihren Kontext und übermitteln ihre Wahrnehmungen ihrem Nutzer. Dieser kann dadurch Ereignisse wahrnehmen, ohne am Ort des Geschehens zu sein. Sie verspricht zweitens eine Erweiterung des eigenen löchrigen Gedächtnisses. Mit Hilfe der Datenspeicher der Dinge kann der Nutzer sich an Orte, Personen, Ereignisse und Zustände „erinnern", die sein Gedächtnis nie aufgenommen oder schon wieder vergessen hatte. Indem „intelligente" Dinge ungeliebte Alltagsentscheidungen und Routineaufgaben

---

[3]S. näher *Roßnagel*, Regulierung, in: Hill, E-Transformation, 2014, 78 ff.

[4]S. zu diesen Beispielen ausführlich *Roßnagel/Geminn/Jandt/Richter*, Datenschutzrecht 2016 – „Smart" genug für die Zukunft?, 2016, 1 – 30 m.w.N.

[5]S. z.B. *Balzer/Nugel*, NJW 2016, 193; *Buchner*, DuD 2015, 372; *Hansen*, DuD 2015, 367; *Keppeler*, RDV 2015; 299; *Kinast/Kühnl*, NJW 2014, 3057; *Lüdemann*, ZD 2015, 247; *Roßnagel*, Datenschutz im vernetzten Fahrzeug, in: Hilgendorf, Autonome Systeme und neue Mobilität, 2017, 23 ff.

[6]S. z.B. *Geminn*, DuD 2016, 575; *Skistims*, Smart Homes, 2016; *Raabe/Weiß*, RDV 2014, 231; *Jandt/Roßnagel/Volland*, ZD 2011, 99.

[7]S. z.B. *Jandt*, DuD 2016, 571; *Spyra*, MPR 2015, 15; *Weichert*, DuD 2014, 831.

[8]S. zu diesen Eigenschaften von Ubiquitous Computing *Roßnagel*, Datenschutz in einem informatisierten Alltag, 2007, 42 ff.

abnehmen können, bieten sie eine Befreiung von lästiger Arbeit und ermöglichen es, sich auf kreative und befriedigende Aufgaben zu konzentrieren. Schließlich versprechen sie mehr Sicherheit, weil sie ermöglichen, Personen, Dinge und umgebende Umwelt zu kontrollieren.[9]

Diese Erwartungen bestimmen das Verhalten der Nutzer. Auch wenn sie die Preisgabe ihrer Daten als Gegenleistung für die geldfreie Nutzung der Angebote nicht gut finden, wollen sie diese nutzen und wollen dies ohne finanzielle Kosten. In der individuellen Abwägung des unmittelbaren Vorteils der Techniknutzung gegen zeitlich fernliegende abstrakte Risiken eines Datenmissbrauchs überwiegt meist die aktuelle Nutzung der Vorteile.

Riesige Datenmengen aus unterschiedlichsten Quellen, wie sie in solchen Anwendungen entstehen, in (nahezu) Echtzeit auswerten zu können, ermöglicht die zweite neue Entwicklung: Big Data. Statistische Analysen dieser Datenberge führen zu Korrelationen aller denkbaren Erscheinungen, die neue Erkenntnisse versprechen, soweit sie Ursachenanalysen ersetzen können. Mit ihrer Hilfe werden Gesundheits- und Kriminalitätsgefahren prognostiziert, medizinische Behandlungsformen verbessert und individuelle Einstellungen, Emotionen und Verhalten bestimmten Merkmalen von Produkten zugeordnet. Sie ermöglichen auch sehr präzise Persönlichkeitsprofile, mit deren Hilfe sich das Verhalten von Menschen und Gruppen prognostizieren und steuern lässt.[10] Je mehr Daten zur Verfügung stehen, desto erkenntnisreicher und verlässlicher sind die Datenmuster, desto besser kann eine Wertschöpfung aus dieser Datenfülle gelingen.

Big Data-Analysen können dazu dienen, viel mehr Angaben einer bestimmten Person zuzuordnen als bisher – auch solche, die diese gar nicht preisgeben wollte. Kaum eine Eigenschaft oder ein Bereich einer Person bleibt von elektronischer Datenerhebung unentdeckt. Hinsichtlich der Vorhersage von Persönlichkeitsmerkmalen und Emotionen besteht die Gefahr, dass der Einzelne trotz sorgfältiger und bedachter Entscheidung, welche Daten er über sich preisgeben will, die Kontrolle darüber verliert, über welche Daten und welches Wissen jemand verfügt. Informationen, die durch Korrelation und Kombination anderer, vorhandener Daten gewonnen werden, bergen außerdem die Gefahr, nicht zutreffend zu sein, und kompromittieren die informationelle Selbstbestimmung damit zusätzlich. Dass

---

[9]S. hierzu *Roßnagel*, Datenschutz in einem informatisierten Alltag, 2007, 13 ff.

[10]S. auch *Weichert*, ZD 2013, 254; *Roßnagel*, ZD 2013, 566; *Hoeren*, ZD 2016, 459; *Ladeur*, DuD 2016, 360; *Raabe/Wagner*, DuD 2016, 434; *Sarunski*, DuD 2016, 424; *Roßnagel/Richter*, Big Data and Informational Self-Determination, in: van der Sloot/ Broeders/Schrijvers, Exploring the Boundaries of Big Data, 2016, 261.

diese Daten nur Prognosen sind und zudem falsch sein können, bleibt häufig außer Acht, wenn diesen Prognosen echte Entscheidungen folgen.[11]

Big Data-Analysen können aber auch dazu dienen, unabhängig von einem Personenbezug, durch das Erkennen von abstrakten Mustern Lagen und Situationen besser zu beurteilen oder deren Entwicklung zu prognostizieren. Diese Muster beschreiben statistische Zusammenhänge und ermöglichen, die Wahrscheinlichkeit des Verhaltens von Einzelnen und Gruppen vorherzusagen. Da diese Muster Grundlagen von Entscheidungen und Maßnahmen sind, wirken sie normbildend und verhaltensbestimmend. Wer positive Wirkungen erreichen und negative vermeiden will, passt sein Verhalten diesen Mustern an.[12]

Doch auch wer sich dagegen stemmt und sich selbstbestimmt für einen eigenen Lebensstil entscheidet, unterfällt dem Prinzip der anonymen Vergemeinschaftung. Jeder wird über die statistisch erfassten Merkmale einer für ihn anonymen Gemeinschaft zugeordnet und nach deren statischem Muster behandelt. Werden Infrastrukturen, Waren und Dienstleistungen an den statistischen Mustern von Big Data-Analysen orientiert, sind ihre Angebote den Merkmalen der Zielgruppe angepasst. Selbstbestimmte Entscheidungen werden dadurch irrelevant.

Schließlich unterfällt auch derjenige der Statistik, der sich weigert, seine Daten für statische Zwecke herzugeben. Statistik fordert nicht die Teilnahme aller, sie funktioniert auch, wenn nur repräsentativ viele mitwirken. Die Verweigerung einzelner nutzt nichts. Die Statistik gilt auch für die Verweigerer. Selbstbestimmung ist in diesem Fall zwecklos.

Big Data-Analysen können daher die Verwirklichungsbedingungen weiterer Grundrechte als nur der informationellen Selbstbestimmung beeinträchtigen: Dies gilt für die die Meinungsfreiheit nach Art. 5 Abs. 1 GG, die Handlungsfreiheit gemäß Art. 2 Abs. 1 GG, die Diskriminierungsverbote des Art. 3 GG und das Fernmeldegeheimnis aus Art. 10 GG.[13]

Die Digitalisierung aller Lebensbereiche verändert nicht nur die Nutzung von Informationstechnik, sondern auch die Verwirklichungsbedingungen von Freiheit und Selbstbestimmung.[14] In der digitalen Welt ist die Nutzung von Infrastrukturen lebensnotwendig. Dies gilt nicht nur für körperliche Infrastrukturen, wie für Verkehrs-, Versorgungs-, Energie-, Gesundheits- und Finanzdienstleistungen,

---

[11]*Richter*, DuD 2016, 581; *Becker/Schwab*, ZD 2015, 151; s. auch *Richter* (Hrsg.), Privatheit, Öffentlichkeit und demokratische Willensbildung in Zeiten von Big Data, 2015.

[12]S. *Weichert*, ZD 2013, 258; *Roßnagel*, ZD 2013, 566.

[13]S. z.B. *Richter*, DuD 2016, 581; *Roßnagel/Nebel*, DuD 2015, 458 ff.

[14]S. z.B. auch *Lüdemann/Wenzel*, RDV 2015, 285f.

sondern auch für virtuelle Infrastrukturen wie Such-, Speicher- und Nachrichtendienste sowie Soziale Netzwerke und andere Austauschplattformen. Für alle ist die Verarbeitung personenbezogener Daten eine Funktionsbedingung. Zum Beispiel gewährleisten Smart Cars Verkehrssicherheit dadurch, dass sie sich mit anderen Autos (auf Kollisionskurs) und der Verkehrsinfrastruktur (Verkehrsschilder, Ampeln) austauschen. Smart Homes erbringen den notwendigen Beitrag zu Energieeffizienz und Klimaschutz dadurch, dass sie die Energieverbrauchsgeräte in der Wohnung an das erfasste Verhalten der Bewohner anpassen. Vielfach wird die notwendige medizinische Versorgung von Risikopatienten nur möglich sein, wenn diese telemedizinisch beobachtet werden.[15] Die Funktionsfähigkeit dieser Infrastrukturen verträgt jedoch keine Abhängigkeit von individuellen Einwilligungen in die Datenverarbeitung. Für den Nutzer besteht daher ein faktischer Zwang zur Einwilligung, wenn nicht ohnehin der Gesetzgeber die alternativlose Datenverarbeitung erlaubt hat. Der Infrastrukturcharakter beschränkt daher die individuelle Ausübung von Selbstbestimmung.

Umso stärker wird die Schutzfunktion des Gesetzgebers für die unionsrechtlichen und die verfassungsrechtlichen Grundrechte aktiviert. Er muss entsprechende Schutzvorkehrungen vorsehen. Wenn er die Grundrechte und insbesondere das Recht auf Datenschutz und auf informationelle Selbstbestimmung nicht allein durch materielle Vorgaben zur Rechtmäßigkeit einer Datenverarbeitung ausreichend sichern kann, muss er verfahrenstechnische und organisatorische Vorkehrungen treffen. Die wohl wichtigsten Schutzvorkehrungen sind unabhängige und effektiv arbeitende Aufsichtsbehörden. Sie müssen die beschriebene Entwicklung zur Digitalisierung aller Lebensbereiche intensiv begleiten, auf Risiken hinweisen und darauf hinwirken, dass die Digitalisierung grundrechtsverträglich gestaltet wird.

Die künftige und weitgehend schon stattfindende Verarbeitung personenbezogener Daten im Rahmen von Ubiquitous Computing, Big Data, Smart Data, Cloud Computing und datengetriebenen Geschäftsmodellen im Internet ist außerdem äußerst komplex und für die betroffenen Personen sehr intransparent. Selbst dort, wo Selbstbestimmung noch ausgeübt werden könnte, verhindert diese Intransparenz die freie Wahl zwischen Alternativen und die Wahrnehmung subjektiven Rechtsschutzes. Umso bedeutsamer ist die kompensatorische Kontroll- und Gestaltungsfunktion der Aufsichtsbehörden. Insofern können auch viele Erkenntnisse des Bundesverfassungsgerichts zur Intransparenz der staatlichen

---

[15]S. zu diesem Beispielen näher *Roßnagel/Geminn/Jandt/Richter*, Datenschutzrecht 2016 – „Smart" genug für die Zukunft?, 2016, 1 – 30 m.w.N.

Datenverarbeitung und der Kompensation durch die objektive Kontrolle durch die Aufsichtsbehörden auf die neuen Herausforderungen für das Grundrecht auf informationelle Selbstbestimmung übertragen werden.[16] Die Tätigkeit der Aufsichtsbehörde muss vor allem in den Fällen greifen, in denen eine betroffenen Person nicht in der Lage ist, ihre Selbstbestimmung auszuüben, weil sie entweder typischerweise nicht weiß, dass ihr überhaupt eine Entscheidungsbefugnis zusteht oder weil der Umgang mit den personenbezogenen Daten als Teil einer Infrastruktur nicht ihrer individuellen Vertragswahl überlassen werden kann.

---

[16]S. z.B. *Thomé*, Reform der Datenaufsicht, 2015, 81.

Datenschutz-Grundverordnung 4

Die Datenschutz-Grundverordnung ist letztlich ein Kompromiss zwischen drei unterschiedlichen Konzepten, die die drei im Gesetzgebungsverfahren der Union relevanten Institutionen – Kommission, Parlament und Rat – jeweils vertreten haben. Hintergrund für diese drei Konzepte war ein Machtkampf um die zukünftige Gestaltung des Datenschutzes. Dieser wurde zum einen zwischen der Union und den Mitgliedstaaten ausgetragen. Er betraf zum anderen aber auch die Gewaltenteilung in der Europäischen Union zwischen Kommission, Parlament und Rat.[1] Der Streit ging vor allem darum, wer nach Verabschiedung der Datenschutz-Grundverordnung mit welchen Kompetenzen künftig die Datenverarbeitung reguliert.[2] Das Ergebnis der Datenschutz-Grundverordnung ist nur zu verstehen, wenn diese politische Auseinandersetzung berücksichtigt wird.[3]

Vor wenigen Jahren hat die *Europäische Kommission* ihre Strategie zur europäischen Integration verschärft. Sie wechselte von einer „Angleichung der Rechtsvorschriften" (Art. 114 Abs. 1 AEUV)[4] zu einer Vereinheitlichung der Rechtsordnungen in der Union. Als Instrument nutzt sie nicht mehr vorrangig – wie bis dahin – die Richtlinie, sondern die Verordnung. Dieses soll „die Gefahr einer unterschiedlichen Umsetzung, Auslegung und Anwendung" des Unionsrechts

---

[1]Zusätzlich wurde die Gesetzgebung hinter den Kulissen von einem enorm starken Lobbyeinfluss geprägt – s. zu diesem *Albrecht*, CR 2016, 97.

[2]S. *Roßnagel*, DuD 2012, 553.

[3]S. zum Folgenden auch *Roßnagel*, Das künftige Datenschutzrecht, in: ders., Datenschutz-Grundverordnung, 2017, 54 ff.

[4]Im Sinne einer Harmonisierung der unterschiedlichen Rechtsordnungen in den Mitgliedstaaten.

© Springer Fachmedien Wiesbaden GmbH 2017
A. Roßnagel, *Datenschutzaufsicht nach der EU-Datenschutz-Grundverordnung,* DuD-Fachbeiträge,
DOI 10.1007/978-3-658-18506-0_4

vermeiden.[5] Politikbereiche, die bisher durch Richtlinien geprägt waren, werden seitdem durch Verordnungen reguliert.[6] Dies galt auch für den Datenschutz. Nach mehrjährigen Vorbereitungen hat die Europäische Kommission am 25. Januar 2012 ihren Entwurf einer Datenschutz-Grundverordnung[7] vorgelegt. In diesem schlug sie eine sehr radikale Lösung für die notwendige kontinuierliche Modernisierung des Datenschutzrechts vor: Durch die Wahl einer Verordnung[8] wollte sie die Mitgliedstaaten von der weiteren Gesetzgebung im Bereich des Datenschutzes ausschließen. Durch viele unbestimmte und ausfüllungsbedürftige Vorgaben sowie inhaltsleere Generalklauseln mit Ankündigungen, Absichten und Vorsätzen wollte sie wichtige Datenschutzregelungen offen halten. Innerhalb der Union wollte sie sich selbst die Kompetenz vorbehalten, sie auszufüllen und fortzuentwickeln. Zu diesem Zweck sieht ihr Entwurf 26 Ermächtigungen vor, die Verordnung durch delegierte Rechtsakte nachträglich zu konkretisieren, und 23 Ermächtigungen, sie durch Durchführungsrechtsakte auszugestalten. Außerdem behielt sie sich Vetorechte in der eigentlich unabhängigen Datenschutzaufsicht vor. Durch diesen Entwurf hätte die Kommission die künftige Rechtsetzung im Datenschutzrecht bei sich zentralisiert und monopolisiert. Er hätte zur Folge gehabt, dass die Mitgliedstaaten nahezu jede Macht, das Datenschutzrecht fortzuentwickeln, an die Kommission verloren hätten. Aber auch das Parlament und der Rat hätten faktisch[9] einen bestimmenden Einfluss auf die Zukunft des Datenschutzes verloren.

Nach mehr als zwei Jahren Diskussion hat das *Parlament* am 12. März 2014 seine Verhandlungsposition vorgelegt.[10] Den Angriff der Kommission auf die Gewaltenteilung und die Demokratie in der Union hat das Parlament nur beschränkt pariert. Im Machtkampf zwischen Union und Mitgliedstaaten hielt das Parlament an dem Rechtsinstrument einer Verordnung fest und unterstützte die Entmachtung der Mitgliedstaaten. Es gab jedoch der Kritik insofern nach, als es eine Öffnung für nationale Regelungen vorsah. Sie sollten Einzelheiten

---

[5]So z.B. in der Mitteilung der Kommission „Eine Vision für den Binnenmarkt für Industrieprodukte" vom 22.1.2014, KOM (2014)24 endg., 9.

[6]S. z.B. auch der Wechsel von der Signaturrichtlinie 1999/93/EG zur Verordnung (EU) 910/2014 vom 23.7.2014 über elektronische Identifizierung und Vertrauensdienste für elektronische Transaktionen im Binnenmarkt (eIDAS-VO), EU ABl. L 257 vom 28.8.2014, 73 – s. hierzu *Roßnagel*, Das Recht der Vertrauensdienste, 2016.

[7]KOM (2012) 11 endg.

[8]Zu den Gründen s. EU-Kommissarin *Reding*, ZD 2012, 195 ff.

[9]Rein rechtlich hätten sie nach Art. 290 Abs. 2 AEUV einen geringen Einfluss haben können.

[10]EU-Parlament, P7_TA-PROV(2014)0212.

der Erlaubnistatbestände der „klassischen" Datenverarbeitung durch öffentliche Stellen selbst regeln können. Auch an anderen Stellen – etwa hinsichtlich des Sozialdatenschutzes – gewährte der Entwurf den Mitgliedstaaten weiterhin Entscheidungsspielräume. Dadurch aber gab das Parlament die Zielsetzung eines einheitlichen europäischen Datenschutzrechts weitgehend auf.

Hinsichtlich der Gewaltenteilung innerhalb der Union reagierte das Parlament entschiedener. Es beließ der Kommission nur zehn Ermächtigungen für delegierte Rechtsakte und eine einzige Ermächtigung für Durchführungsrechtsakte. Die normative Inhaltsleere der Regelungen im Entwurf der Kommission versuchte das Parlament mit vielfältigen Präzisierungen und Erweiterungen auszugleichen. Dabei verlor sich der Entwurf jedoch in Details und konnte die Unterkomplexität der Verordnung doch nicht beseitigen. Er kam angesichts der Komplexität und Breite der Regelungsmaterien über abstrakte Regelungen selten hinaus. Wo die Vorschläge konkreter wurden, verzettelte sich das Parlament und die Regelungen wurden unhandlich.

Nach mehr als drei Jahren hat der *Rat* am 11. Juni 2015 sein Verhandlungsdokument[11] beschlossen. Die Wahl einer Verordnung hat der Rat als Regelungsform für den europäischen Datenschutz akzeptiert. Nicht akzeptiert hat er aber die Machtkonzentration für die Kommission. Viel radikaler als das Parlament sah er nur noch eine einzige Ermächtigung für delegierte Rechtsakte und sieben Ermächtigungen für Durchführungsrechtsakte vor. Aber auch viele Vorschläge des Parlaments, die Regelungen der Verordnung zu präzisieren, hat er gestrichen. Die Macht, über die Zukunft der digitalen Gesellschaft zu bestimmen, sollte zum großen Teil bei den Mitgliedstaaten bleiben – insbesondere, wenn es deren eigene Angelegenheiten betrifft (öffentlicher Bereich, Verpflichtungen zur Datenverarbeitung) und nicht den europäischen Binnenmarkt.[12] Hierfür sprach auch die hohe Komplexität der vielen bereichsspezifischen Regelungen der Mitgliedstaaten insbesondere im öffentlichen Bereich. Diese waren nicht durch wenige Vorschriften der Datenschutz-Grundverordnung zu ersetzen. Überall wo die geringe Komplexität der Regelungen des Kommissionsentwurfs Probleme bereitet hätte, wurden – statt der Kommission – die Mitgliedstaaten in Form von Öffnungsklauseln ermächtigt, bestehende Regelungen beizubehalten oder neue zu erlassen. Da der Rat die exekutiven Rechtssetzungsbefugnisse der Kommission strich, stärkte er zwar die demokratische Rechtssetzung. Da er aber weitgehend die sehr unbestimmt gefassten Regelungen der Kommission bestehen ließ, bewirkte er

---

[11]Rat der Europäischen Union, 9565/15.
[12]S. Art. 1 Abs. 2a und Erwägungsgründe 8, 16, 16a und 41 des Rats-Entwurfs.

eine hohe Rechtsunsicherheit. Diese sollte dadurch ausgeglichen werden, dass
insbesondere die Aufsichtsbehörden allgemeine und abstrakte Vorgaben durch
untergesetzliche Regulierungstätigkeit konkretisieren und in eine für den Vollzug ausreichend bestimmte Form bringen. Diesen sollte insofern eine neue und
bedeutende Rolle zukommen.

Im zweiten Halbjahr 2015 haben sich Vertreter des Rats und des Parlaments
unter Vermittlung der Kommission im sogenannten „Trilog" auf eine gemeinsame
Fassung geeinigt. Diese führte die drei Entwürfe[13] zum endgültigen Text der
Verordnung[14] zusammen.[15] Im Ausgleich zwischen Parlament und Rat blieben
nur zwei Ermächtigungen der Kommission, delegierte Rechtsakte zu erlassen,[16]
und sieben Ermächtigungen für Durchführungsrechtsakte übrig.[17] Im Verhältnis
der Union zu den Mitgliedstaaten konnte der Rat seine Ziele uneingeschränkt
durchsetzen. Die mangelnde Komplexität der Verordnungsregelungen wird in
sehr vielen Fällen durch die Möglichkeit ausgeglichen, dass die Mitgliedstaaten
ihre bereichsspezifischen Datenschutzregelungen beibehalten oder neue erlassen
können. Das Ergebnis ist letztlich eine Ko-Regulierung zwischen Union und Mitgliedstaaten. Die Datenschutz-Grundverordnung gilt im Wesentlichen nur für den
nicht-öffentlichen Bereich. Um für diesen trotz der Unbestimmtheit der Regelungen einen einheitlichen Vollzug in der Union zu gewährleisten, kommt der Koordination der Aufsichtsbehörden und dem Europäischen Datenschutzausschuss
eine besondere Bedeutung zu.

4.1   Regelungskonzept

Mit der Verordnung verfolgt die Europäische Union drei Zielsetzungen.[18] Sie soll
zum einen das Datenschutzrecht unionsweit vereinheitlichen und einen „kohä-
renten und durchsetzbaren Rechtsrahmen im Bereich des Datenschutzes in der

---

[13]S. zu den drei Entwürfen die Synopse des Bayrischen Landesamts für Datenschutzaufsicht, www.lda.bayern.de.

[14]S. zu den Unterschieden zwischen der Entwurfsfassung vom 28.1.2016 zur verkündeten Fassung im Detail die Arbeitshilfe in *Roßnagel*, Arbeitshilfe zur Datenschutz-Grundverordnung, 2016.

[15]S. Ratsdokument – Trilog-Ergebnis dt., 28.1.2016, 5455/16.

[16]S. Art. 12 Abs. 8 und 43 Abs. 8 DSGVO – s. auch Art. 92 DSGVO.

[17]S. Art. 40 Abs. 9, 43 Abs. 9, 45 Abs. 3 und 5, 47 Abs. 3, 61 Abs. 9 und 67 DSGVO.

[18]S. zum Folgenden auch *Roßnagel*, Das künftige Datenschutzrecht, in: ders., Datenschutz-Grundverordnung, 2017, 49 ff.

Union" schaffen.[19] Zum anderen will sie eine einheitliche Datenschutzpraxis bewirken, dadurch gleiche wirtschaftliche Bedingungen in der Union bieten und damit den Binnenmarkt stärken.[20] „Die Vorschriften zum Schutz der Grundrechte und Grundfreiheiten von natürlichen Personen bei der Verarbeitung personenbezogener Daten sollten unionsweit gleichmäßig und einheitlich angewandt werden".[21] Schließlich will sie den Datenschutz angesichts der Herausforderungen der technischen Entwicklung modernisieren und den Schutz der Grundrechte verbessern.[22] „Jede Person sollte die Kontrolle über ihre eigenen Daten besitzen, und private Nutzer, Wirtschaft und Staat sollten in rechtlicher und praktischer Hinsicht über mehr Sicherheit verfügen."[23]

Die Datenschutz-Grundverordnung regelt das Datenschutzrecht in der Union in 99 Artikeln. Die Hälfte der Vorschriften regelt das materielle Datenschutzrecht. Dieses enthält allgemeine Bestimmungen und Grundsätze, die Rechte der betroffenen Person, die Pflichten des Verantwortlichen und regelt die Übermittlung personenbezogener Daten in Drittländer. Die andere Hälfte der Vorschriften befasst sich überwiegend mit organisatorischen Fragen der Datenschutzaufsicht, der Regelungskompetenzen und weiterer formellen Themen.

Die Datenschutz-Grundverordnung orientiert sich in weiten Teilen an den alten Zielen und Grundsätzen der Datenschutz-Richtlinie 95/46/EG (DSRL)[24] aus dem Jahr 1995. Sie übernimmt unter anderem in Art. 2 und 3 DSGVO weitgehend die Regelungen zum sachlichen und räumlichen Anwendungsbereich, in Art. 5 DSGVO nahezu unverändert die Grundsätze der Datenverarbeitung, in Art. 6 Abs. 1 DSGVO fast wörtlich die Voraussetzungen für die Zulässigkeit der Datenverarbeitung und in Art. 9 DSGVO grundsätzlich die Regelungen zu besonderen Kategorien personenbezogener Daten. Hinsichtlich der Rechte der betroffenen Person orientiert sie sich in den Art. 12 bis 23 DSGVO ebenfalls stark an der Richtlinie. Auch hinsichtlich der Auftragsverarbeitung, der Datensicherheit, der Datenübermittlung in Drittländer und der Stellung und Aufgaben der Aufsichtsbehörde greift die Verordnung grundsätzlich auf die Vorgaben der Richtlinie zurück. Diese Regelungen werden in der Verordnung präzisiert, neu formuliert oder erweitert, aber konzeptionell nicht weiterentwickelt. „Inhaltliche konzeptionelle

---

[19]S. Erwägungsgrund 3, 9 und 13 DSGVO.
[20]S. Erwägungsgrund 5, 9 und 13 DSGVO.
[21]Erwägungsgrund 10 DSGVO.
[22]S. Erwägungsgrund 1, 2, 4 und 6 DSGVO.
[23]S. Erwägungsgrund 7 DSGVO.
[24]EG ABl. L 281 vom 23.11.1995, 31.

Umwälzungen sucht man" in der Datenschutz-Grundverordnung „weitgehend vergebens".[25]

Allerdings hat sie einige Ansätze, die schon seit längerem diskutiert werden, neu in das Datenschutzrecht der Union aufgenommen. Hierzu gehört etwa in Art. 3 Abs. 2 DSGVO die Ausweitung des räumlichen Anwendungsbereichs durch das Marktortprinzip. Danach ist die Verordnung immer anwendbar, wenn ein Datenverarbeiter Daten von Personen verarbeitet, die sich in der Union aufhalten. Dies gilt allerdings nur, wenn der Verarbeiter entweder der betroffenen Person Waren oder Dienstleistungen anbietet oder die Datenverarbeitung der Beobachtung ihres Verhaltens dient. Dem Unionsdatenschutzrecht bisher unbekannt ist das Recht für betroffene Personen in Art. 20 DSGVO, ihre Daten, die sie einem Verantwortlichen bereitgestellt haben, auf einen anderen Datenverarbeiter zu übertragen. Innovativ gegenüber der Datenschutz-Richtlinie sind auch die Anforderungen an den Datenschutz durch Systemgestaltung und Voreinstellungen in Art. 25 DSGVO, die Datenschutz-Folgenabschätzung in Art. 35 DSGVO und die Möglichkeit einer freiwilligen Datenschutz-Zertifizierung nach Art. 42 DSGVO. Die engere Zusammenarbeit der Aufsichtsbehörden in der Union erforderte in Art. 60 bis 76 DSGVO eigene Regelungen zu ihrer Organisation. Eine auffällige Veränderung bringt auch Art. 83 DSGVO, der für Verstöße gegen Vorgaben der Verordnung drastische Sanktionen ermöglicht – bis zu 20.000.000 € oder im Fall eines Unternehmens bis zu vier Prozent seines gesamten weltweit erzielten Jahresumsatzes, je nachdem, welcher Betrag höher ist.

Hinsichtlich ihrer Durchsetzung verfolgt die Datenschutz-Grundverordnung ein kommunikatives Konzept mit vielfältigen Pflichten aller Beteiligten, über Datenschutz untereinander zu kommunizieren. Dadurch soll Datenschutz als Aufgabe bewusst werden und bewusst bleiben und die Kontrolle der Einhaltung der Vorgaben der Verordnung erleichtern. Nach diesem Konzept hat der Verantwortliche die betroffenen Personen über die Datenverarbeitung zu informieren, über ihre Rechte aufzuklären (Art. 12 bis 14 DSGVO), über die Erfüllung ihrer Ansprüche (Art. 12 DSGVO) und über Schutzverletzungen (Art. 34 DSGVO) zu benachrichtigen und ihnen Widerspruchs- (Art. 21 DSGVO), Widerrufs- (Art. 13 und 14 DSGVO) und Beschwerdemöglichkeiten (Art. 13 DSGVO) einzuräumen. Gegenüber dem Auftragsverarbeiter hat er die Regeln der Datenverarbeitung vorzugeben, ihn zu kontrollieren und ihn anzuweisen (Art. 28 und 29 DSGVO). Gegenüber den Herstellern seiner Datenverarbeitungssysteme muss er auf eine datenschutzgerechte Gestaltung und Voreinstellung Einfluss nehmen (Art. 25

---

[25]*Kühling/Martini*, EuZW 2016, 450.

DSGVO). Zur Kommunikation mit Kunden und anderen „Stakeholdern" kann er die Zertifizierung seiner Datenverarbeitungsvorgänge nutzen (Art. 42 DSGVO). Mit anderen Verantwortlichen in seiner Branche soll er sich darüber austauschen, wie sie durch bereichsspezifische Verhaltensregeln (Art. 40 DSGVO) die allgemeinen und abstrakten Vorgaben der Datenschutz-Grundverordnung konkretisieren können. Schließlich hat er seine Verarbeitungsvorgänge in einer Datenschutz-Folgenabschätzung auf Risiken hin zu untersuchen (Art. 35 DSGVO), die Ergebnisse mit der Aufsichtsbehörde zu besprechen (Art. 36 DSGVO) und seine Verarbeitung personenbezogener Daten zu dokumentieren (Art. 30 DSGVO). Mit der Aufsichtsbehörde muss er zusammenarbeiten (Art. 31 DSGVO), ihr seine Dokumentation zur Verfügung stellen (Art. 30 DSGVO), sie an seinen Bemühungen um eine datenschutzgerechte Systemgestaltung teilhaben lassen, ihr alle gewünschten Informationen zukommen lassen (Art. 78 DSGVO), sie bei ihren Datenschutzuntersuchungen unterstützen (Art. 78 DSGVO), ihr Schutzverletzungen melden (Art. 33 DSGVO), mit ihr über die Erfüllung der Datenschutzvorgaben reden (Art. 36 und 37 DSGVO) und schließlich ihre Vorgaben befolgen (Art. 78 DSGVO).

4.2   Konzeption der Aufsichtsbehörden

Die drei Ziele der Datenschutz-Grundverordnung trotz ihrer Unterkomplexität, Unbestimmtheit, Mangelhaftigkeit und Offenheit für vielfältige nationale Alleingänge zu erreichen, legt diese vor allem den Aufsichtsbehörden auf. Der Auftrag der Datenschutz-Grundverordnung an die Aufsichtsbehörden ist dementsprechend „umfassend".[26] Ihnen kommt eine zentrale Rolle für die einheitliche Durchsetzung des neuen Datenschutzrechts in der Europäischen Union und im Europäischen Wirtschaftsraum zu. Ihre Tätigkeit ist entscheidend dafür, inwieweit die Datenschutz-Grundverordnung ihr Ziel eines wirksamen gelebten Datenschutzrechts erreichen kann. Die Aufsichtsbehörden sind „ein wesentlicher Bestandteil des Schutzes natürlicher Personen" bei der Verarbeitung personenbezogener Daten und sollen Grundrechtsschutz auch gegenüber den neuen Herausforderungen gewährleisten.[27]

Aufgrund der hohen Bedeutung der Aufsichtsbehörden galt der Regelung ihrer Aufgaben und Befugnisse, ihrer Stellung und ihrer Zusammenarbeit im

---

[26]*Dammann*, ZD 2016, 308.
[27]S. Erwägungsgrund 117 DSGVO.

Gesetzgebungsverfahren eine große Aufmerksamkeit.[28] Während sich in der Datenschutz-Richtlinie nur drei Vorschriften in Art. 28 bis 30 mit der Stellung, den Aufgaben, den Befugnissen und der unionsweiten Zusammenarbeit der Aufsichtsbehörden befassen, regelt die Datenschutz-Grundverordnung diese Fragen in den Art. 51 bis 76 in insgesamt 26 Vorschriften.[29]

Der besonderen Bedeutung der Aufsichtsbehörden für die Ziele der Datenschutz-Grundverordnung entspricht auch die Zuweisung einer herausgehobenen Stellung. Den neuen Akzenten, die die Datenschutz-Grundverordnung für die Umsetzung des Datenschutzes wählt, entsprechen auch neue und zusätzliche Aufgaben und Befugnisse der Aufsichtsbehörden. Sie führen im Ergebnis dazu, dass sich der Charakter und Zuschnitt der Aufsichtsbehörden gegenüber der Datenschutz-Richtlinie ändert und sie neue und erweiterte Tätigkeitsfelder ausfüllen müssen. Die folgenden Abschnitte skizzieren kurz die Konzeption, die die Datenschutz-Grundverordnung mit den Aufsichtsbehörden verfolgt, bevor die nächsten Kapitel die Pflichten und Aufgaben der Aufsichtsbehörden und die mit ihnen verbundenen zusätzlichen Arbeitsaufwände im Detail untersuchen.

4.2.1 Schutz der Grundrechte

„Die Errichtung von Aufsichtsbehörden in den Mitgliedstaaten, die befugt sind, ihre Aufgaben und Befugnisse völlig unabhängig wahrzunehmen, ist ein wesentlicher Bestandteil des Schutzes natürlicher Personen bei der Verarbeitung personenbezogener Daten."[30]

Da die betroffen Personen die Verarbeitung ihrer Daten kaum erkennen und gar nicht überblicken und vielfach auch keinen Einfluss auf diese ausüben können, ist der Schutz ihrer Grundrechte und Freiheiten nur dadurch zu erreichen, dass die Aufsichtsbehörden als unabhängige Instanzen darauf hinwirken und darüber wachen, dass das Datenschutzrecht eingehalten wird. Der Schutz der Grundrechte ist in vielen Fällen nur durch die Tätigkeit der Aufsichtsbehörden zu gewährleisten. Diese zentrale Aufgabenstellung unterscheidet die Aufsichtsbehörden von

---

[28]Nach *Albrecht/Jotzo*, Das neue Datenschutzrecht der EU, 2017, 113, sind die Kapitel VI und VII „die wohl wichtigsten Kapitel der Grundverordnung"; ebenso *Albrecht*, CR 2016, 96.

[29]S. hierzu auch *Laue/Nink/Kremer*, Das neue Datenschutzrecht, 2017, 274.

[30]Erwägungsgrund 117 DSGVO.

anderen Verwaltungsbehörden und fordert in besonderem Maß eine effektive
Wahrnehmung des durch sie zu leistenden Grundrechtsschutzes.[31]

Dieser tatsächlich praktizierte Grundrechtsschutz ist „von großer Wichtig-
keit", da er eine „Vertrauensbasis" schafft, „die die digitale Wirtschaft dringend
benötigt, um im Binnenmarkt weiter wachsen zu können".[32] In der Öffentlichkeit
ist „die Meinung weit verbreitet ist, dass erhebliche Risiken für den Schutz natürlicher Personen bestehen, insbesondere im Zusammenhang mit der Benutzung
des Internets. Unterschiede beim Schutzniveau für die Rechte und Freiheiten von
natürlichen Personen im Zusammenhang mit der Verarbeitung personenbezogener Daten in den Mitgliedstaaten, vor allem beim Recht auf Schutz dieser Daten,
können den unionsweiten freien Verkehr solcher Daten behindern."[33] Daher
erfordert „das reibungslose Funktionieren des Binnenmarkts ..., dass der freie
Verkehr personenbezogener Daten in der Union nicht aus Gründen des Schutzes natürlicher Personen bei der Verarbeitung personenbezogener Daten eingeschränkt oder verboten wird".[34] Der wirksame – durch die Aufsichtsbehörden
gewährleistete – Schutz der Grundrechte ist somit die Voraussetzung für einen
freien Fluss der Daten im Binnenmarkt und ermöglicht erst einheitliche Wettbewerbsbedingungen im Rahmen einer auf Freiheit aufbauenden Datenökonomie.

Den Schutz ihrer Grundrechte kann jede betroffene Person durch Beschwerde
gegenüber der Aufsichtsbehörde direkt ansprechen und damit jederzeit aktualisie-
ren. Diese Handlungsmöglichkeit ist in der Datenschutz-Grundverordnung neu.
Der Schutz der Grundrechte muss aber immer auch als Aufgabe bestehen, die
die Aufsichtsbehörde aus eigenem Antrieb erfüllt – durch alle Befugnisse, die ihr
Art. 58 DSGVO verleiht.

4.2.2 Einheitliche Umsetzung der Datenschutz-Grundverordnung

Die Aufsichtsbehörden sind die zentralen Instanzen für die Umsetzung eines einheitlichen Datenschutzniveaus in der Europäischen Union und im Europäischen
Wirtschaftsraum. Vor allem dieser Aufgabe verdanken sie ihre besondere Stellung
und ihre zentrale Bedeutung innerhalb der Datenschutz-Grundverordnung. Dabei

---

[31]S. hierzu die in Kap. 2.1 und 2.2 zitierte Rechtsprechung.
[32]Erwägungsgrund 7 DSGVO.
[33]Erwägungsgrund 9 DSGVO.
[34]Erwägungsgrund 13 DSGVO.

sind beide Aspekte dieses Ziels – die Umsetzung des Datenschutzrechts der Europäischen Union und die Einheitlichkeit dieser Umsetzung in allen Mitgliedstaaten – gleichgewichtige Ziele.

Die Aufsichtsbehörden sind „die" entscheidenden Instanzen für die Durchsetzung der Datenschutz-Grundverordnung. Zwar betont die Verordnung die Verantwortung des Verantwortlichen. Er soll ihre Vorgaben eigenverantwortlich umsetzen.[35] Er hat zum Beispiel besondere Verantwortung für die Datenschutz-Folgenabschätzung und das rechtzeitige Erkennen von Datenschutzrisiken sowie für die Gewährleitung der Datenschutzgrundsätze durch Systemgestaltung und durch technisch-organisatorische Maßnahmen der Datensicherheit. Er soll die Einhaltung aller Anforderungen durch seine Dokumentation oder eine Datenschutz-Zertifizierung nachweisen können.[36] Die Verordnung erwartet, dass er die Rechte der betroffenen Person achtet und die ihr gegenüber bestehenden Pflichten erfüllt. Aber sie vertraut nicht darauf.

Daher sieht die Datenschutz-Grundverordnung eine Kontrolle der Verantwortlichen als unabdingbar an. Hierzu hat sie die Aufsichtsbehörden mit starken Kontroll-, Anordnungs- und Sanktionsbefugnissen ausgestattet, deren Anwendung gewährleisten soll, dass die Verantwortlichen tatsächlich ihre Verantwortung wahrnehmen.[37] Diese Befugnisse gehen weiter als bisher: Beispiele sind hier insbesondere die möglichen Abhilfemaßnahmen nach Art. 58 Abs. 2 DSGVO und die Sanktionen nach Art. 83 DSGVO.

Diese Aufsicht gilt für den öffentlichen und den nicht-öffentlichen Bereich gleichermaßen. Bezogen auf Verantwortliche aus dem öffentlichen Bereich sind diese Aufsichtsaufgaben und Befugnisse neu. Durch sie verändert die Aufsichtsbehörde ihren Charakter vollständig und wird von einer Petitionsbehörde zu einer echten Vollzugsbehörde. Auch wenn sie keine Geldbußen gegenüber Behörden anordnen kann,[38] so hat sie ihnen gegenüber doch die gleichen Kontroll- und Anordnungsbefugnisse wie gegen private Verantwortliche.[39]

Mindestens ebenso schwierig wie die Durchsetzung der Datenschutz-Grundverordnung gegenüber Verantwortlichen und Auftragsverarbeitern ist ihre unionsweit einheitliche Umsetzung. Diese Aufgabe ist weitgehend zum Scheitern

---

[35]S. z.B. *Conrad*, ZD 2016, 553 ff.

[36]S. z.B. *Dammann*, ZD 2016, 308; *Schantz*, NJW 2016, 1846.

[37]S. z.B. *Albrecht/Jotzo*, Das neue Datenschutzrecht der EU, 2017, 115.

[38]S. Art. 83 Abs. 7 DSGVO und § 43 Abs. 3 BDSG-E.

[39]Nach § 20 Abs. 7 BDSG-E darf sie gegenüber Behörden keinen sofortigen Vollzug gemäß § 80 Abs. 2 Nr. 4 VwGO anordnen.

verurteilt, weil die Datenschutz-Grundverordnung der Sache nach zumindest „in Teilen eher eine Richtlinie im Verordnungsgewand" ist.[40] Nicht nur aufgrund der vielfachen Verwendung ausfüllungsbedürftiger Rechtsbegriffe und der Unvollständigkeit ihrer Regelungen, sondern vor allem durch die vielen Öffnungsklauseln für die Mitgliedstaaten[41] hat sie nur einen „fragmentarischen Verordnungscharakter".[42] In der Folge behält das nationale Recht im öffentlichen Bereich einen prägenden Einfluss auf die Regelungen der Zulässigkeit und der Verarbeitung und Nutzung von personenbezogenen Daten.[43]

Die Einheitlichkeit des Vollzugs der Verordnung ist eigentlich nur gegenüber privaten Unternehmen ein Thema. Für Behörden wird Uneinheitlichkeit akzeptiert. Das Ziel einer künftige Einheitlichkeit des Datenschutzrechts in der Europäischen Union und im Europäischen Wirtschaftsraum bleibt daher auf den privaten Sektor begrenzt und hat auch dort noch klare Defizite.[44] Die Einheitlichkeit ihrer Anwendung ist vor allem dadurch gefährdet, dass die Datenschutz-Grundverordnung viele Vorgaben nicht abschließend regelt, sondern thematische Lücken lässt oder ausfüllungsbedürftige Begriffe verwendet, die ein Auseinanderdriften der Anwendungspraxis in den Mitgliedstaaten ermöglichen.[45]

Auch wenn die Datenschutz-Grundverordnung keinen Einfluss darauf hat, wie die Gerichte ihre offenen Regelungen ausfüllen, versucht sie zumindest ihren Vollzug durch die Aufsichtsbehörden zu vereinheitlichen. Dies soll durch ein kompliziertes Geflecht von Regelungen zur unionsweiten Kooperation zwischen den Aufsichtsbehörden und durch die Einrichtung des Europäischen Datenschutzausschusses als Institution der Europäischen Union erreicht werden. Dieser soll eine Selbstkoordination und Selbstregulation der Aufsichtsbehörden in der Union und im Europäischen Wirtschaftsraum ermöglichen. Mit diesen Regelungen kann

---

[40]*Kühling/Martini*, EuZW 2016, 448.

[41]S. zu diesen auch *Kühling/Martini u.a.*, Die Datenschutz-Grundverordnung, 2016, 9 ff.; *Benneke/Wagner*, DVBl. 2016, 600; *Kühling/Martini*, EuZW 2016, 449; *Roßnagel*, Das künftige Datenschutzrecht, in: ders., Datenschutz-Grundverordnung, 2017, 58.

[42]*Kühling/Martini*, EuZW 2016, 449.

[43]S. *Nebel*, Erlaubnis zur Datenverarbeitung, in: Roßnagel, Datenschutz-Grundverordnung, 2017, 137f.; *Dammann*, ZD 2016, 309; *Albrecht*, CR 2016, 92.

[44]S. *Dammann*, ZD 2016, 309; *Roßnagel*, Anwendungsvorrang des europäischen Rechts, in: ders., Datenschutz-Grundverordnung, 2017, 72 ff.

[45]S. *Dammann*, ZD 2016, 309; *Roßnagel*, Das künftige Datenschutzrecht, in: ders., Datenschutz-Grundverordnung, 2017, 58 ff.

zumindest für grenzüberschreitende Datenverarbeitungen[46] von großen Unternehmen eine gewisse Einheitlichkeit erreicht werden.

Die Einheitlichkeit ist vor allem von Vorteil für die unionsweit tätigen Unternehmen. Sie gewinnen durch eine einheitliche Datenschutzpraxis ein „level playing field" durch rechtliche Wettbewerbsbedingungen, die für alle Konkurrenten gleich sind, und durch einen einheitlichen Ansprechpartner, der trotz der vielen Aufsichtsbehörden für alle Geschäftstätigkeiten der gleiche bleibt. Auch für die betroffenen Personen hat dies Vorteile, weil sie überall (im Internet) die gleichen Bedingungen und Rechte vorfinden. Auch können sie sich mit einer Beschwerde an ihre Aufsichtsbehörde wenden.

Die Mühen und Nachteile der Vereinheitlichung des praktizierten Datenschutzes werden allerdings den Aufsichtsbehörden aufgeladen. Sie müssen durch umfangreiche zusätzliche Anstrengungen die Einheitlichkeit der Datenschutzpraxis unter sich herstellen. Die Einheitlichkeit für Verantwortliche und betroffene Personen wird auf dem Rücken der Aufsichtsbehörden hergestellt. Damit diese mit dem Datenschutzrecht weniger Aufwand haben, steigt er bei den Aufsichtsbehörden.

4.2.3 Vollendung der Datenschutz-Grundverordnung

Wenn Konflikte rational und nachvollziehbar gelöst werden sollen, benötigen sie klare und eindeutige Regeln. Ebenso sind präzise Vorgaben erforderlich, wenn das Verhalten von Menschen und Gruppen normativ gesteuert werden soll. Es geht in diesen Fällen nicht darum, *ob* die Gesellschaft etwas regeln soll, sondern immer nur um die Frage, *wer* die Regeln vorgibt. Diese Regeln sind erforderlich. Wenn es nicht der demokratisch gewählte Gesetzgeber übernimmt, setzen Behörden oder Gerichte oder die jeweils sozial Mächtigen die Regeln – etwa in Form von Allgemeinen Geschäftsbedingungen oder Arbeitsanweisungen.

Im Technikrecht hat das Bundesverfassungsgericht in seinem Kalkar-Urteil diese Arbeitsteilung weitgehend akzeptiert. Danach darf der Gesetzgeber ohne Verstoß gegen den Bestimmtheitsgrundsatz das zu duldende Risiko und die geforderte Gefahrenabwehr abstrakt beschreiben. In diesem Fall müssen primär die zuständigen Verwaltungsbehörden und sekundär die Gerichte „das Regelungsdefizit der normativen Ebene ausgleichen". „Diese Beurteilung in die Hand der Exekutive zu geben, deren rechtliche Handlungsformen sie für die erforderliche Anpassung sehr viel besser ausrüsten als den Gesetzgeber, dient ... einer Dynamisierung des

---

[46]S. die Definition in Art. 4 Nr. 23 DSGVO.

Rechtsgüterschutzes." Danach belässt das Gesetz der Exekutive „einen eigenen Beurteilungsspielraum".[47] Mit der gleichen Argumentation kann den Aufsichtsbehörden die Aufgabe zugesprochen werden, das an vielen Stellen unfertige Regelungsprogramm der Datenschutz-Grundverordnung zu vollenden.

Dieser Auftrag, die Datenschutz-Grundverordnung durch eigene Regelungen vollzugstauglich zu vollenden, ist an vielen Stellen der Verordnung ausdrücklich vorgesehen, ergibt sich aber aus der Aufgabe, die Verordnung zu vollziehen, auch überall dort, wo ihre Regelungen dafür zu unbestimmt sind.

Hintergrund für diese Situation sind zwei misslungene Regelungskonzepte der Kommission. Zum einen wollte sie das gesamte Datenschutzrecht in allen Gesellschaftsbereichen in der gesamten Europäischen Union und im Europäischen Wirtschaftsraum durch die Datenschutz-Grundverordnung abschließend regeln und meinte, dies mit 50 materiell-rechtlichen Regelungen bewirken zu können. Diese Regelungen sollten aufgrund des enorm weiten Anwendungsbereichs sehr abstrakt und allgemein sein. Sie sollten nur gegenüber den Mitgliedstaaten abschließend sein. Die Kommission wollte danach die entscheidenden Präzisierungen und Konkretisierungen selbst vornehmen. Der Unionsgesetzgeber hat jedoch die Ermächtigungen der Kommission gestrichen und durch Öffnungsklauseln für die Mitgliedstaaten und durch Regelungsaufträge an die Aufsichtsbehörden ersetzt.[48] Dadurch sind viele Aufgaben der Normsetzung zu Aufgaben der Aufsichtsbehörden geworden. Deren detaillierende Regelungen müssen die unterkomplexe Datenschutz-Grundverordnung vollenden und vollziehbar machen.

Zum anderen verkannte der Gesetzgeber der Datenschutz-Grundverordnung das Prinzip der Technikneutralität. Statt die rechtlichen Vorschriften so zu formulieren, dass sie auch bei technischen Weiterentwicklungen weiter anwendbar bleiben, hat die Kommission Technikneutralität mit Risikoneutralität verwechselt und in keiner Regelung – insbesondere nicht bei den Zulässigkeitsregeln, bei Zweckbegrenzungen oder bei den Rechten der betroffenen Person – die spezifischen Grundrechtsrisiken bestimmter Technikkonzepte oder Geschäftsmodelle angesprochen oder gar gelöst.[49] Die absehbaren großen Herausforderungen für den Datenschutz[50] werden schlicht ignoriert. Die Konkretisierungen der

---

[47]*BVerfGE* 49, 89 (138-140); s. hierzu auch *BVerwGE* 61, 256 (263); 72, 300 (316); 80, 207 (217).

[48]S. hierzu näher Kap. 4.

[49]S. hierzu näher Kap. 7.3.

[50]S. Kap. 3.

abstrakt-generellen Regelungen zur Bewältigung dieser Herausforderungen bleiben damit Aufgaben der Aufsichtsbehörden.

4.2.4 Verantwortung der Aufsichtsbehörden

Da vor allem den Aufsichtsbehörden aufgegeben wird, die drei großen Ziele der Datenschutz-Grundverordnung – Vereinheitlichung des Datenschutzrechts, Entwicklung einer einheitlichen Datenschutzpraxis und Modernisierung des Datenschutzes – umzusetzen, trifft sie eine hohe Verantwortung.

Nach Erwägungsgrund 131 DSGVO soll die Aufsichtsbehörde bei Beschwerden oder Verstößen mit eher lokaler Bedeutung „versuchen, eine gütliche Einigung mit dem Verantwortlichen zu erzielen; falls sich dies als nicht erfolgreich erweist, sollte sie die gesamte Bandbreite ihrer Befugnisse wahrnehmen". Diese Befugnisse sind – insbesondere zur Abhilfe von Missständen – viel weitergehender als ihre Befugnisse nach der Datenschutz-Richtlinie und dem bisherigen deutschen Datenschutzrecht. Insbesondere im öffentlichen Bereich ist die Aufsichtsbehörde nicht mehr auf die Mittel des Hinweises und der Beanstandung beschränkt, sondern kann Anordnungen treffen, die bis hin zu einem Verbot der weiteren Datenverarbeitung gehen können. Im nicht-öffentlichen Bereich kann sie außerdem sehr empfindliche Geldbußen festsetzen.

Zugleich ist sie aber auch verantwortlich für die einheitliche Anwendung der Datenschutz-Grundverordnung in der Europäischen Union und im Europäischen Wirtschaftsraum. Daher muss sie mit anderen Aufsichtsbehörden im Anwendungsbereich der Verordnung kooperieren und sich um einen Konsens mit diesen bemühen.[51] Kommt dieser nicht zustande, muss sie sich den Beschlüssen des Europäischen Datenschutzausschusses unterordnen.

Insgesamt verändert sich dadurch der Charakter der Aufsichtsbehörden nachhaltig. Sie werden durch die Datenschutz-Grundverordnung von einer Opportunitätsbehörde eines Bundeslands zur Exekutivbehörde der Europäischen Union.

4.2.5 Kommunikationsaufgaben

Die Datenschutz-Grundverordnung verpflichtet die Aufsichtsbehörden zur Prävention. Sie sollen durch vielfältige Kommunikation über Datenschutz für diesen sensibilisieren, Akzeptanz gewinnen, „Best Practices" verbreiten und Lösungen

---

[51]Art. 60 Abs. 1 DSGVO.

zusammen mit den Verantwortlichen im Einzelfall entwickeln und für typische Datenschutzprobleme propagieren. Diese Kommunikationsaufgaben nehmen in der Konzeption der Datenschutz-Grundverordnung zur Umsetzung von Datenschutz einen hohen Stellenwert ein.[52]

Vielfach betont die Datenschutz-Grundverordnung die beratende Funktion der Aufsichtsbehörden.[53] Sie haben die rechtsetzenden Organe der Mitgliedstaaten bei legislativen Maßnahmen zu beraten, sie haben mit ihnen zusammen legislative Datenschutz-Folgenabschätzungen durchzuführen, sie haben die betroffenen Personen über ihre Rechte bezogen auf die Verarbeitung ihrer Daten aufzuklären und sind Ansprechpartner für Verantwortliche und Auftragsverarbeiter sowie ihre Datenschutzbeauftragten.[54]

Die Aufsichtsbehörden haben aber auch die Aufgabe, die Öffentlichkeit allgemein über Risiken und Schutzmaßnahmen, Vorschriften, Garantien und Rechte im Zusammenhang mit der Verarbeitung personenbezogener Daten ungezielt zu informieren. Sie müssen dafür ein Konzept für eine wirksame Öffentlichkeitsarbeit entwickeln.[55]

Kommunikation ist unter der Datenschutz-Grundverordnung ein zentraler Bestandteil der Aufgabenerfüllung:[56] „Jede Aufsichtsbehörde sollte dafür zuständig sein, im Hoheitsgebiet ihres Mitgliedstaats die Befugnisse auszuüben und die Aufgaben zu erfüllen, die ihr mit dieser Verordnung übertragen wurden. ... Dies sollte auch die Bearbeitung von Beschwerden einer betroffenen Person, die Durchführung von Untersuchungen über die Anwendung dieser Verordnung sowie die Förderung der Information der Öffentlichkeit über Risiken, Vorschriften, Garantien und Rechte im Zusammenhang mit der Verarbeitung personenbezogener Daten einschließen.“[57]

Schließlich ist vielfältige und intensive Kommunikation in der Union der Aufsichtsbehörden notwendig. Im Hinblick auf die koordinierte Umsetzung der Datenschutz-Grundverordnung in der gesamten Union und im Europäischen

---

[52]S. hierzu Kap. 4.1.

[53]S. hierzu auch z.B. *Dammann*, ZD 2016, 308; *Albrecht/Jotzo*, Das neue Datenschutzrecht der EU, 2017, 115.

[54]S. zu diesen kommunikativen Aufgaben vor allem Kap. 5.2, 5.3.2, 5.3.3, 5.3.4, 5.3.6, 5.4.4, 5.4.5, 5.5, 6.4, 6.5, 6.6, 6.7, 6.8, 6.9, 6.12, 6.13.

[55]S. näher Kap. 6.3.

[56]S. zur Durchsetzung von Recht, insbesondere Technikrecht, durch Kommunikation über rechtliche Aufgaben und Pflichten *Ekardt u.a.*, Rechtliche Risikosteuerung, 2000.

[57]Erwägungsgrund 122 DSGVO.

Wirtschaftsraum sollen die Aufsichtsbehörden nach Art. 57 Abs. 1 lit. g) DSGVO „mit anderen Aufsichtsbehörden zusammenarbeiten, auch durch Informationsaustausch, und ihnen Amtshilfe leisten, um die einheitliche Anwendung und Durchsetzung dieser Verordnung zu gewährleisten".[58]

4.2.6 Unabhängigkeit

Ihre Aufgaben nach der Datenschutz-Grundverordnung können die Aufsichtsbehörden der Mitgliedstaaten nur dann erfüllen, wenn sie vollständig unabhängig sind. Daher sichert ihnen Art. 52 Abs. 1 DSGVO zu, dass sie „bei der Erfüllung ihrer Aufgaben und bei der Ausübung ihrer Befugnisse gemäß dieser Verordnung völlig unabhängig" sind. Sie „unterliegen" nach Art. 52 Abs. 2 DSGVO „weder direkter noch indirekter Beeinflussung von außen und ersuchen weder um Weisung noch nehmen sie Weisungen entgegen". Diese Unabhängigkeit der Aufsichtsbehörden ist nicht nur ein tragender Grundsatz der Datenschutz-Grundverordnung, sondern ihr sogar primärrechtlich durch Art. 16 Abs. 2 Satz 2 AEUV und Art. 8 Abs. 3 GRCh vorgegeben.[59]

Die Aufsichtsbehörden sind allerdings an das Gesetz gebunden und unterliegen daher auch der Rechtsprechung der Gerichte.[60] Sie handeln auf der Grundlage öffentlicher Haushaltsmittel der Mitgliedstaaten und unterstehen daher der Haushaltsaufsicht. Nach Art. 52 Abs. 6 DSGVO muss jedoch jeder Mitgliedstaat sicherstellen, dass diese Finanzkontrolle „ihre Unabhängigkeit nicht beeinträchtigt und dass sie (die Aufsichtsbehörde) über eigene, öffentliche, jährliche Haushaltspläne verfügt, die Teil des gesamten Staatshaushalts ... sein können".

Die Aufsichtsbehörden sind zwar institutionell Behörden des jeweiligen Mitgliedstaats, funktional jedoch Exekutivbehörden der Europäischen Union. Daher richtet sich ihre Unabhängigkeit in erster Linie gegen den eigenen Mitgliedstaat. Durch sie zielt der Unionsgesetzgeber darauf ab, die Durchsetzung der Datenschutzregeln der Union in den Mitgliedstaaten zu verbessern. Die vom Mitgliedstaat unabhängige Durchsetzung der Verordnung wird „über den Erfolg des neuen Rechtsrahmens entscheiden".[61] Die Unabhängigkeit der Aufsichtsbehörde ist allerdings der Einheitlichkeit der Umsetzung des Unionsrechts untergeordnet.

---

[58]S. hierzu auch Erwägungsgrund 10 DSGVO.

[59]S. hierzu Kap. 2.1.

[60]S. Erwägungsgrund 118 DSGVO.

[61]*Albrecht/Jotzo*, Das neue Datenschutzrecht der EU, 2017, 114.

Sie gilt rechtlich nicht gegenüber verbindlichen Beschlüssen des Europäischen Datenschutzausschusses und wird faktisch durch das Verfahren der Zusammenarbeit nach Art. 60 eingeschränkt.[62] Besonders bedenklich sind die Pflichten der Aufsichtsbehörde zur Zusammenarbeit mit der Europäischen Kommission – etwa nach Art. 64 Abs. 2 DSGVO.[63]

4.2.7 Ausgestaltung und Ausstattung

Eine mittelbare Beeinflussung der Amtsführung der Aufsichtsbehörde entsteht durch ihre Ausstattung – vor allem mit Haushaltsmitteln und Personal.[64] Daher muss die Aufsichtsbehörde nicht nur ihre Aufgaben „völlig unabhängig" durchführen können, sondern sie muss auch als eigenständige Institution mit eigenen und ausreichenden Mitteln, Mitarbeitern und Befugnissen ausgestaltet sein.

Art. 52 Abs. 4 DSGVO fordert daher von jedem Mitgliedstaat[65] sicher zu stellen, „dass jede Aufsichtsbehörde mit den personellen, technischen und finanziellen Ressourcen, Räumlichkeiten und Infrastrukturen ausgestattet wird, die sie benötigt, um ihre Aufgaben und Befugnisse auch im Rahmen der Amtshilfe, Zusammenarbeit und Mitwirkung im Ausschuss effektiv wahrnehmen zu können". Art. 52 Abs. 5 DSGVO erweitert die Forderung nach ausreichendem Personal um die uneingeschränkte Personalhoheit. Danach hat jeder Mitgliedstaat sicher zu stellen, „dass jede Aufsichtsbehörde ihr eigenes Personal auswählt und hat, das ausschließlich der Leitung des Mitglieds oder der Mitglieder der betreffenden Aufsichtsbehörde untersteht".

Für die Ausstattung der Aufsichtsbehörde mit den notwendigen Ressourcen ist nicht nur der Bedarf für die Erfüllung der Aufgaben im eigenen Hoheitsgebiet zu berücksichtigen, sondern es sind – wie Art. 52 Abs. 4 DSGVO ausdrücklich festhält – auch die Mittel bereit zu stellen, die für die Gewährung von Amtshilfe, die Zusammenarbeit der Aufsichtsbehörden untereinander und die Mitwirkung im Europäischen Datenschutzausschuss erforderlich sind.[66] Maßstab

---

[62]S. auch *Körffer*, in Paal/Pauly, DSGVO, Art. 52 Rn. 4; kritisch *Koos*, ZD 2014, 14.

[63]S. auch *Körffer*, in Paal/Pauly, DSGVO, Art. 52 Rn. 5; *Hornung*, ZD 2012, 105; *Caspar*, ZD 2012, 556.

[64]S. auch *Körffer*, in Paal/Pauly, DSGVO, Art. 52 Rn. 1.

[65]Die Anforderungen des Art. 52 Abs. 4 und 5 DSGVO sind durch den Mitgliedstaat umzusetzen - s. z.B. *Körffer*, in Paal/Pauly, DSGVO, Art. 52 Rn. 2.

[66]S. *Körffer*, in Paal/Pauly, DSGVO, Art. 52 Rn. 9.

für die Erforderlichkeit sind zum einen die Erfüllung aller Aufgaben, die die
Datenschutz-Grundverordnung den Aufsichtsbehörden überträgt, und zum anderen deren „effektive"[67] und „wirksame Wahrnehmung".[68]

4.2.8 Verteilung der Aufgaben

In Deutschland gibt es nicht nur eine einzige Aufsichtsbehörde, sondern insgesamt 18, nämlich die Bundesbeauftragte für den Datenschutz und die Informationsfreiheit und jeweils eine Aufsichtsbehörde in jedem Bundesland sowie in
Bayern den Landesdatenschutzbeauftragten und das Landesamt für Datenschutzaufsicht. Art 51 Abs. 3 DSGVO anerkennt die föderale Struktur in Deutschland
und akzeptiert für Deutschland diese 18 Behörden als Aufsichtsbehörden im
Sinn des Art. 4 Nr. 21 DSGVO. Sie nehmen auch im Rahmen der Datenschutz-
Grundverordnung jeweils die Verantwortung für ihren Zuständigkeitsbereich
wahr, der ihnen nach deutschem Recht zugeordnet ist.

Die Bundesbeauftragte ist nach § 24 Abs. 1 BDSG zuständig für die Kontrolle der öffentlichen Stellen des Bundes[69] sowie nach § 115 Abs. 4 TKG für
etwa 3.000 Unternehmen, die Telekommunikationsdienste anbieten, und nach
§ 42 Abs. 3 PostG für etwa 1.500 Unternehmen, die Postdienste erbringen.[70]
Dagegen ist der Zuständigkeitsbereich der Aufsichtsbehörden der Länder
erheblich weiter. Sie sind zuständig für alle öffentlichen Stellen der Länder und
alle nicht-öffentlichen Stellen außer den Telekommunikations- und Postunter-
nehmen.

Die Datenschutz-Grundverordnung regelt vor allem den nicht-öffentlichen
Bereich. Sie gilt zwar auch für den öffentlichen Bereich, überlässt diesen allerdings durch weite Öffnungsklauseln der Regelung der Mitgliedstaaten.[71] Insbesondere Art. 6 Abs. 2 DSGVO ermöglicht den Mitgliedstaaten, weitgehend
ihre bisherigen Regelungen für den öffentlichen Bereich beizubehalten. Das
Gleiche gilt für alle nicht öffentlichen Stellen, die per Gesetz zur Datenverarbeitung verpflichtet sind und für alle nicht-öffentlichen Unternehmen, die auf
gesetzlicher Grundlage personenbezogene Daten zur Verfolgung öffentlicher

---

[67]Art. 52 Abs. 4 DSGVO.

[68]Erwägungsgrund 120 Satz 1 DSGVO.

[69]Dies wird auch nach § 9 Abs. 1 BDSG-E so bleiben.

[70]S. BT-Drs. 18/2848, 19.

[71]S. zu diesen *Kühling/Martini u.a.*, Die Datenschutz-Grundverordnung, 2016, 9 ff.

Interessen verarbeiten – wie etwa für Unternehmen, die öffentliche Infrastrukturen betreiben.[72]

Das führt dazu, dass der Zuständigkeitsbereich der Bundesbeauftragten weitgehend nicht von der Datenschutz-Grundverordnung betroffen ist. Die Datenschutz-Grundverordnung wird vielmehr – in dem originär und weitgehend durchgängig von ihr geregelten Bereich – weit überwiegend von den Aufsichtsbehörden der Länder umgesetzt.[73]

---

[72]S. z.B. *Roßnagel*, Anwendungsvorrang des Unionsrechts, in: ders., Datenschutz-Grundverordnung, 2017, 73; *Nebel*, Erlaubnistatbestände, in: Roßnagel, Datenschutz-Grundverordnung, 2017, 137; *Schaller*, Datenverarbeitung im öffentlichen Bereich, in: Roßnagel, Datenschutz-Grundverordnung, 2017, 221; *Geminn/Richter*, Telekommunikation, in: Roßnagel, Datenschutz-Grundverordnung, 2017, 278f.; a.A. für Telekommunikationsunternehmen *Frenzel*, in: Paal/Pauly, DSGVO, Art. 6 Rn. 24.

[73]Dennoch soll nach § 17 BDSG-E die Bundesbeauftragte Deutschland im Europäischen Datenschutzausschuss vertreten – s. hierzu näher Kap. 6.12.5.

Neue Pflichten der Datenschutzbehörden

5

Jede Aufsichtsbehörde unterliegt bestimmten Pflichten, die sie erfüllen muss, wenn die Voraussetzungen vorliegen, ohne dass ihr dabei ein echtes Ermessen zukommt, in welchem Umfang und mit welcher Intensität sie diese Pflichten erfüllt. Sie hat diese Pflichten nach Art. 57 Abs. 3 DSGVO „für die betroffene Person und gegebenenfalls für den Datenschutzbeauftragten unentgeltlich" zu erfüllen. Die folgenden Ausführungen stellen die nach der Datenschutz-Grundverordnung bestehenden Pflichten vor, die die Aufsichtsbehörden im Hinblick auf die betroffenen Personen (5.1), die Allgemeinheit (5.2), die Verantwortlichen (5.3), die Überwachungs- und Zertifizierungsstellen (5.4) und schließlich im Hinblick auf Aufsichtsbehörden in anderen Mitgliedstaaten und den Europäischen Datenschutzausschuss (5.5) zu erfüllen haben.

5.1 Pflichten gegenüber den betroffenen Personen

Gegenüber den Regelungen in der Datenschutz-Richtlinie und im deutschen Datenschutzrecht wird künftig die Rechtsstellung der betroffenen Person dadurch gestärkt, dass sie bei der Aufsichtsbehörde eine Beschwerde einreichen kann, deren Behandlung sie sogar durch gerichtliche Rechtsbehelfe erzwingen kann.

5.1.1 Beschwerde

Nach Art. 77 Abs. 1 DSGVO hat „jede betroffene Person … das Recht auf Beschwerde bei einer Aufsichtsbehörde", wenn sie „der Ansicht ist, dass die Verarbeitung der sie betreffenden personenbezogenen Daten gegen diese Verordnung

© Springer Fachmedien Wiesbaden GmbH 2017
A. Roßnagel, *Datenschutzaufsicht nach der EU-Datenschutz-Grundverordnung,* DuD-Fachbeiträge,
DOI 10.1007/978-3-658-18506-0_5

verstößt". Sie kann sich dabei an jede Aufsichtsbehörde wenden, „insbesondere in dem Mitgliedstaat ihres Aufenthaltsorts, ihres Arbeitsplatzes oder des Orts des mutmaßlichen Verstoßes". Die betroffene Person kann sich auch durch eine Organisation, die die Anforderungen des Art. 80 DSGVO erfüllt, vertreten lassen.[1]

Nach Art. 57 Abs. 2 DSGVO hat jede Aufsichtsbehörde das Einreichen solcher Beschwerden „durch Maßnahmen wie etwa die Bereitstellung eines Beschwerdeformulars, das auch elektronisch ausgefüllt werden kann, ohne dass andere Kommunikationsmittel ausgeschlossen werden", zu erleichtern. Die Beschwerde ist nach Art. 57 Abs. 3 DSGVO für die betroffene Person „unentgeltlich". Dies muss auch dann gelten, wenn die betroffene Person durch einen Verband nach Art. 80 Abs. 1 DSGVO vertreten wird.

Die Beschwerde löst nach Art. 57 Abs. 1 lit. f) DSGVO eine spezifische Pflicht der Aufsichtsbehörde aus. Sie muss sich mit jeder Beschwerde einer betroffenen Person oder Beschwerde einer Organisation gemäß Art. 80 DSGVO „befassen" und „den Gegenstand der Beschwerde in angemessenem Umfang untersuchen." Dabei sollte die auf eine Beschwerde folgende Untersuchung „so weit gehen, wie dies im Einzelfall angemessen ist".[2] Nach Art. 57 Abs. 1 lit. f) DSGVO folgt aus der Beschwerde außerdem die Pflicht, den Beschwerdeführer über die Behandlung der Beschwerde zu unterrichten. Die Aufsichtsbehörde muss ihn „innerhalb einer angemessenen Frist über den Fortgang und das Ergebnis der Untersuchung unterrichten, insbesondere, wenn eine weitere Untersuchung oder Koordinierung mit einer anderen Aufsichtsbehörde notwendig ist". In diesem Fall sollte die betroffene Person über den Zwischenstand informiert werden.[3] Diese Unterrichtungspflicht präzisiert Art. 77 Abs. 2 DSGVO dahingehend, dass die Aufsichtsbehörde, bei der die Beschwerde eingereicht wurde, „den Beschwerdeführer über den Stand und die Ergebnisse der Beschwerde einschließlich der Möglichkeit eines gerichtlichen Rechtsbehelfs" nach Art. 78 DSGVO unterrichten muss. Wenn die Aufsichtsbehörde die Person, die die Beschwerde eingelegt hat, nicht innerhalb von drei Monaten unterrichtet hat, kann diese eine Klage wegen Untätigkeit der Aufsichtsbehörde gemäß Art. 78 Abs. 2 DSGVO einreichen.

---

[1]S. hierzu Erwägungsgrund 142 DSGVO. Zur originären Geltendmachung von Ansprüchen und Einreichung von Klagen durch Verbände s. z.B. *Spindler*, ZD 2016, 114 ff.; *Halfmeier*, NJW 2016, 1126; *Dönch*, BB 2016, 962.

[2]Erwägungsgrund 141 DSGVO.

[3]Erwägungsgrund 141 DSGVO.

Eine Pflicht, innerhalb vorgegebener Fristen eine Beschwerde zu bearbeiten, ist für die Aufsichtsbehörde neu. Sie ist in dieser Ausformung in der Datenschutz-Richtlinie und im deutschen Datenschutzrecht nicht bekannt. Art. 22 DSRL erwähnt nur ein nicht näher spezifiziertes verwaltungsrechtliches Beschwerde-verfahren. Nach § 21 BDSG kann sich jedermann an die Bundesbeauftragte für den Datenschutz und die Informationsfreiheit „wenden, wenn er der Ansicht ist, bei der Erhebung, Verarbeitung oder Nutzung seiner personenbezogenen Daten durch öffentliche Stellen des Bundes in seinen Rechten verletzt worden zu sein". Vergleichbare Regelungen finden sich in den Datenschutzgesetzen der Länder.[4] Eine vergleichbare Regelung für den nicht-öffentlichen Bereich ergibt sich aus § 38 Abs. 1 Satz 8 BDSG.[5] Die Aufsichtsbehörde muss bisher jedoch nicht ein bestimmtes Verfahren gegenüber der betroffenen Person wahren, muss sich nicht mit Verbänden auseinandersetzen, die die betroffenen Personen vertreten, muss nicht mit Klagen rechnen, wenn sie nicht das Verfahren bei Beschwerden beach-tet und nicht die materiellen Forderungen der betroffenen Person durchsetzt. Die Aufsichtsbehörde hat künftig außerdem viel mehr Handlungsmöglichkeiten, deren Einsatz sie für die Abhilfe der Beschwerde erwägen und nutzen muss. Der Aufsichtsbehörde droht künftig eine Klage, wenn sie den Fall nicht rechtzeitig (das heißt umgehend) untersucht. Sie kann die Beschwerde – auch bei Arbeits-überlastung – nicht mehr ignorieren und auch nicht deren Behandlung mit dem Argument zu hoher Arbeitsbelastung verschieben.

Ihre Arbeitsbelastung wird jedoch erheblich zunehmen, wenn Verbände gemäß Art. 80 Abs. 1 DSGVO die Rechte von betroffenen Personen unentgeltlich wahr-nehmen können. Die seit 2016 geltende Regelung im Unterlassungsklagegesetz ermöglicht Verbänden bereits ein eigenes Klagerecht gegenüber dem Verantwort-lichen, wenn es um die Verarbeitung personenbezogener Daten zu Zwecken der Werbung, der Markt- und Meinungsforschung, des Betreibens einer Auskunf-tei, des Erstellens von Persönlichkeitsprofilen, des Adresshandels, des sonstigen Datenhandels oder zu „vergleichbaren kommerziellen Zwecken" geht.[6] Aus-drücklich nicht in den Anwendungsbereich des Unterlassungsklagegesetzes auf-genommen wurden Fragen zur Zulässigkeit der Datenverarbeitung für sonstige Zwecke – wie etwa der Vertragserfüllung. Nach Art. 80 Abs. 1 DSGVO können

---

[4]S. z.B. § 19 NDSG.
[5]S. z.B. *Brink*, in: Wolff/Brink, Datenschutzrecht, 2013, § 38 Rn. 50; *Petri*, in: Simitis, BDSG, 8. Aufl. 2014, § 38 Rn. 35.
[6]S. z.B. *Halfmeier*, NJW 2016, 1126; *Spindler*, ZD 2016, 114; *Dieterich*, ZD 2016, 265.

Verbände künftig aber auch alle Ansprüche von betroffenen Personen einklagen – also auch etwa Auskunfts- und Löschungsansprüche.[7] Die Verbände können aber auch vor den Aufsichtsbehörden alle Rechte der betroffenen Person geltend machen – unter anderen das Beschwerderecht nach Art. 77 DSGVO und das Klagerecht nach Art. 78 DSGVO. Das Verbandsklagerecht wird als wesentliche Stärkung des Datenschutzes angesehen,[8] wird aber für die Aufsichtsbehörden eine deutliche Mehrarbeit bedeuten.

Die Aufsichtsbehörde ist ein sehr kompetenter und mächtiger Beschützer der betroffenen Person. Sie ist mit den geeigneten Befugnissen ausgestattet. Eine Beschwerde bei der zuständigen Aufsichtsbehörde einzureichen, wird sich als „der" Weg erweisen, Schutz gegen ungerechtfertigte Eingriffe in Grundrechte und Freiheiten einzufordern. Dieser Weg erweist sich als erheblich leichter, als sich direkt an den Verantwortlichen zu wenden, sich bei ihm zu beschweren und sich mit ihm zu streiten. Dieser Weg ist auch viel erfolgversprechender.

Die Motivation für die betroffene Person, Beschwerde einzulegen, wird auch durch die Informationspflichten des Verantwortlichen verstärkt, oft vielleicht sogar erst geweckt, der nach Art. 13 Abs. 2 lit. d) und 14 Abs. 2 lit. e) DSGVO die betroffene Person über „das Bestehen eines Beschwerderecht bei einer Aufsichtsbehörde" unterrichten muss.

Eine Beschwerde einzulegen, wird auch erheblich durch die Bereitstellung eines elek-tronischen Formulars erleichtert. Diese Möglichkeit wird viele betroffene Personen ermutigen, eine Beschwerde einzureichen, die bisher von dem Arbeitsaufwand abgeschreckt wurden, die Anschrift oder die E-Mail-Adresse der Aufsichtsbehörde herauszufinden und einen Beschwerdebrief aufzusetzen oder eine E-Mail zu verfassen.

Datenverarbeitung, die die betroffene Person tatsächlich oder vermeintlich belastet, wird objektiv aus mehreren Gründen zunehmen und damit auch die Zahl der Beschwerden, die von den Aufsichtsbehörde zu bearbeiten sind, erhöhen. Erstens wird durch das Marktortprinzip die Zahl der von der Datenschutz-Grundverordnung erfassten Datenverarbeitungsvorgänge – vor allem im Internet – erheblich zunehmen. Zweitens wird darüber hinaus die Digitalisierung aller Lebensbereiche[9] zu einer Vervielfachung der Verarbeitung von personenbezogenen Daten führen. Bisher erfolgten vergleichsweise wenige Beschwerden gegen

---

[7]S. z.B. *Gierschmann*, ZD 2016, 53.

[8]S. z.B. *Gierschmann*, ZD 2016, 53; *Spindler*, ZD 2016, 114; *Dieterich*, ZD 2016, 265.

[9]S. hierzu Kap. 3.

die Datenverarbeitung durch Behörden, weil die Aufsichtsbehörde keine Eingriffsmöglichkeiten hatte, sondern nur die Möglichkeiten des Hinweises, der Beanstandung und der Erwähnung im Jahresbericht. Wenn sie künftig Anordnungen gegenüber der datenverarbeitenden Behörde erlassen kann, wächst das Interesse an einer Beschwerde auch gegenüber Behörden.

Betrifft die Beschwerde einen grenzüberschreitenden Datenverarbeitungsvorgang muss die Aufsichtsbehörde, bei der die Beschwerde eingelegt wurde, das Verfahren der Zusammenarbeit mit der federführenden Behörde nach Art. 60 DSGVO beschreiten[10] und bei Meinungsverschiedenheiten, die beide Behörden nicht ausräumen können, auch noch das Kohärenzverfahren durchführen.[11] Dadurch vervielfacht sich der Bearbeitungsaufwand in dem jeweiligen Beschwerdefall. In Fällen grenzüberschreitender Datenverarbeitungsvorgänge wird die betroffene Person dieses Beschwerderecht immer wahrnehmen, weil sie dies nach Art. 56 Abs. 2 DSGVO immer bei der für sie zuständigen Behörde in ihrem Heimatland und in ihrer Muttersprache vornehmen kann und sich nicht unmittelbar mit dem Verantwortlichen in einem anderen Mitgliedstaat in einer fremden Sprache auseinandersetzen muss. Diese Fälle werden in einem europäischen digitalen Binnenmarkt, der durch die Datenschutz-Grundverordnung gefördert werden soll, erheblich zunehmen. Sie werden in jedem einzelnen Fall zu einer erheblichen Mehrarbeit der Aufsichtsbehörden im Beschwerdeverfahren und in den Verfahren der Zusammenarbeit und Kohärenz führen.

Jedenfalls muss gemäß Art. 52 Abs. 4 DSGVO die Aufsichtsbehörde personell in der Lage sein, die Beschwerden bei grenzüberschreitenden Sachverhalten im Verfahren der Zusammenarbeit und im Kohärenzverfahren mit den dort genannten Fristen abzuarbeiten und bei nicht grenzüberschreitenden Sachverhalten den Beschwerdeführer rechtzeitig – innerhalb von drei Monaten – über den Stand des Verfahrens zu unterrichten.

5.1.2 Gerichtlicher Rechtsbehelf

Nach Art. 78 Abs. 1 DSGVO hat jede natürliche oder juristische Person – unbeschadet eines anderweitigen verwaltungsrechtlichen oder außergerichtlichen Rechtsbehelfs – das Recht auf einen wirksamen gerichtlichen Rechtsbehelf gegen

---

[10]S. näher Kap. 5.5.1.
[11]S. näher Kap. 5.5.3.

einen sie betreffenden rechtsverbindlichen Beschluss einer Aufsichtsbehörde. Dieses Recht besteht allerdings nur gegen einen Beschluss einer Aufsichtsbehörde, der gegenüber dieser Person Rechtswirkungen entfaltet. „Ein derartiger Beschluss betrifft insbesondere die Ausübung von Untersuchungs-, Abhilfe- und Genehmigungsbefugnissen durch die Aufsichtsbehörde oder die Ablehnung oder Abweisung von Beschwerden. Das Recht auf einen wirksamen gerichtlichen Rechtsbehelf umfasst jedoch nicht rechtlich nicht bindende Maßnahmen der Aufsichtsbehörden wie von ihr abgegebene Stellungnahmen oder Empfehlungen."[12]

Darüber hinaus hat jede betroffene Person nach Art. 78 Abs. 2 DSGVO – unbeschadet eines anderweitigen verwaltungsrechtlichen oder außergerichtlichen Rechtbehelfs – „das Recht auf einen wirksamen gerichtlichen Rechtsbehelf", wenn die nach Art. 55 und 56 DSGVO „zuständige Aufsichtsbehörde sich nicht mit einer Beschwerde befasst oder die betroffene Person nicht innerhalb von drei Monaten über den Stand oder das Ergebnis der … Beschwerde in Kenntnis gesetzt hat".

Beide Klagemöglichkeiten konkretisieren das Grundrecht auf einen wirksamen gerichtlichen Rechtsbehelf gemäß Art. 47 Abs. 1 GRCh.[13] Danach hat dieses Recht jede Person, deren durch das Recht der Union garantierten Rechte verletzt worden sind.[14]

Für Verfahren gegen eine Aufsichtsbehörde sind nach Art. 78 Abs. 3 DSGVO die Gerichte des Mitgliedstaats zuständig, in dem die Aufsichtsbehörde ihren Sitz hat. Es gilt das Verfahrensrecht dieses Mitgliedstaats. Die Gerichte sollten „eine uneingeschränkte Zuständigkeit" besitzen, „sämtliche für den bei ihnen anhängigen Rechtsstreit maßgebliche Sach- und Rechtsfragen zu prüfen".[15]

Kommt es zu einem Verfahren gegen den Beschluss einer Aufsichtsbehörde, dem eine Stellungnahme oder ein Beschluss des Datenschutzausschusses im Rahmen des Kohärenzverfahrens vorangegangen ist, so leitet die Aufsichtsbehörde nach Art. 78 Abs. 4 DSGVO diese Stellungnahme oder diesen Beschluss dem Gericht zu.

Für Verfahren nach Art. 78 Abs. 1 und 2 DSGVO ordnet § 20 BDSG-E an, dass der Verwaltungsrechtsweg gegeben und die Verwaltungsgerichtsordnung mit kleinen Modifikationen anzuwenden ist.

---

[12]Erwägungsgrund 143 DSGVO.
[13]Erwägungsgrund 141 DSGVO.
[14]S. z.B. *Jarass*, GRCh, 3. Aufl. 2016, Art. 47 Rn. 6 ff.
[15]Erwägungsgrund 143 DSGVO.

Bisher waren auch schon Anfechtungs- und Verpflichtungsklagen möglich – aber diese Möglichkeit wurde in der Vergangenheit kaum wahrgenommen, weil die Aufsichtsbehörden keine gesetzliche Pflicht hatten, Beschwerden zu behandeln, und über weniger Handlungsmöglichkeiten verfügten, ihnen abzuhelfen. Im Verhältnis zu den Verantwortlichen waren Anfechtungsklagen selten, weil gegen Verantwortliche aus dem öffentlichen Bereich keine Anordnungen ergehen konnten und gegenüber Verantwortlichen aus dem nichtöffentlichen Bereich vergleichsweise selten ergingen. In der Zukunft ist jedoch erheblich öfter mit solchen Gerichtsverfahren zu rechnen, weil die Aufsichtsbehörden nach Art. 58 DSGVO mehr Möglichkeiten haben, verpflichtende Maßnahmen gegenüber den Verantwortlichen oder Auftragsverarbeitern anzuordnen, weil sie höhere Sanktionen verhängen können und weil es ausdrücklich die Beschwerde- und Klagemöglichkeiten der Art. 77 und 78 DSGVO gibt. Außerdem wird die Möglichkeit der Vertretung durch Verbände nach Art. 80 DSGVO zu einer höheren Zahl von Beschwerden und gerichtlichen Rechtsbehelfen führen.

Bisher war die Aufmerksamkeit der betroffenen Person auf den Verantwortlichen gerichtet und nicht auf die Aufsichtsbehörde. Künftig wird sie dagegen mehr Schutz bei der Aufsichtsbehörde suchen. Bei einer unbefriedigenden Entscheidung der Aufsichtsbehörde wird sie ihre Enttäuschung vor allem in Form einer Klage gegen die Aufsichtsbehörde verarbeiten.

Klagen sind zwar kostenpflichtig, aber nur betroffene Personen, die keine Rechtsschutzversicherung abgeschlossen haben, könnten überhaupt von den Kosten abgeschreckt werden. Bereits heute stellen die Aufsichtsbehörden fest, dass die anwaltliche Vertretung von betroffenen Personen im Schriftwechsel mit ihnen generell zunimmt. Künftig könnten diese Klagen unter Umständen sogar ein Betätigungsfeld für spezialisierte Rechtsanwälte werden, die sich gezielt um die Vertretung in Beschwerdefälle bemühen. Die Fortführung der Beschwerden in Gerichtsverfahren dürfte auch zu einer Standardleistung der (Datenschutz-) Verbände werden, die betroffene Personen nach Art. 80 Abs. 1 DSGVO vertreten. Diese Verselbständigung des Prozessführungsinteresses dürfte ebenfalls dazu beitragen, dass die wirksamen gerichtlichen Rechtsbehelfe nach Art. 78 Abs. 1 und 2 DSGVO häufig genutzt werden.

Jedenfalls muss gemäß Art. 52 Abs. 4 DSGVO die Aufsichtsbehörde personell in der Lage sein, die zu erwartenden zunehmenden gerichtlichen Verfahren zu betreiben. Dabei ist es von Vorteil für die Aufsichtsbehörde, dass die Gerichtsverfahren in ihrem Mitgliedstaat stattfinden und daher die erforderlichen Reisezeiten begrenzt sind.

5.2   Pflichten gegenüber der Allgemeinheit

Gegenüber der Allgemeinheit bestehen nur wenige Pflichten der Aufsichtsbehörde, die genau festgelegt sind.

5.2.1   Berichtspflichten

Nach Art. 59 DSGVO erstellt jede Aufsichtsbehörde „einen Jahresbericht über ihre Tätigkeit, der eine Liste der Arten der gemeldeten Verstöße und der Arten der getroffenen Maßnahmen" nach Art. 58 Abs. 2 DSGVO „enthalten kann. Diese Berichte werden dem nationalen Parlament, der Regierung und anderen nach dem Recht der Mitgliedstaaten bestimmten Behörden übermittelt. Sie werden der Öffentlichkeit, der Kommission und dem Ausschuss zugänglich gemacht."

Bisher sind die Aufsichtsbehörden bereits verpflichtet, solche Tätigkeitsberichte in regelmäßigen zeitlichen Abständen dem Bundestag oder dem Landtag zu erstatten und zu veröffentlichen. Manche Aufsichtsbehörden müssen bisher den Bericht alle zwei Jahre erstellen.[16] Sie müssen den Bericht künftig doppelt so oft erarbeiten. Allerdings dürfte dieser Bericht jeweils weniger umfangreich sein. Dennoch erfordern zwei Berichte in zwei Jahren einen höheren Arbeitsaufwand als ein Bericht alle zwei Jahre.

Bisher geben die Tätigkeitsberichte auch einen Überblick über die wesentlichen Entwicklungen des Datenschutzes.[17] Dies wird von Art. 59 DSGVO nicht mehr ausdrücklich verlangt, ist aber zumindest sinnvoll, wenn nicht notwendig, um die eigene Tätigkeit zu den Herausforderungen und Schwierigkeiten der Umsetzung des Datenschutzes in die richtige Beziehung zu setzen. Dagegen ermöglicht Art. 59 DSGVO, eine Liste der Arten der gemeldeten Verstöße und der Arten der getroffenen Abhilfemaßnahmen in den Bericht aufzunehmen.[18] Dies dürfte ohne die Darstellung des genannten technischen, gesellschaftlichen und wirtschaftlichen Kontextes sehr schwierig sein. Auch dürfte eine schlichte Auflistung von Verstößen und Anordnungen wenig aussagekräftig sein, wenn diese nicht in die allgemeine Entwicklung des Datenschutzes eingeordnet werden. Am inhaltlichen Umfang der Berichte dürfte sich daher kaum etwas ändern, eventuell kommt die Liste der Verstöße und Anordnung zusätzlich hinzu.

---

[16]S. z.B. § 26 Abs. 1 BDSG, § 27 DSG Bbg.
[17]S. z.B. § 26 Abs. 1 BDSG.
[18]Dies ist optional – s. *Körffer*, in: Paal/Pauly, DSGVO, 2016, Art. 59 Rn. 3.

5.2.2   Verzeichnispflichten

Nach Art. 57 Abs. 1 lit. u) DSGVO „muss" jede Aufsichtsbehörde „interne Verzeichnisse über Verstöße gegen diese Verordnung und gemäß" Art. 58 Abs. 2
DSGVO ergriffene Maßnahmen" führen. Diese internen Verzeichnisse über Verstöße und Abhilfemaßnahmen sollen der Aufsichtsbehörde einen Überblick über
ihre Aufsichtsschwerpunkte und -maßnahmen geben und bilden die Grundlage
für die im jährlichen Tätigkeitsbericht zu veröffentlichende Liste von Verstößen
und Abhilfeanordnungen.[19]

5.3   Pflichten gegenüber den Verantwortlichen

Die Datenschutz-Grundverordnung fordert eine intensive Zusammenarbeit zwischen dem Verantwortlichen und der Aufsichtsbehörde. Diese soll den Verantwortlichen nicht nur kontrollieren und anweisen, sondern auch informieren und
beraten.[20] Diese Erwartung der Verordnung drückt sich vor allem in einer Reihe
von Aufgaben zur Datenschutz-Kommunikation aus, die in Art. 57 DSGVO auf-
gelistet sind. Nur in wenigen Fällen ist die Erfüllung dieser Aufgaben zu Pflichten mit eindeutigen Handlungsanweisungen an die Aufsichtsbehörden verdichtet.
Diese Pflichten werden in Folgenden dargestellt, während die Aufgaben, die es
der Aufsichtsbehörde überlassen, wie sie diese wahrnehmen will, im nächsten
Kapitel behandelt werden.[21]

5.3.1   Anwendungsbereich von Datenschutz-
Folgenabschätzungen

Eine solche Pflicht besteht zum Beispiel im Rahmen der Datenschutz-
Folgenabschätzung. Diese ist ein weitgehend neues Instrument des Datenschutzes.
Art. 35 Abs. 1 DSGVO fordert vom Verantwortlichen solche Folgenabschätzun-
gen, wenn „eine Form der Verarbeitung, insbesondere bei Verwendung neuer
Technologien, aufgrund der Art, des Umfangs, der Umstände und der Zwecke der

---

[19]S. Kap. 5.2.1.
[20]S. zu dieser Kommunikationsaufgabe auch Kap. 4.2.5.
[21]S. hierzu Kap. 6.3, 6.4, 6.5, 6.6, 6.7, 6.8, 6.9, 6.12, 6.13.

Verarbeitung voraussichtlich ein hohes Risiko für die Rechte und Freiheiten natürlicher Personen zur Folge" hat.[22] Nach Art. 35 Abs. 3 DSGVO ist ein solches hohes Risiko anzunehmen und eine Datenschutz-Folgenabschätzung erforderlich, wenn die Verarbeitungsvorgänge zum Beispiel auf eine „systematische und umfassende Bewertung persönlicher Aspekte natürlicher Personen" zielt, „die sich auf automatisierte Verarbeitung einschließlich Profiling gründet und die ihrerseits als Grundlage für Entscheidungen dient, die Rechtswirkung gegenüber natürlichen Personen entfalten oder diese in ähnlich erheblicher Weise beeinträchtigen". Eine Datenschutz-Folgenabschätzung ist weiterhin erforderlich, wenn eine „umfangreiche Verarbeitung besonderer Kategorien von personenbezogenen Daten"[23] gemäß Art. 9 Abs. 1 DSGVO „oder von personenbezogenen Daten über strafrechtliche Verurteilungen und Straftaten"[24] gemäß Art. 10 DSGVO oder eine „systematische umfangreiche Überwachung öffentlich zugänglicher Bereiche"[25] beabsichtigt ist.

Abstrakter fasst Erwägungsgrund 91 DSGVO den Anwendungsbereich der Datenschutz-Folgenabschätzung zusammen: Sie „sollte insbesondere für umfangreiche Verarbeitungsvorgänge gelten, die dazu dienen, große Mengen personenbezogener Daten auf regionaler, nationaler oder supranationaler Ebene zu verarbeiten, eine große Zahl von Personen betreffen könnten und — beispielsweise aufgrund ihrer Sensibilität — wahrscheinlich ein hohes Risiko mit sich bringen und bei denen entsprechend dem jeweils aktuellen Stand der Technik in großem Umfang eine neue Technologie eingesetzt wird". Sie sollte auch für andere Verarbeitungsvorgänge durchgeführt werden, „die ein hohes Risiko für die Rechte und Freiheiten der betroffenen Personen mit sich bringen, insbesondere dann, wenn diese Verarbeitungsvorgänge den betroffenen Personen die Ausübung ihrer Rechte erschweren".

Um dem Verantwortlichen die Beantwortung der Frage zu erleichtern, ob er eine Datenschutz-Folgenabschätzung durchzuführen hat, verpflichten Art. 35

---

[22]S. zur Datenschutz-Folgenabschätzung z.B. *Friedewald u.a.*, White Paper Datenschutz-Folgenabschätzung, 2016; *Hansen*, DuD 2016, 587; *Marschall*, Datenschutz-Folgenabschätzung und Dokumentation, in: Roßnagel, Datenschutz-Grundverordnung, 2017, 156; *Bieker/Hansen/Friedewald*, RDV 2016, 188.

[23]Erwägungsgrund 91 DSGVO erwähnt insbesondere „biometrische Daten".

[24]Auch bei „damit zusammenhängenden Sicherungsmaßregeln" – s. hierzu Erwägungsgrund 91 DS-GVO.

[25]„Insbesondere mittels optoelektronischer Vorrichtungen" – s. Erwägungsgrund 91 DSGVO.

Abs. 4 und Art. 57 Abs. 1 lit. k) DSGVO die Aufsichtsbehörde zu bestimmen, wann eine „Datenschutz-Folgenabschätzung durchzuführen ist", und dafür „eine Liste der Verarbeitungsvorgänge" zu erstellen, für die eine Datenschutz-Folgenabschätzung erforderlich ist.[26]

Vor Festlegung dieser Listen muss die zuständige Aufsichtsbehörde nach Art. 35 Abs. 6 DSGVO das Kohärenzverfahren gemäß Art. 63 ff. DSGVO anwenden, „wenn solche Listen Verarbeitungstätigkeiten umfassen, die mit dem Angebot von Waren oder Dienstleistungen für betroffene Personen oder der Beobachtung des Verhaltens dieser Personen in mehreren Mitgliedstaaten im Zusammenhang stehen oder die den freien Verkehr personenbezogener Daten innerhalb der Union erheblich beeinträchtigen könnten".

Erst nach Durchführung des Kohärenzverfahrens darf sie die Listen beschließen. Sie hat sie dann nach Art. 35 Abs. 4 Satz 2 und Abs. 5 Satz 2 DSGVO an den Datenschutzausschuss zu übermitteln.

Die Pflicht zur Erstellung solcher Positivlisten ist neu, ebenso wie das gesamte Verfahren der Datenschutz-Folgenabschätzung. Zwar ist nach Art. 20 DSRL und § 4d Abs. 5 BDSG eine „Vorabkontrolle" durchzuführen, für die beide Vorschriften zwei Regelbeispiele nennen.[27] Eine Vollendung des Normprogramms durch das Erstellen von Positivlisten fordert das Bundesdatenschutzgesetz jedoch nicht.

Die Positivliste zu erstellen, ist jede Aufsichtsbehörde verpflichtet. Sie erfüllt damit materiell eine gesetzgeberische Funktion und holt nach, was der Unionsgesetzgeber versäumt hat. Da die Liste die eigene Einschätzung der Aufsichtsbehörde binden und den Verantwortlichen Rechtssicherheit bieten soll,[28] muss die Aufsichtsbehörde sorgfältig alle denkbaren Fälle erwägen und bewerten. Diese gesetzgeberische Tätigkeit ist sehr anspruchsvoll und fordert von der Aufsichtsbehörde eine hohe juristische Qualifikation.

Da die drei Regelbeispiele des Art. 35 Abs. 3 DSGVO sehr eng sind und bei weitem nicht alle riskanten Formen der Verarbeitung personenbezogener Daten betreffen, muss die Aufsichtsbehörde auf die Generalklausel des Art. 35 Abs. 1 DSGVO zurückgreifen und aus ihrer Aufgabe gemäß Art. 1 Abs. 2 DSGVO, die

---

[26]Zum Inhalt der Liste s. auch *Laue/Nink/Kremer*, Das neue Datenschutzrecht, 2017, 236.

[27]S. z.B. *Petri*, in: Simitis, BDSG, 8. Aufl. 2014, § 4d Rn. 33; *Marschall*, Datenschutz-Folgenabschätzung und Dokumentation, in: Roßnagel, Datenschutz-Grundverordnung, 2017, 158.

[28]Die Liste ist zwar nicht abschließend – s. z.B. auch *Laue/Nink/Kremer*, Das neue Datenschutzrecht, 2017, 237 –, dennoch kann sich die Aufsichtsbehörde von ihren dort getroffenen Feststellungen nicht einfach wieder lösen.

Grundrechte zu schützen, alle von der Datenschutz-Grundverordnung ignorierten neuen Herausforderungen der Datenschutzes[29] auf ihre Risikoträchtigkeit untersuchen und in die Listen der Datenverarbeitungen aufnehmen, für die eine Datenschutz-Folgenabschätzung durchzuführen ist.

Die Liste oder die Listen sind vor dem 25. Mai 2018 aufzustellen, damit die mit ihnen verbundene Erleichterung und Rechtssicherheit in der Einschätzung der Pflicht, eine Datenschutz-Folgenabschätzung durchzuführen, bereits mit Geltung der Datenschutz-Grundverordnung wirksam wird. Danach sind nur Anpassungen notwendig, wenn sich die Liste als zu umfangreich oder unvollständig erweist. Für ihre Erstellung ist zu beachten, dass die Aufsichtsbehörden ihre Listen im Düsseldorfer Kreis[30] abstimmen werden. Dies kann die Arbeit an den Listen erleichtern, der Abstimmungsprozess kann sie aber auch erschweren. Jedenfalls muss sich jede Aufsichtsbehörde auch mit den Listen aller anderen Aufsichtsbehörden befassen. Unabhängig von der Abstimmung zwischen den deutschen Aufsichtsbehörden muss jede Aufsichtsbehörde ihre eigene Liste erstellen und im Kohärenzverfahren vertreten.

5.3.2 Empfehlungen zur verordnungskonformen Gestaltung

Art. 36 Abs. 1 DSGVO verpflichtet den Verantwortlichen dazu, vor der Verarbeitung personenbezogener Daten die Aufsichtsbehörde zu „konsultieren", „wenn aus einer Datenschutz-Folgenabschätzung … hervorgeht, dass die Verarbeitung ein hohes Risiko zur Folge hätte, sofern der Verantwortliche keine Maßnahmen zur Eindämmung des Risikos trifft". Ein hohes Risiko für die Rechte und Freiheiten natürlicher Personen ist nach Erwägungsgrund 94 DSGVO vor allem anzunehmen, wenn der Verantwortliche der Auffassung ist, „dass das Risiko nicht durch in Bezug auf verfügbare Technologien und Implementierungskosten vertretbare Mittel eingedämmt werden kann". Ein solches

---

[29]S. Kap. 3; zur systematischen Ignoranz dieser Risiken durch die Datenschutz-Grundverordnung s. Kap. 7.3.

[30]S. z.B. *Pohler*, CR 1998, 309. Der Düsseldorfer Kreis wurde 1977 als informelle Vereinigung der Aufsichtsbehörden der Länder, die die Einhaltung des Datenschutzes im nicht-öffentlichen Bereich überwachen, gegründet. Er ist seit 2013 ein Gremium in der Konferenz der unabhängigen Datenschutzbehörden des Bundes und der Länder (s. zu dieser Kap. 6.12.5).

hohes Risiko ist wahrscheinlich mit bestimmten Arten der Verarbeitung und dem Umfang und der Häufigkeit der Verarbeitung verbunden, die für natürliche Personen auch eine Schädigung oder eine Beeinträchtigung der persönlichen Rechte und Freiheiten mit sich bringen können". Für die Konsultation muss der Verantwortliche der Aufsichtsbehörde eine Reihe geeigneter Informationen zur Verfügung stellen.

Umgekehrt verpflichtet Art. 36 Abs. 2 DSGVO die Aufsichtsbehörde, im Zusammenhang mit einer Konsultation zur Datenschutz-Folgenabschätzung dem Verantwortlichen oder gegebenenfalls dem Auftragsverarbeiter fristgebunden schriftliche Empfehlungen zu unterbreiten, wie er seine Datenverarbeitung verordnungskonform gestalten soll. Voraussetzung für diese Pflicht ist, dass die Aufsichtsbehörde „der Auffassung ist, dass die geplante Verarbeitung ... nicht im Einklang mit dieser Verordnung stünde, insbesondere weil der Verantwortliche das Risiko nicht ausreichend ermittelt oder nicht ausreichend eingedämmt hat". In diesem Fall muss sie dem Verantwortlichen „innerhalb eines Zeitraums von bis zu acht Wochen nach Erhalt des Ersuchens um Konsultation entsprechende schriftliche Empfehlungen" unterbreiten. „Diese Frist kann unter Berücksichtigung der Komplexität der geplanten Verarbeitung um sechs Wochen verlängert werden. Die Aufsichtsbehörde unterrichtet den Verantwortlichen oder gegebenenfalls den Auftragsverarbeiter über eine solche Fristverlängerung innerhalb eines Monats nach Eingang des Antrags auf Konsultation zusammen mit den Gründen für die Verzögerung. Diese Fristen können ausgesetzt werden, bis die Aufsichtsbehörde die für die Zwecke der Konsultation angeforderten Informationen erhalten hat."[31]

Die fristgebundene Pflicht zur Abgabe von Empfehlungen zur verordnungskonformen Gestaltung von Verarbeitungsvorgängen ist für die Aufsichtsbehörden neu, ebenso wie das gesamte Verfahren der Datenschutz-Folgenabschätzung. Zwar ist nach § 4d Abs. 5 BDSG unter den dort genannten Voraussetzungen eine „Vorabkontrolle" durchzuführen.[32] Für die Durchführung der Vorabkontrolle ist jedoch nach § 4d Abs. 6 BDSG der betriebliche oder behördliche Beauftrage für den Datenschutz zuständig. Dieser kann sich „in Zweifelsfällen" an die Aufsichtsbehörde wenden.[33] Eine fristgebundene Beratungs- und Empfehlungspflicht der Aufsichtsbehörde kennt das Bundesdatenschutzgesetz jedoch nicht.

---

[31]S. hierzu auch *Laue/Nink/Kremer*, Das neue Datenschutzrecht, 2017, 242f.
[32]Zum Unterschied zur Datenschutz-Folgenabschätzung s. Kap. 6.7.
[33]S. z.B. Kap. 6.5.2; s. auch *Petri*, in: Simitis, BDSG, 8. Aufl. 2014, § 4d Rn. 37f.

Die Beratung kann je nach Datenverarbeitungsvorgang, dessen Risiken und
der Differenz zur Erfüllung der Vorgaben der Datenschutz-Grundverordnung sehr
aufwändig werden. Für diese Beratung ist eine interdisziplinäre juristische und
technische Kompetenz notwendig, die hohe Anforderungen an die Kenntnisse aus
beiden Disziplinen stellen kann.

Sollte die Aufsichtsbehörde innerhalb der in Art. 36 Abs. 2 DSGVO genannten
Fristen keine positive Rückmeldung gegeben oder schriftliche Empfehlungen zur
Nachbesserung vorgelegt haben, muss sie mit einer Untätigkeitsklage rechnen.[34]
Dies setzt die Aufsichtsbehörde unter Druck, ihre Pflichten aus Art. 36 Abs. 2
DSGVO immer rechtzeitig zu erfüllen, und verhindert, dass sie bei einer hohen
Arbeitsbelastung die Erfüllung der Arbeitsaufgaben auf Zeiten mit geringerer
Belastung „verschieben" kann. Dieser Umstand fordert eine Personalausstattung,
die sich an einer hohen Arbeitsbelastung ausrichtet.

5.3.3   Genehmigung von Verhaltensregeln

Die Aufstellung von Verhaltensregeln durch Wirtschafts- oder Branchenverbände kann den Datenschutz befördern. Sie kann die Verantwortung der betroffenen Verantwortlichen aktivieren, kann deren Kenntnisse über Möglichkeiten
zur wirtschaftlichen Erfüllung der Datenschutzanforderungen nutzen, kann deren
Interesse an einem Datenschutz durch Technikgestaltung stärken und die abstrakten Vorgaben der Datenschutz-Grundverordnung in vollzugstauglicher Weise
präzisieren. Sie kann allerdings auch dazu führen, dass versucht wird, datenschutzrechtliche Anforderungen aufzuweichen und die Umsetzung des Datenschutzrechts allein oder überwiegend an den geschäftlichen Bedürfnissen der
Verantwortlichen oder Auftragsverarbeiter zu orientieren.[35]

Daher sieht Art. 40 DSGVO in Fortsetzung des Art. 27 DSRL vor, dass „Verbände und andere Vereinigungen, die Kategorien von Verantwortlichen oder
Auftragsverarbeitern vertreten, …Verhaltensregeln ausarbeiten" können.[36] Diese
sollen einzelne in Art. 40 Abs. 2 DSGVO genannte Regelungen der Verordnung

---

[34]So *Laue/Nink/Kremer*, Das neue Datenschutzrecht, 2017, 244.

[35]S. hierzu näher *Roßnagel*, Konzepte der Selbstregulierung, in: ders. Handbuch Datenschutzrecht, 2003, 387.

[36]Die Erarbeitung und Nutzung der Verhaltensregeln sollen die Transparenz der Verarbeitung und die Verantwortlichkeit des Verantwortlichen weiter fördern – s. z.B. *Albrecht*, CR
2016, 94.

präzisieren. Nach Erwägungsgrund 98 DSGVO dienen die Verhaltensregeln dem Zweck, die wirksame Anwendung der Verordnung zu erleichtern. Sie können ein Mittel darstellen, die zahlreichen Regelungslücken der Datenschutz-Grundverordnung durch Selbstregulierung zu schließen und hierdurch die Rechtssicherheit für Verantwortliche, Auftragsverarbeiter und betroffenen Personen zu erhöhen.[37] Sie gelten als wichtige Faktoren, die geeignete Garantien für die Einhaltung von Datenschutzanforderungen nachweisen können.[38] Dies gilt unter anderem nach Art. 46 Abs. 2 lit. e) DSGVO auch für die Übermittlung personenbezogener Daten in Drittstaaten.[39]

Art. 27 Abs. 2 DSRL und § 38a BDSG, der die Unionsregelung in das deutsche Recht umsetzt, stellen es in das Belieben der Verbände, die freiwillige Verhaltensregeln aufstellen, ob sie diese der Aufsichtsbehörde „unterbreiten". Die Aufsichtsbehörde „überprüft" nach § 38a Abs. 2 BDSG „die Vereinbarkeit der ihr unterbreiteten Entwürfe mit dem geltenden Datenschutzrecht".[40] Die Anerkennung der Verhaltensregeln bindet die Aufsichtsbehörde und andere Behörden in ihrem folgenden Aufsichtsverhalten.[41]

Im Gegensatz dazu regelt Art. 40 Abs. 5 DSGVO, dass und wie Verbände und andere Vereinigungen die Aufsichtsbehörde bei der Erstellung von Verhaltensregeln zu beteiligen haben und welche Pflichten der Aufsichtsbehörde entstehen, der ein Entwurf von Verhaltensregeln vorgelegt wird. Der jeweilige Verband hat „den Entwurf der Verhaltensregeln" der zuständigen Aufsichtsbehörde vorzulegen. „Die Aufsichtsbehörde gibt eine Stellungnahme darüber ab, ob der Entwurf der Verhaltensregeln" … mit der Datenschutz-Grundverordnung „vereinbar ist und genehmigt diesen Entwurf der Verhaltensregeln…, wenn sie der Auffassung ist, dass er ausreichende geeignete Garantien bietet".

Dies setzt eine Prüfung und Bewertung der Verhaltensregeln durch die Aufsichtsbehörde voraus. Die Genehmigung ist eine Voraussetzung für die Gültigkeit der Verhaltensregeln und somit trotz der irreführenden Bezeichnung „Genehmigung" ein feststellender Verwaltungsakt,[42] der die Rechtsfolgen, die

---

[37]S. *Kranig/Peintinger*, ZD 2014, 8; *Paal*, in: Paal/Pauli, DSGVO, Art. 40 Rn. 2.

[38]S. hierzu die Aufzählung in *Paal*, in: Paal/Pauli, DSGVO, Art. 40 Rn. 5.

[39]S. auch *Albrecht/Jotzo*, Das neue Datenschutzrecht der EU, 2017, 99.

[40]S. hierzu auch *Vomhof*, PinG 2014, 209.

[41]S. *Petri*, in: Simitis, BDSG, 8. Aufl. 2014, § 38a Rn. 25.

[42]S. z.B. *Kranig/Peintinger*, ZD 2014, 7; *Wronka*, RDV 2014, 94; *Laue/Nink/Kremer*, Das neue Datenschutzrecht, 2017, 244, s. hierzu nach geltendem Recht *Petri*, in: Simitis, BDSG, 8. Aufl. 2014, § 38a Rn. 25.

mit Verhaltensregeln verbunden sind, nach sich zieht. Diese Pflicht wird in Art. 57 Abs. 1 lit. m) DSGVO wiederholt.[43]

Bisher entstanden in Deutschland[44] zwar einige wenige Verhaltensregeln,[45] aber nur zwei wurden von der zuständigen Aufsichtsbehörde überprüft und anerkannt, nämlich die Verhaltensregeln des Gesamtverbands der Deutschen Versicherungswirtschaft vom 7.9.2012[46] und der „Geo-Business Code of Conduct" des Selbstregulierung Informationswirtschaft (SRIW) e.V. und der Kommission für Geoinformationswirtschaft (GIW) vom 13.1.2015.[47] Dagegen bestand kein großes Interesse in anderen Branchen, die mühselige Arbeit für solche Verhaltensregeln auf sich zu nehmen. Dies könnte sich aber mit Geltung der Datenschutz-Grundverordnung ändern. Für manche Branche könnte es interessant sein, eigene spezifische Bedingungen der Verarbeitung personenbezogener Daten selbst zu entwickeln, statt von der Konkretisierung der sehr abstrakten Erlaubnistatbestände des Art. 6 Abs. 1 UAbs. 1 lit. b) und f) DSGVO durch Aufsichtsbehörden und Gerichte abhängig zu sein.

Das Verfahren der Beteiligung der Aufsichtsbehörde wird nicht in der Weise ablaufen, wie es der Wortlaut des Art. 40 Abs. 5 DSGVO nahelegt. Danach soll ein Verband einen Entwurf vorlegen und die Aufsichtsbehörde diesen genehmigen. Vielmehr zeigt die bisherige Erfahrung, dass die Verhaltensregeln in einem langwierigen iterativen Prozess von Entwürfen, Verhandlungen, Modifikationen, Kompromisssuchen, Überarbeitungen, Prüfungen und letztlich einer Einigung erarbeitet werden. Dieser Prozess fordert von allen Beteiligten einen großen Arbeitseinsatz. Dies wird verhindern, dass die Aufsichtsbehörde von Wünschen nach Verhaltensregeln „überschwemmt" werden. Auch wird die Langwierigkeit des Prozesses bei interessierten Branchen bekannt sein, so dass Dauer und Arbeitsbedarf des Erarbeitungsprozesses dazu führen werden, dass nur einige Verhaltensregeln erarbeitet werden.

---

[43]S. zum Verfahren näher *Paal*, in: Paal/Pauli, DSGVO, Art. 40 Rn. 19 bis 24.

[44]Zur Situation in anderen Staaten s. z.B. *Talidou*, Regulierte Selbstregulierung, 2005, 204 ff.; *Roßnagel*, Konzepte der Selbstregulierung, in: ders., Handbuch Datenschutzrecht, 2003, 410 ff.

[45]S. *Schaar*, Selbstregulierung im Datenschutz – Chancen, Grenzen, Risiken, 2013; *Vomhof*, PinG 2014, 209.

[46]S. hierzu *Berliner Beauftragter für Datenschutz und Informationsfreiheit*, Datenschutz und Informationsfreiheit – Dokumente, 2012, 37 ff.; *Vomhoff*, PinG 2014, 109; *Wronka*, RDV 2014, 93; *Kranig/Peintinger*, ZD 2014, 3 (4).

[47]S. *Martini*, NVwZ 2016, 353; *Wolff*, ZD 2017, 151.

Die zuständige Aufsichtsbehörde wird die Verhaltensregeln für eine bestimmte Branche mit den anderen Aufsichtsbehörden im Düsseldorfer Kreis abstimmen. Dies erfordert auch bei allen anderen Aufsichtsbehörden, sich mit den verschiedenen Entwürfen im Entstehungsprozess der Verhaltensregeln zu befassen.

Haben die Verhaltensregeln Datenverarbeitungen in mehreren Mitgliedstaaten zum Gegenstand, muss die Aufsichtsbehörde ihren Entwurf auch dem Europäischen Datenschutzausschuss vorlegen. Dieses Verfahren wird nach Art. 40 Abs. 7 DSGVO zu einer Prüfung und zu einer Stellungnahme des Ausschusses führen. Im positiven Fall übermittelt der Ausschuss seine Stellungnahme der Kommission, die für diese Verhaltensregeln nach Art. 40 Abs. 9 DSGVO die allgemeine Gültigkeit in der Union erklären kann.[48]

Mit Klageverfahren auf Genehmigung der Verhaltensregeln wird dagegen nicht zu rechnen sein. Eher wird eine Einigung in dem dargestellten iterativen Kommunikationsprozess gesucht.

5.3.4 Zertifizierung von Verarbeitungsvorgängen

„Um die Transparenz zu erhöhen und die Einhaltung dieser Verordnung zu verbessern", ermöglicht die Datenschutz-Grundverordnung, „dass Zertifizierungsverfahren sowie Datenschutzsiegel und -prüfzeichen eingeführt werden, die den betroffenen Personen einen raschen Überblick über das Datenschutzniveau einschlägiger Produkte und Dienstleistungen ermöglichen".[49] Verantwortliche oder Auftragsverarbeiter sollen die Möglichkeit haben, freiwillig ihre „Verarbeitungsvorgänge" überprüfen zu lassen.[50] Überprüfungskriterium ist die Konformität des Verarbeitungsvorgangs mit der Datenschutzgrundverordnung. Hält der Verantwortliche oder der Auftragsverarbeiter bezogen auf den Datenverarbeitungsvorgang – was eigentlich selbstverständlich sein sollte – die Anforderungen der Datenschutz-Grundverordnung ein, erhält er dafür eine Auszeichnung in Form eines Zertifikats, eines Datenschutzsiegels oder eines Datenschutzprüfzeichens. Zusammenfassend hält Art. 42 Abs. 1 DSGVO fest, dass „datenschutzspezifische Zertifizierungsverfahren sowie Datenschutzsiegel und -prüfzeichen" dazu dienen,

---

[48]S. näher *Laue/Nink/Kremer*, Das neue Datenschutzrecht, 2017, 258.

[49]Erwägungsgrund 100 DSGVO. In Art. 42 DSGVO ist jedoch nur von „Verarbeitungsvorgängen" die Rede, nicht von „Produkten und Dienstleistungen".

[50]S. zur Zertifizierung nach der Datenschutz-Grundverordnung z.B. *Kraska*, ZD 2016, 153; *Spindler*, ZD 2016, 407.

„nachzuweisen, dass ... Verarbeitungsvorgänge von Verantwortlichen oder Auftragsverarbeitern" die Datenschutz-Grundverordnung einhalten.[51] Nach Art. 42 Abs. 5 DSGVO erfolgt die Datenschutz-Zertifizierung eines Verarbeitungsvorgangs auf Antrag des Verantwortlichen oder des Auftragsverarbeiters. Nach Art. 42 Abs. 2 DSGVO können auch Verantwortliche oder Auftragsverarbeiter außerhalb des Anwendungsbereichs der Datenschutz-Grundverordnung eine Zertifizierung beantragen, um nachzuweisen, dass sie im Rahmen der Übermittlung personenbezogener Daten in Drittländer nach Maßgabe von Art. 46 Abs. 2 lit. f) DSGVO „geeignete Garantien bieten".[52]

Für die Zertifizierung sind nach der Datenschutz-Grundverordnung alternativ zwei Institutionen zuständig, nämlich die zuständige Aufsichtsbehörde oder eine private von der Aufsichtsbehörde akkreditierte Zertifizierungsstelle.[53] Wer von beiden im konkreten Fall die Zertifizierung vornehmen soll, beantwortet die Datenschutz-Grundverord-nung nicht. Es ist daher davon auszugehen, dass der Verantwortliche oder der Auftragsverarbeiter frei auswählen kann, ob er eine Zertifizierung bei der Aufsichtsbehörde oder bei einer privaten akkreditierten Zertifizierungsstelle beantragt.

Wählt der Verantwortliche oder der Auftragsverarbeiter die Aufsichtsbehörde als Zertifizierungsinstanz, ist diese verpflichtet, den Antrag zu prüfen und zu bescheiden. Sie hat hierfür die nach Art. 42 Abs. 5 DSGVO von ihr aufgestellten und im Kohärenzverfahren bestätigten Zertifizierungskriterien[54] zu beachten.

Der Antragsteller stellt nach Art. 42 Abs. 6 DSGVO der zuständigen Aufsichtsbehörde alle für die Durchführung des Zertifizierungsverfahrens erforderlichen Informationen zur Verfügung und gewährt ihr den in diesem Zusammenhang erforderlichen Zugang zu seinen Verarbeitungstätigkeiten. Die Aufsichtsbehörde hat die Unterlagen daraufhin zu überprüfen, ob sie vollständig nachweisen, dass der Datenverarbeitungsvorgang des Antragstellers alle ihn betreffenden Vorgaben der Datenschutz-Grundverordnung erfüllt. Sie hat sich vor Ort von der Einhaltung der Vorgaben zu überzeugen. Die Zertifizierung wird dem Antragsteller nach Art. 42 Abs. 7 DSGVO „für eine Höchstdauer von drei Jahren erteilt und kann unter denselben Bedingungen verlängert werden, sofern die einschlägigen

---

[51]Zu den Rechtsfolgen s. z.B. *Laue/Nink/Kremer*, Das neue Datenschutzrecht, 2017, 267.

[52]Sie müssen sich nach Art. 42 Abs. 2 Satz 2 DSGVO rechtlich verpflichten, „diese geeigneten Garantien anzuwenden, auch im Hinblick auf die Rechte der betroffenen Personen".

[53]Zu dieser Doppelrolle der Aufsichtsbehörde s. Kap. 5.4.5.

[54]S. hierzu Kap. 5.4.3.

Voraussetzungen weiterhin erfüllt werden". Die zuständige Aufsichtsbehörde muss den zertifizierten Verarbeitungsvorgang während der Gültigkeit der Zertifizierung beobachten und gegebenenfalls die Zertifizierung „widerrufen, wenn die Voraussetzungen für die Zertifizierung nicht oder nicht mehr erfüllt werden". Da die Zertifizierung nach Art. 42 DSGVO eine Momentbewertung für einen dynamischen Verarbeitungsvorgang darstellt,[55] muss sie sehr oft überprüft werden, weil die mit ihr verbundene Feststellung, dass der Verarbeitungsvorgang mit allen Vorgaben der Verordnung konform ist, durch jede technische und organisatorische Veränderung des Verarbeitungsvorgang in Frage gestellt sein kann. Die Zertifizierung führt somit nicht zu einer Entlastung der Aufsichtsbehörden, sondern zu einer deutlichen Mehrbelastung.

Stellt der Verantwortliche oder der Auftragsverarbeiter seinen Zertifizierungsantrag bei der akkreditierten Zertifizierungsstelle, so prüft und bewertet diese nach Art. 43 Abs. 4 Satz 1 DSGVO den Antrag und entscheidet über die Zertifizierung. Sie hat vor der Erteilung des Zertifikats nach Art. 43 Abs. 1 DSGVO die Aufsichtsbehörde zu unterrichten, „damit diese erforderlichenfalls von ihren Befugnissen" gemäß Art. 58 Abs. 2 lit. h) DSGVO „Gebrauch machen kann".[56] Sie hat nach der Zertifizierung gemäß Art. 43 Abs. 5 DSGVO der Aufsichtsbehörde „die Gründe für die Erteilung oder den Widerruf der beantragten Zertifizierung" mitzuteilen. Die Aufsichtsbehörde hat diese Gründe zu überprüfen und die Zertifizierungsstelle und ihre Tätigkeit zu beaufsichtigen.[57]

Dadurch, dass die Datenschutz-Grundverordnung zwei Zertifizierungsinstanzen vorsieht, verursacht sie doppelte Arbeit, weil jede sich auf die Durchführung von Zertifizierungsverfahren vorbereiten muss. Der Entwurf eines neuen Bundesdatenschutzgesetzes löst diese Doppelgleisigkeit auch nicht auf, so dass es bei einer doppelten Vorbereitung auf Zertifizierungen bei den Aufsichtsbehörden und bei den privaten Zertifizierungsstellen bleibt.

Da keine Aufsichtsbehörde ausschließen kann, dass ein Verantwortlicher oder ein Auftragsverarbeiter bei ihr einen Antrag auf Zertifizierung seines

---

[55]Im Gegensatz zu einer Bestätigung eines Datenschutzmanagementsystems im Rahmen eines Datenschutzaudits – s. zu diesem *Roßnagel*, Datenschutzaudit, 2000; *ders*, Datenschutz, in: ders., Handbuch Datenschutzrecht, 2003, 462 ff.; *ders*., Datenschutzaudit – ein modernes Steuerungsinstrument, in: Hempel/Krasmann/Bröckling, Sichtbarkeitsregime, 2010, 263 ff.

[56]S. hierzu auch S. *Laue/Nink/Kremer*, Das neue Datenschutzrecht, 2017, 265.

[57]Zum Widerruf der Akkreditierung der Zertifizierungsstelle s. Art. 43 Abs. DSGVO sowie die Ausführungen in Kap. 5.4.5.

Verarbeitungsvorgangs stellt, muss jede Aufsichtsbehörde sich auf die Durchführung von Verfahren der Zertifizierung nach ihren eigenen Kriterien vorbereiten. Hierfür muss sie im Vorfeld – also bis zum 25. Mai 2018 – ein Managementsystem für den Umgang mit Zertifizierungsanträgen und für die Überwachung von zertifizierten Verarbeitungsvorgängen etablieren und einen Verfahrensablauf für die Zertifizierung institutionalisieren. Zusätzlich muss die Aufsichtsbehörde die von ihr zugelassenen akkreditierten Zertifizierungsstellen überwachen.[58]

In der Aufsichtsbehörde ist ein eigener Bereich für die Durchführung der Zertifizierungen einzurichten, der von den Bereichen der Aufsichtsbehörde für Kontrollen und Anordnungen abgetrennt ist und nur für Zertifizierungen zuständig ist. Der Zertifizierungsbereich sollte auch aus wettbewerbsrechtlichen Gründen von dem Bereich getrennt sein, der innerhalb der Aufsichtsbehörde für die Mitwirkung bei Akkreditierungen und die Erteilung von Zertifizierungsbefugnissen an die privaten und mit der Aufsichtsbehörde konkurrierenden Zertifizierungsstellen und der Aufsicht über diese zuständig ist.[59] Dieser Zertifizierungsbereich ist sinnvoller Weise mit den Personen zu besetzen, in vor Geltung der Datenschutz-Grundverordnung die Kriterien,[60] das Verfahren und das Managementsystem für die Zertifizierung erarbeitet haben. Diese kennen sich innerhalb der Aufsichtsbehörde am besten mit diesen Themen aus und können mit den geringsten „Rüstzeiten" und Reibungsverlusten Zertifizierungen durchführen.

5.3.5 Standardvertragsklauseln für die Auftragsverarbeitung

Um die Auftragsverarbeitung personenbezogener Daten zu erleichtern, „muss" die Aufsichtsbehörde nach Art. 57 Abs. 1 lit. j) DSGVO „Standardvertragsklauseln" für die Auftragsverarbeitung gemäß Art. 28 Abs. 8 DSGVO „festlegen". Durch die Standardvertragsklauseln für Verantwortliche und Auftragsverarbeiter, die sie unverändert übernehmen können, hilft ihnen die Aufsichtsbehörde, die von der Verordnung geforderten Garantien nachzuweisen.[61]

---

[58]S. hierzu näher Kap. 5.4.5.
[59]S. hierzu näher Kap. 5.4.5.
[60]S. hierzu Kap. 5.4.3.
[61]S. z.B. auch *Gierschmann*, ZD 2016, 52; *Schantz*, NJW 2016, 1846; *Hofmann*, Auftragsverarbeitung, in: Roßnagel, Datenschutz-Grundverordnung, 2017, 185.

Nach Art. 28 Abs. 1 DSGVO darf ein Verantwortlicher eine Verarbeitung nur dann im Auftrag durchführen lassen, wenn die Auftragsverarbeiter „hinreichend Garantien dafür bieten, dass geeignete technische und organisatorische Maßnahmen so durchgeführt werden, dass die Verarbeitung im Einklang mit den Anforderungen dieser Verordnung erfolgt und den Schutz der Rechte der betroffenen Person gewährleistet".[62] Nach Art. 28 Abs. 3 DSGVO muss die Auftragsverarbeitung „auf der Grundlage eines Vertrags" erfolgen, der „den Auftragsverarbeiter in Bezug auf den Verantwortlichen bindet und in dem Gegenstand und Dauer der Verarbeitung, Art und Zweck der Verarbeitung, die Art der personenbezogenen Daten, die Kategorien betroffener Personen und die Pflichten und Rechte des Verantwortlichen festgelegt sind". Dieser Vertrag muss insbesondere die in Art. 28 Abs. 3 lit. a) bis h) DSGVO genannten Regelungen enthalten. Im Fall einer Unterbeauftragung muss der Auftragsverarbeiter dem Unterauftragsverarbeiter nach Art. 28 Abs. 4 DSGVO durch einen Unterauftragsvertrag „dieselben Datenschutzpflichten" auferlegen, die in dem Vertrag zwischen ihm und dem Verantwortlichen festgelegt sind. Dabei muss der Unterauftragsverarbeiter „insbesondere hinreichende Garantien dafür" bieten, „dass die geeigneten technischen und organisatorischen Maßnahmen so durchgeführt werden, dass die Verarbeitung entsprechend den Anforderungen dieser Verordnung erfolgt". Kommt der weitere Auftragsverarbeiter seinen Datenschutzpflichten nicht nach, so haftet der erste Auftragsverarbeiter gegenüber dem Verantwortlichen für die Einhaltung der Pflichten jenes anderen Auftragsverarbeiters.

Diese Pflicht der Aufsichtsbehörden, Standardvertragsklauseln für die Auftragsverarbeitung festzulegen, wird mit der Datenschutz-Grundverordnung neu eingeführt. Bisher gab es nur Standardvertragsklauseln der Europäischen Kommission für die Auftragsdatenverarbeitung in Drittländern gemäß Art. 26 Abs. 2 DSRL.[63] Für die Auftragsdatenverarbeitung in der Europäischen Union und im Europäischen Wirtschaftsraum kennen weder die Datenschutz-Richtlinie noch das deutsche Datenschutzrecht Standardvertragsklauseln. Allerdings können sie für die Erstellung solcher Standardvertragsklauseln auf Musterverträge für die Auftragserteilung und Unterbeauftragung einzelner Aufsichtsbehörden als

---

[62]S. hierzu auch *Koós/Englisch*, ZD 2014, 276 ff.; *Petri*, ZD 2015, 305 ff.; *Hofmann*, Auftragsverarbeitung, in: Roßnagel, Datenschutz-Grundverordnung, 2017, 180 ff.

[63]Beschluss der Kommission vom 5.2.2010 über Standardvertragsklauseln für die Übermittlung personenbezogener Daten an Auftragsverarbeiter in Drittländern, EU-ABl. L 39 vom 12.12.2010, 5.

Grundlage zurückgreifen.[64] Diese müssen allerdings an die Vorgaben der Datenschutz-Grundverordnung angepasst werden.

Die Aufsichtsbehörden sollten diese Aufgabe vor dem 25. Mai 2018 erledigt haben, damit diese Standardvertragsklauseln der Auftragsverarbeitung und Unterauftragsverarbeitung zugrunde gelegt werden können. Werden die Auftragsverarbeitung und die Unterauftragsverarbeitung nach dem Standardvertrag der jeweils zuständigen Aufsichtsbehörde geregelt, darf sie und dürfen die Verantwortlichen und die Auftragsverarbeiter davon ausgehen, dass die von Art. 28 Abs. 1 DSGVO geforderten Garantien erbracht sind. Dies erleichtert allen Beteiligten die Überprüfung der Auftragsverarbeitung sehr. Da sich die Aufsichtsbehörde in diesem Fall eine Einzelfallprüfung erspart, muss es in ihrem dringenden Interesse liegen, die Standardvertragsklauseln vor dem 25. Mai 2018 festzulegen.

Dies ist deshalb besonders bedeutsam, weil Auftragsverarbeitungen künftig erheblich zunehmen werden. Dies hat vor allem drei Gründe. Zum einen wird die Auftragsverarbeitung zunehmen, weil insgesamt die Verarbeitung personenbezogener Daten im Zug der Digitalisierung aller Lebensbereiche erheblich wachsen wird. Sie wird dabei überproportional zunehmen, weil die Arbeitsteilung und die Professionalisierung in der Datenverarbeitung ansteigen werden. Viele zusätzliche Verantwortliche, die gerade nicht aus der Sparte der Informationstechnik kommen, werden immer mehr personenbezogene Daten verarbeiten (lassen) müssen. Schließlich wird das Cloud Computing als eine besondere Form der Auftragsverarbeitung überproportional zunehmen. Durch diese Entwicklung wird das Interesse an verordnungskonformen Verträgen zur Auftragsverarbeitung ansteigen und die Aufsichtsbehörden unter Druck setzen, Standardvertragsklauseln – auch im eigenen Interesse – festzulegen.

Dabei muss die Aufsichtsbehörde jedoch das in Art. 28 Abs. 8 DSGVO vorgeschriebene Verfahren beachten. Um zu einer einheitlichen Anwendung der Verordnung in der gesamten Union beizutragen, muss eine Aufsichtsbehörde, die solche Standardvertragsklauseln festlegen will, dies nach Art. 28 Abs. 8 DSGVO „im Einklang mit dem Kohärenzverfahren" gemäß Art. 63 DSGVO tun. Nach Art. 64 Abs. 1 lit. d) DSGVO muss sie den Entwurf ihres Beschlusses an den

---

[64]S. z.B. *Hessischer Datenschutzbeauftragter*, Mustervereinbarung zum Datenschutz und zur Datensicherheit in Auftragsverhältnissen nach § 11 BDSG vom 28.9.2010 für den nicht-öffentlichen Bereich; *Hessischer Datenschutzbeauftragter*, Mustervertrag zur Auftragsdatenverarbeitung zwischen öffentlichen Stellen und öffentlichen oder nicht-öffentlichen Auftragnehmern vom 13.11.2007.

Europäischen Datenschutzausschuss übermitteln. Dieser gibt dann zu diesem eine Stellungnahme ab. Dieser Stellungnahme muss die Aufsichtsbehörde nach Art. 64 Abs. 7 DSGVO „weitestgehend Rechnung" tragen. Sie teilt dem Vorsitz des Ausschusses binnen zwei Wochen nach Eingang der Stellungnahme auf elektronischem Wege unter Verwendung eines standardisierten Formats mit, ob sie den Beschlussentwurf beibehalten oder ändern wird. Gegebenenfalls übermittelt sie den geänderten Beschlussentwurf. Beabsichtigt sie, „der Stellungnahme des Ausschusses insgesamt oder teilweise nicht zu folgen", so findet nach Art. 64 Abs. 8 DSGVO das Verfahren der Streitbeilegung nach Art. 65 DSGVO vor dem Datenschutzausschuss statt, das mit einer für die Aufsichtsbehörde verbindlichen Entscheidung endet.[65]

Diese Standardvertragsklauseln werden künftig also nicht mehr zentral für die gesamte Union festgelegt, sondern von jeder Aufsichtsbehörde für ihren Zuständigkeitsbereich. Eine gewisse Einheitlichkeit der Standardvertragsklauseln wird durch das Kohärenzverfahren gewährleistet. Dieses wird dazu führen, dass die Standardvertragsklauseln der Aufsichtsbehörden sich mit der Zeit einander angleichen. Die Aufsichtsbehörden, die zu einem späteren Zeitpunkt für ihren Zuständigkeitsbereich solche Standardvertragsklauseln festlegen, werden sich inhaltlich an denen anderer Aufsichtsbehörden orientieren. In der Bundesrepublik Deutschland ist zu erwarten, dass zusätzlich eine inhaltliche Abstimmung im Düsseldorfer Kreis stattfindet. Dies reduziert inhaltliche Arbeiten an der Formulierung der Standardvertragsklauseln, entbindet jedoch nicht von der Notwendigkeit, für den eigenen Zuständigkeitsbereich solche festzulegen und für diese das Kohärenzverfahren durchzuführen. Arbeitseinsparungen, die auf der inhaltlichen Ebene der Formulierung gewonnen werden können, werden jedoch weitgehend dadurch aufgebraucht, dass die Aufsichtsbehörden sich an der inhaltlichen Abstimmung im Düsseldorfer Kreis beteiligen und die Kohärenzverfahren beobachten müssen, um die Entwicklungen zu verfolgen und die eigene Meinung zu inhaltlichen Fragen rechtzeitig und gezielt in die unionsweite Diskussion einzubringen.

Der zusätzliche Arbeitsaufwand für die Festlegung der Standardvertragsklauseln für die Auftragsverarbeitung in der Europäischen Union und im Europäischen Wirtschaftsraum besteht vor allem bis zur Erstellung der Klauseln und bis zum Abschluss des Kohärenzverfahrens nach Art. 64 DSGVO. Eventuell

---

[65]S. hierzu näher Kap. 5.5.3.

kann sich daran noch ein Streitbeilegungsverfahren anschließen. In der Folgezeit entsteht Arbeitsaufwand aber allenfalls, wenn zu einem späteren Zeitpunkt eine Überarbeitung der Standardvertragsklauseln ansteht. Die Festlegung der Standardvertragsklauseln erfordert eine hohe juristische Qualifikation und ein ausreichendes Verständnis für die technisch-organisatorischen Tätigkeiten im Rahmen der Auftragsverarbeitung und des Cloud Computing.

5.3.6   Genehmigung von Klauseln und interne Vorschriften

Die Übermittlung personenbezogener Daten in ein Drittland, das über kein angemessenes Datenschutzniveau verfügt, ist nach Art. 46 Abs. 1 DSGVO nur zulässig, sofern der Verantwortliche oder der Auftragsverarbeiter „geeignete Garantien vorgesehen hat und sofern den betroffenen Personen durchsetzbare Rechte und wirksame Rechtsbehelfe zur Verfügung stehen". Diese „geeigneten Garantien" kann der Verantwortliche oder der Auftragsverarbeiter selbst herstellen, wenn er mit seinen Kooperationspartnern in dem Drittland geeignete Vertragsklauseln, Bestimmungen in Verwaltungsvereinbarungen und verbindliche interne Vorschriften rechtsverbindlich vereinbArt.

Nach Art. 57 Abs. 1 lit. r) DSGVO hat die Aufsichtsbehörde zu prüfen, ob sie Vertragsklauseln und Bestimmungen gemäß Art. 46 Abs. 3 DSGVO genehmigen kann. Geeignete Garantien können nach Art. 46 Abs. 3 DSGVO „Vertragsklauseln" sein, „die zwischen dem Verantwortlichen oder dem Auftragsverarbeiter und dem Verantwortlichen, dem Auftragsverarbeiter oder dem Empfänger der personenbezogenen Daten im Drittland ... vereinbart wurden". Als geeignete Garantien gelten nach dieser Vorschrift auch „Bestimmungen, die in Verwaltungsvereinbarungen zwischen Behörden oder öffentlichen Stellen aufzunehmen sind und durchsetzbare und wirksame Rechte für die betroffenen Personen einschließen". Die genannten Vertragsklauseln oder Bestimmungen sind jedoch nur dann geeignet, wenn die zuständige Aufsichtsbehörde sie genehmigt hat. Auf Antrag des Verantwortlichen oder des Auftragsverarbeiters, muss die Aufsichtsbehörde sie prüfen und – im positiven Fall – genehmigen. Der Verantwortliche hat bei Vorliegen aller Voraussetzungen einen mit Verpflichtungsklage einklagbaren Genehmigungsanspruch.

Ebenfalls hat die zuständige Aufsichtsbehörde nach Art. 57 Abs. 1 lit. s) DSGVO zu prüfen, ob sie verbindliche interne Vorschriften gemäß Art. 47 DSGVO genehmigen kann. Sie genehmigt nach Art. 47 Abs. 1 DSGVO die Vorschriften gemäß dem Kohärenzverfahren nach Art. 63 DSGVO, sofern diese „rechtlich bindend sind, für alle betreffenden Mitglieder der Unternehmensgruppe oder einer Gruppe von Unternehmen, die eine gemeinsame Wirtschaftstätigkeit ausüben, gelten und von diesen Mitgliedern durchgesetzt werden, und dies auch für ihre Beschäftigten gilt". Um genehmigungsfähig zu sein, müssen die Vorschriften außerdem „den betroffenen Personen ausdrücklich durchsetzbare Rechte in Bezug auf die Verarbeitung ihrer personenbezogenen Daten übertragen" und die lange Liste der in Art. 47 Abs. 2 DSGVO „festgelegten Anforderungen erfüllen". Legt der Verantwortliche der Aufsichtsbehörde verbindliche interne Vorschriften vor und beantragt ihre Genehmigung, muss die Aufsichtsbehörde diese prüfen und – wenn sie ausreichende Garantien enthalten – auch genehmigen.

Diese Pflicht ist an sich nicht neu. Sie ergibt sich bereits aus Art. 26 Abs. 2 DSRL und § 4c Abs. 2 Satz 1 BDSG. Sie wird durch die Datenschutz-Grundverordnung nicht wesentlich verändert. Der Arbeitsaufwand für diese Aufgabe wird jedoch zunehmen, weil die Anträge zur Genehmigung von Vertragsklauseln, Bestimmungen in Verwaltungsvereinbarungen und verbindlichen internen Vorschriften zur Übermittlung personenbezogener Daten in Drittländer ohne angemessenes Datenschutzniveau aufgrund der Globalisierung der Datenverarbeitung ansteigen werden.[66]

5.3.7 Standardvertragsklauseln für die Übermittlung in Drittländer

Neu ist jedoch die Pflicht, die Art. 57 Abs. 1 lit. j) DSGVO der Aufsichtsbehörde auferlegt. Sie „muss" nach dieser Vorgabe für die Datenverarbeitung in einem Drittland ohne angemessenes Datenschutzniveau „Standardvertragsklauseln" im Sinn des Art. 46 Abs. 2 lit. d) DSGVO „festlegen". Art. 46 Abs. 2 lit. d) DSGVO wählt jedoch für diese Pflicht einen etwas anderen Wortlaut als Art. 57 Abs. 1 lit. j) DSGVO. Er spricht von den „von einer Aufsichtsbehörde angenommenen" Standarddatenschutzklauseln. Dies könnte einerseits dafür sprechen, dass Verantwortliche der Aufsichtsbehörde Entwürfe zu Standarddatenschutzklauseln vorlegen können, die sie nach einer Prüfung annimmt. Andererseits sprechen Art. 64 und 65 DSGVO davon, dass die Aufsichtsbehörde ihre eigenen Beschlüsse „annimmt". Die Datenschutz-Grundverordnung ist wohl so zu verstehen, dass es nicht entscheidend darauf ankommt, wer den Entwurf der Standardvertragsklauseln erstellt, entscheidend ist, dass die Aufsichtsbehörde sie beschließt.

---

[66]S. Kap. 3.

Übernehmen die Vertragspartner die festgelegten Standardvertragsklauseln unverändert, können sie nach dem Eingangssatz von Art. 46 Abs. 2 DSGVO personenbezogene Daten in ein Drittland ohne angemessenes Datenschutzniveau übermitteln, ohne dass eine Genehmigung durch die zuständige Aufsichtsbehörde gemäß Art. 46 Abs. 3 DSGVO[67] erforderlich wäre. Dies erleichtert den Vollzug der Datenschutz-Grundverordnung sehr.

Neben den Aufsichtsbehörden kann auch weiterhin die Europäische Kommission Standardvertragsklauseln nach Art. 46 Abs. 2 lit. c) DSGVO gemäß dem Prüfverfahren nach Art. 93 Abs. 2 DSGVO „erlassen". Das Verhältnis der Kompetenzen der Kommission und der Aufsichtsbehörde zum Erlass von Standardvertragsklauseln lässt die Datenschutz-Grundverordnung ungeklärt. Für die Aufsichtsbehörde ist ihre Festlegung eine Pflicht, für die Kommission ist ihr Erlass nur eine Kompetenz.

Allerdings fordert Art. 46 Abs. 2 lit. d) DSGVO, dass die „von einer Aufsichtsbehörde angenommenen Standarddatenschutzklauseln … von der Kommission gemäß dem Prüfverfahren" nach Art. 93 Abs. 2 DSGVO „genehmigt" werden müssen, bevor sie Rechtswirkungen entfalten.

Inwieweit die neue Pflicht zum Erlass von Standardvertragsklauseln für die Aufsichtsbehörde zu einem Mehraufwand führt, dürfte vom Bedarf nach Standardverträgen abhängen. Zwei Standardvertragsklauseln hat die Europäische Kommission nach Art. 26 Abs. 2 und 4 DSRL bereist festgelegt.[68] Sie bleiben nach Art. 46 Abs. 5 Satz 2 DSGVO so lange in Kraft, bis sie von der Kommission geändert, ersetzt oder aufgehoben werden. Genügen diese den Bedürfnissen der Verantwortlichen, wird auf die Aufsichtsbehörde kein zusätzlicher Arbeitsaufwand zukommen. Die beiden Standardvertragsklauseln sind jedoch sehr generisch. Machen die Verantwortlichen einen Bedarf an weiteren, spezifischen Verarbeitungszwecken und -situationen angepassten Standardvertragsklauseln geltend, kann der Zusatzaufwand durch die neue Pflicht der Datenschutz-Grundverordnung für die Aufsichtsbehörden beträchtlich sein.

---

[67]S. zu dieser Kap. 5.3.6.

[68]Entscheidung der Kommission 2001/497/EG vom 15.6.2001 hinsichtlich Standardvertragsklauseln für die Übermittlung personenbezogener Daten in Drittländer nach der Richtlinie 95/46/EG, EG ABl. L 181 vom 4.7.2001, 19; Entscheidung der Kommission 2004/915/EG vom 27.12.2004 zur Änderung der Entscheidung 2001/497/EG bezüglich der Einführung alternativer Standardvertragsklauseln für die Übermittlung personenbezogener Daten in Drittländer, EG ABl. L 385 vom 29.12.2004, 74; Beschluss der Kommission vom 5.2.2010 über Standardvertragsklauseln für die Übermittlung personenbezogener Daten an Auftragsverarbeiter in Drittländern, EU ABl. L 39 vom 12.2.2010, 5.

Für diesen Fall kann hinsichtlich des Arbeitsaufwands in der Aufstellung jeweils eigener Klauseln, des arbeitsteiligen Vorgehens zwischen den Aufsichtsbehörden, der inhaltlichen Abstimmung im Düsseldorfer Kreis und der Beobachtung der Entwicklungen auf europäischer Ebene auf die Pflicht zur Festlegung von Standardvertragsklauseln für die Auftragsverarbeitung gemäß Art. 28 Abs. 8 DSGVO verwiesen werden. Allerdings wird das Kohärenzverfahren durch die Genehmigung der Kommission gemäß dem Prüfverfahren nach Art. 93 Abs. 2 DSGVO ersetzt.

5.4 Pflichten gegenüber Überwachungs- und Zertifizierungsstellen

Die Datenschutz-Grundverordnung ermöglicht, dass neben den Aufsichtsbehörden bestimmte Kontrollaufgaben durch privatwirtschaftlich agierende Stellen wahrgenommen werden. Dies gilt nach Art. 41 Abs. 1 DSGVO für die Überwachung von Verhaltensregeln und nach Art. 42 Abs. 1 DSGVO für die Zertifizierung von Verarbeitungsvorgängen.[69] Sowohl die Erstellung von Verhaltensregeln als auch die Zertifizierung von Verarbeitungsvorgängen steht den Verantwortlichen oder Auftragsverarbeitern bzw. ihren Verbänden frei. Wenn sie von diesen Angeboten der Datenschutz-Grundverordnung Gebrauch machen wollen, können sie statt von Aufsichtsbehörden von Überwachungs- und Zertifizierungsstellen kontrolliert werden. Um die Qualität der Überwachung von Verhaltensregeln und der Zertifizierungen zu sichern und die Kompetenz und Zuverlässigkeit der Überwachungs- und Zertifizierungsstellen zu gewährleisten, werden ebenfalls die Aufsichtsbehörden in die Pflicht genommen.

5.4.1 Kriterien für die Akkreditierung von Überwachungsstellen

Wenn ein Verband Verhaltensregeln festlegt,[70] muss er nach Art. 40 Abs. 4 DSGVO auch ein Verfahren vorsehen, die es einer Stelle des Verbands ermöglicht, „die obligatorische Überwachung der Einhaltung ihrer Bestimmungen durch die Verantwortlichen oder die Auftragsverarbeiter, die sich zur

---

[69]Zur Zertifizierung durch die Aufsichtsbehörden selbst s. Kap. 5.3.4.
[70]Zur Genehmigung der Verhaltensregeln s. Kap. 5.3.3.

Anwendung der Verhaltensregeln verpflichten, vorzunehmen". In der Regel sollen also die Verbände selbst dafür sorgen, dass ihre Verhaltensregeln eingehalten werden. Die dafür zuständige Stelle muss nach Art. 41 Abs. 1 DSGVO „über das geeignete Fachwissen hinsichtlich des Gegenstands der Verhaltensregeln" verfügen und „von der zuständigen Aufsichtsbehörde zu diesem Zweck akkreditiert" sein. Eine solche Stelle zur Überwachung der Einhaltung von Verhaltensregeln kann von der Aufsichtsbehörde nach Art. 41 Abs. 2 DSGVO akkreditiert werden, wenn sie „ihre Unabhängigkeit und ihr Fachwissen ... zur Zufriedenheit der zuständigen Aufsichtsbehörde nachgewiesen hat", wenn sie geeignete Kontrollverfahren festgelegt hat, wenn sie geeignete Verfahren und Strukturen für das Beschwerdemanagement festgelegt und transparent gemacht hat und wenn sie „zur Zufriedenheit der zuständigen Aufsichtsbehörde nachgewiesen hat, dass ihre Aufgaben und Pflichten nicht zu einem Interessenkonflikt führen".

Nach Art. 57 Abs. 1 lit. p) DSGVO in Verbindung mit Art. 41 Abs. 3 DSGVO hat die Aufsichtsbehörde ihre Kriterien für die Akkreditierung festzulegen und zu veröffentlichen.[71] Diese Kriterien müssen die abstrakten Akkreditierungsvoraussetzungen nach Art. 41 Abs. 2 DSGVO konkretisieren. Insbesondere muss in ihnen nachprüfbar festgelegt werden, unter welchen Bedingungen die Akkreditierungsvoraussetzungen „zur Zufriedenheit der zuständigen Aufsichtsbehörde nachgewiesen" sind. Diese Tätigkeit ist juristisch anspruchsvoll, weil es sich um eine quasi gesetzgeberische Aufgabe handelt. Es sind abstrakt-generelle inhaltliche Vorgaben für die Akkreditierung zu erarbeiten, die für viele unterschiedliche Fallkonstellation anwendbar und auf unterschiedliche Antragsteller passen müssen.

Vor dem Beschluss über die Kriterien muss die Aufsichtsbehörde gemäß Art. 41 Abs. 3 DSGVO ihren Entwurf dem Datenschutzausschuss bekannt geben und das Kohärenzverfahren nach Art. 64 und 65 DSGVO durchlaufen.[72]

Die Erarbeitung der Kriterien und die Vorbereitung des Kohärenzverfahrens sollten vor dem 25. Mai. 2018 stattgefunden haben, so dass das Kohärenzverfahren und anschließend die Akkreditierung von Überwachungsstellen sofort nach Geltungsbeginn der Datenschutz-Grundverordnung in allen Mitgliedstaaten durchgeführt werden können. Mit dem Aufstellen der Kriterien kann nicht gewartet werden, bis die Verhaltensregeln genehmigt sind, weil

---

[71]Sie hat sie außerdem nach Art. 41 Abs. 3 DSGVO dem Datenschutzausschuss zu übermitteln.
[72]S. hierzu näher Kap. 5.5.3.

nach Art. 40 Abs. 4 DSGVO in den Verhaltensregeln Überwachungsverfahren vorgesehen werden müssen. Diese müssen auf die zukünftige Überwachungsstelle abgestellt sein. Um geeignete Überwachungsverfahren vorzusehen, muss der Verband die Akkreditierungskriterien kennen, um das Überwachungsverfahren an diesen und der ins Auge gefassten akkreditierungsfähigen Stelle auszurichten.

Hinsichtlich der Akkreditierungskriterien besteht die Haupttätigkeit darin, sie zu erarbeiten. Danach sind sie in gewissen Abständen oder nach bestimmten Vorfällen nur noch zu überprüfen und anzupassen. Die vorübergehende Tätigkeit, die Kriterien zu erarbeiten, findet jedoch ihre Fortsetzung in ihrer Anwendung in Akkreditierungsverfahren nach dem 25. Mai 2018. Die Durchführung von Akkreditierungsverfahren setzt Personalkontinuität voraus.[73]

Die Kriterien zur Akkreditierung von Stellen, die die Einhaltung von Verhaltensregeln überwachen sollen, werden vom Unionsgesetzgeber nur sehr abstrakt in Art. 41 Abs. 2 DSGVO für die gesamte Union vorgegeben. Daher muss jede Aufsichtsbehörde die praktisch relevanten Kriterien für ihren jeweiligen Zuständigkeitsbereich konkretisieren und festlegen. Eine gewisse Einheitlichkeit der Kriterien wird durch das Kohärenzverfahren gewährleistet. Dieses wird dazu führen, dass sich die Kriterien der Aufsichtsbehörden mit der Zeit einander angleichen. Die Aufsichtsbehörden, die zu einem späteren Zeitpunkt für ihren Zuständigkeitsbereich solche Kriterien festlegen, werden sich inhaltlich an denen anderer Aufsichtsbehörden orientieren. In der Bundesrepublik Deutschland ist zu erwarten, dass zusätzlich eine inhaltliche Abstimmung im Düsseldorfer Kreis stattfindet. Dies reduziert das Erfordernis inhaltlicher Arbeiten an der Formulierung der Kriterien, entbindet jedoch nicht von der Notwendigkeit, für den eigenen Zuständigkeitsbereich solche festzulegen und an das jeweilige Landesrecht anzupassen. Außerdem ist für alle Kriterienfestlegungen das Kohärenzverfahren durchzuführen. Arbeitseinsparungen, die auf der inhaltlichen Ebene der Formulierung gewonnen werden können, werden daher weitgehend dadurch aufgebracht, dass die Aufsichtsbehörden sich an der inhaltlichen Abstimmung im Düsseldorfer Kreis beteiligen und die Kohärenzverfahren beobachten müssen, um die Entwicklungen zu verfolgen und die eigene Meinung zu inhaltlichen Fragen rechtzeitig und gezielt in die unionsweite Diskussion einzubringen.

---

[73]S. hierzu Kap. 5.4.4.

5.4.2 Kriterien für die Akkreditierung von Zertifizierungsstellen

Nach Art. 57 Abs. 1 lit. p) in Verbindung mit Art. 43 Abs. 3 DSGVO ist die Aufsichtsbehörde[74] verpflichtet, auch Kriterien für die Akkreditierung von Zertifizierungsstellen zu erarbeiten und zu veröffentlichen.[75] Diese Kriterien müssen die abstrakten Akkreditierungsvoraussetzung nach Art. 43 Abs. 2 DSGVO konkretisieren. Zertifizierungsstellen dürfen nur dann akkreditiert werden, wenn sie ihre Unabhängigkeit und ihr Fachwissen „zur Zufriedenheit der zuständigen Aufsichtsbehörde nachgewiesen haben", wenn sie sich verpflichtet haben, die genehmigten Kriterien[76] einzuhalten, Verfahren für die Erteilung, die regelmäßige Überprüfung und den Widerruf der Datenschutzzertifizierung sowie der Datenschutzsiegel und -prüfzeichen festgelegt, ein Beschwerdemanagement installiert und „zur Zufriedenheit der zuständigen Aufsichtsbehörde nachgewiesen" haben, dass ihre Aufgaben und Pflichten zu keinem Interessenkonflikt führen. In den Kriterien muss insbesondere nachprüfbar festgelegt werden, unter welchen Bedingungen die Akkreditierungsvoraussetzung „zur Zufriedenheit der zuständigen Aufsichtsbehörde nachgewiesen" sind. Nach Art: 43 Abs. 6 DSGVO hat die Aufsichtsbehörde die beschlossenen Anforderungen nach Art. 43 Abs. 3 DSGVO dem Datenschutzausschuss zu übermitteln und „in leicht zugänglicher Form" zu veröffentlichen.

Vor dem Beschluss über die Kriterien muss die Aufsichtsbehörde nach Art. 64 Abs. 1 lit. c) DSGVO den Entwurf dem Datenschutzausschuss bekannt geben und das Kohärenzverfahren nach Art. 64 und 65 DSGVO durchlaufen.[77]

Zur notwendigen juristischen Qualifikation für das Erstellen der Akkreditierungskriterien, zur Notwendigkeit, die Kriterien vor dem 25. Mai 2018 zu erarbeiten und das Kohärenzverfahren vorzubereiten, zur Erforderlichkeit, dass jede

---

[74]Nach Art. 42 Abs. 1 DSGVO sollen Zertifizierungsverfahren möglichst auf Unionsebene durchgeführt werden und nach Art. 42 Abs. 5 Satz 2 DSGVO zu einem Europäischen Datenschutzsiegel führen. Soweit solche europäischen Verfahren installiert werden, genehmigt der Europäische Datenschutzausschuss die Kriterien für die Akkreditierung und die Zertifizierungskriterien unionsweit tätiger Zertifizierungsstellen nach Art. 42 Abs. 5 Satz 1 DSGVO selbst.

[75]Sie hat sie außerdem nach Art. 43 Abs. 6 Satz 2 DSGVO dem Datenschutzausschuss zu übermitteln.

[76]S. zur Genehmigung von Zertifizierungskriterien Kap. 5.4.3.

[77]S. hierzu Kap. 5.5.3.

Aufsichtsbehörde ihre eigenen Kriterien erstellen und im Kohärenzverfahren vertreten muss, zum Umfang der Tätigkeiten, Akkreditierungskriterien arbeitsteilig und dennoch gemeinsam in der Union und im Düsseldorfer Kreis[78] zu erstellen sowie zur Fortsetzung der Befassung mit Akkreditierungen im Einzelfall nach dem 25. Mai 2018 wird auf die Ausführungen zur Erstellung von Akkreditierungskriterien für Stellen, die Verhaltensregeln überwachen,[79] verwiesen.

5.4.3 Kriterien für die Zertifizierung

Nach Art. 42 Abs. 5 Satz 1 DSGVO erfolgt eine Zertifizierung durch eine akkreditierte Zertifizierungsstelle oder durch die zuständige Aufsichtsbehörde.[80] Beide Zertifizierungsinstanzen erstellen für sich Zertifizierungskriterien, die das Ziel und das Verfahren der Zertifizierung konkretisieren nachzuweisen, dass Verantwortliche oder Auftragsverarbeiter bei ihren Verarbeitungsvorgängen die Datenschutz-Grundverordnung einhalten.

Sofern die Europäische Kommission nach Art. 43 Abs. 8 DSGVO einen delegierten Rechtsakt, der Anforderungen an die datenschutzspezifischen Zertifizierungsverfahren enthält, oder gemäß Art. 43 Abs. 9 DSGVO einen Durchführungsrechtsakt erlassen hat, der technische Standards für Zertifizierungsverfahren festlegt, sind diese für die Erarbeitung der Zertifizierungskriterien zu berücksichtigen.

Erstellt die Zertifizierungsstelle ihre Kriterien selbst, müssen diese vor ihrer Anwendung von der zuständigen Aufsichtsbehörde gemäß Art. 58 Abs. 3 DSGVO genehmigt werden. Dies setzt eine intensive Prüfung der Kriterien auf Vollständigkeit und Konformität mit der Verordnung und dem nationalen Datenschutzrecht voraus. Die genehmigten Kriterien muss die Aufsichtsbehörde nach Art. 64 Abs. 1 lit. c) DSGVO dem Europäischen Datenschutzausschuss zu einer Stellungnahme vorlegen.

Auch jede Aufsichtsbehörde muss ihre eigenen Zertifizierungskriterien erstellen. Diese Kriterien und die von ihr genehmigten Kriterien der

---

[78]Im Düsseldorfer Kreis gibt es bereits eine Arbeitsgruppe, die an Kriterien für die Zertifizierung von Datenverarbeitungsvorgängen und an Kriterien für die Akkreditierung von Zertifizierungsstellen arbeitet.

[79]S. Kap. 5.4.1.

[80]S. Kap. 5.3.4.

Zertifizierungsstellen hat sie nach Art. 43 Abs. 6 Satz 1 DSGVO dem Datenschutz-ausschuss zu übermitteln und „in leicht zugänglicher Form" zu veröffentlichen.

Das Erstellen eigener Kriterien und das Genehmigen von Kriterien von Zer-tifizierungsstellen sind neue Pflichten der Aufsichtsbehörde. § 9a BDSG sieht zwar ein Datenschutzaudit vor, nach dem „zur Verbesserung des Datenschutzes und der Datensicherheit"[81] die „Anbieter von Datenverarbeitungssystemen und -programmen und datenverarbeitende Stellen ihr Datenschutzkonzept sowie ihre technischen Einrichtungen durch unabhängige und zugelassene Gutachter" zerti-fizieren lassen können. Dieses Datenschutzaudit setzt jedoch ein Gesetz voraus, das die Einzelheiten der Voraussetzungen und des Verfahrens regelt.[82] Dieses Gesetz für den Bund fehlt bis heute. Lediglich die Länder Schleswig-Holstein und Bremen haben durchführbare Regelungen für eine Datenschutzaudit.[83]

Das Erstellen eigener Kriterien und die Kommunikation mit potentiellen Zerti-fizierungsstellen über ihre Kriterien und die Vorbereitung des Kohärenzverfahrens sollten schon vor dem 25. Mai. 2018 stattfinden. Nur dann können Zertifizierungs-verfahren auch bald nach Geltungsbeginn der Datenschutz-Grundverordnung durchgeführt werden. Diese Tätigkeit ist jedoch nicht auf Dauer angelegt. Nach der Erarbeitung der eigenen Kriterien muss die Aufsichtsbehörde sie nur noch in gewissen Abständen oder nach bestimmten Vorfällen überprüfen und anpassen. Die Genehmigung der Zertifizierungskriterien von Zertifizierungsstellen wird immer dann erfolgen müssen, wenn eine neue Zertifizierungsstelle dies bean-tragt. Die vorübergehende Tätigkeit, Zertifizierungskriterien zu erarbeiten oder zu genehmigen, findet jedoch ihre Fortsetzung in der Daueraufgabe, Zertifizie-rungsverfahren nach dem 25. Mai 2018 durchzuführen. Diese profitiert von einer gewissen Personalkontinuität.

Kriterien zur Zertifizierung von Verarbeitungsvorgängen von Verantwortlichen oder Auftragsverarbeitern hat der Unionsgesetzgeber nicht geregelt. Er hat sie vielmehr nach Art. 43 Abs. 8 DSGVO delegierten Rechtsakten der Europäischen Kommission überlassen. Eine Frist zum Erlass eines delegierten Rechtsakts hat die Verordnung der Kommission nicht gesetzt.[84] Ob sie einen delegierten Rechts-akt erlässt, ist ungewiss. Sie ist dazu nicht verpflichtet. Die Aufsichtsbehörden

---

[81] Nicht nur – wie nach Art. 42 DSGVO – zur Feststellung der Gesetzeskonformität.

[82] S. hierzu einen Entwurf in *Roßnagel*, Datenschutzaudit, 2000, sowie in *Roßnagel/ Pfitzmann/Garstka*, Modernisierung des Datenschutzrechts, 2001, 132 ff.

[83] S. hierzu näher *Roßnagel*, Datenschutzaudit – ein modernes Steuerungsinstrument, in: Hempel/Krasmann/Bröckling, Sichtbarkeitsregime, 2010, 263 ff.

[84] S. Art. 92 DSGVO.

müssen jedoch, damit Art. 42 DSGVO vollzogen werden kann, Kriterien für die Zertifizierung erlassen und auf Antrag genehmigen. Sofern die Kommission einen delegierten Rechtsakt mit Kriterien für die Zertifizierung erlässt, werden diese eine gewisse Abstraktion haben und von der Aufsichtsbehörde oder der Zertifizierungsstelle für die spezifischen Umstände und Besonderheiten des Rechts der Mitgliedstaaten konkretisiert werden müssen.

Eine gewisse Einheitlichkeit der Kriterien wird für die genehmigten Zertifizierungskriterien der Zertifizierungsstelle durch das Kohärenzverfahren gewährleistet. Dieses wird dazu führen, dass sich die Kriterien mit der Zeit einander angleichen. Die Aufsichtsbehörden werden sich für die Erstellung ihrer Kriterien an den wenigen Aufsichtsbehörden orientieren, die bereits Erfahrungen mit landesspezifischen Zertifizierungen haben oder im Arbeitskreis Zertifizierung des Düsseldorfer Kreises mitarbeiten. Außerdem ist zu erwarten, dass zusätzlich eine inhaltliche Abstimmung aller Aufsichtsbehörden im Düsseldorfer Kreis stattfindet. Dies reduziert inhaltliche Arbeiten an der Formulierung der Kriterien, entbindet jedoch nicht von der Notwendigkeit, für den eigenen Zuständigkeitsbereich solche festzulegen und an das jeweilige Landesrecht anzupassen. Arbeitseinsparungen, die auf der inhaltlichen Ebene der Formulierung gewonnen werden können, werden jedoch weitgehend dadurch aufgebraucht, dass die Aufsichtsbehörden sich an der inhaltlichen Abstimmung im Düsseldorfer Kreis beteiligen und für genehmigte Zertifizierungskriterien die eigenen Kohärenzverfahren durchführen und andere relevante Kohärenzverfahren beobachten müssen, um die Entwicklungen zu verfolgen und die eigene Meinung zu inhaltlichen Fragen rechtzeitig und gezielt in die unionsweite Diskussion einzubringen.

Die Erstellung von Zertifizierungskriterien ist juristisch anspruchsvoll, weil sie die gesamte Breite der abstrakten Vorgaben der Datenschutz-Grundverordnung und des deutschen Datenschutzrechts beachten müssen. Es handelt sich daher um eine quasi gesetzgeberische Aufgabe. Es sind abstrakt-generelle inhaltliche Vorgaben für die Zertifizierung unterschiedlichster Verarbeitungsvorgänge zu erarbeiten, die für viele unterschiedliche Fallkonstellationen anwendbar und auf verschiedenste Antragsteller passen müssen.

5.4.4 Akkreditierung von Überwachungsstellen

Soweit datenschutzrechtliche Verhaltensregeln genehmigt sind, ist auch zu erwarten, dass private Stellen – insbesondere der Verbände, die die Verhaltensregeln aufgestellt haben – Anträge stellen, um als Überwachungsstelle akkreditiert zu werden, damit sie diese Tätigkeit kommerziell ausüben können.[85] In diesem Fall muss die zuständige Aufsichtsbehörde gemäß Art. 57 Abs. 1 lit. q) DSGVO die „Akkreditierung einer Stelle für die Überwachung der Einhaltung der Verhaltensregeln" gemäß Art. 41 DSGVO prüfen und „vornehmen". Sie hat bei der Akkreditierung die von ihr aufgestellten und vom Datenschutzausschuss gebilligten Kriterien[86] zugrunde zu legen. Eine zeitliche Begrenzung der Akkreditierung sieht die Verordnung nicht vor. Nach Art. 41 Abs. 5 DSGVO hat die zuständige Aufsichtsbehörde jedoch die Akkreditierung einer Überwachungsstelle zu widerrufen, „wenn die Voraussetzungen für ihre Akkreditierung nicht oder nicht mehr erfüllt sind oder wenn die Stelle Maßnahmen ergreift, die nicht mit dieser Verordnung vereinbar sind".

Für die Durchführung von Akkreditierungen muss die Aufsichtsbehörde im Vorfeld – also bis zum 25. Mai 2018 – ein Managementsystem für den Umgang mit Akkreditierungsanträgen etablieren und einen Verfahrensablauf institutionalisieren. Nachdem die Datenschutz-Grundverordnung in Deutschland Geltung erlangt hat, muss jede Aufsichtsbehörde einen Antrag auf Akkreditierung bescheiden. Sie muss dafür ihr Akkreditierungsmanagementsystem nutzen, das vorbereitete Verfahren durchführen, die eingeforderten Akkreditierungsunterlagen prüfen und über die Akkreditierung nach ihren eigenen Kriterien entscheiden.

Hiermit sollten in der Aufsichtsbehörde die Mitarbeiter betraut werden, die vor Geltung der Datenschutz-Grundverordnung die Kriterien erarbeitet, das Prüfverfahren vorbereitet und das Managementsystem für die Akkreditierung aufgebaut haben. Sie kennen sich innerhalb der Aufsichtsbehörde am besten mit diesen Themen aus und können mit den geringsten „Rüstzeiten" und Reibungsverlusten Akkreditierungen durchführen.

5.4.5 Akkreditierung von Zertifizierungsstellen

Ebenso muss die Aufsichtsbehörde nach Art. 57 Abs. 1 lit. q) DSGVO auf Antrag die Akkreditierung einer Zertifizierungsstelle gemäß Art. 43 DSGVO vornehmen. Dem entspricht auch die Befugnis in Art. 58 Abs. 3 lit. e) DSGVO. Allerdings haben die Mitgliedstaaten nach Art. 43 Abs. 1 DSGVO die Möglichkeit, selbst zu regeln, ob die Zertifizierungsstellen von der zuständigen Aufsichtsbehörde oder von der nationalen Akkreditierungsstelle gemäß der Verordnung (EG)

---

[85]S. hierzu auch *Laue/Nink/Kremer*, Das neue Datenschutzrecht, 2017, 258 ff.

[86]S. zu diesem Kap. 5.4.1.

Nr. 765/2008 im Einklang mit EN-ISO/IEC 17065/2012 akkreditiert werden. Im zweiten Fall hat die zuständige Aufsichtsbehörde spezifische Anforderungen für die Zertifizierung festzulegen.[87]

§ 39 BDSG-E sieht vor, dass die Akkreditierung der Zertifizierungsstellen durch die Deutsche Akkreditierungsstelle erfolgt. Zusätzlich bedarf jedoch die Zertifizierungsstelle der „Befugnis, als Zertifizierungsstelle gemäß Art. 43 Abs. 1 Satz 1 der Verordnung (EU) 2016/679 tätig zu werden". Diese Befugnis erteilt die „für die datenschutzrechtliche Aufsicht über die Zertifizierungsstelle zuständige Aufsichtsbehörde … auf der Grundlage einer Akkreditierung durch die Deutsche Akkreditierungsstelle". Diese Doppelzuständigkeit ist nach der amtlichen Begründung zu § 39 BDSG-E[88] „sachgerecht, weil die Deutsche Akkreditierungsstelle über hohe Kompetenz und Erfahrung bei der Akkreditierung und über eine etablierte und erprobte Akkreditierungsinfrastruktur verfügt. Die Regelung stellt ein bundeseinheitliches Akkreditierungsverfahren sicher, dass eine europaweite und im Rahmen von Gegenseitigkeitsabkommen auch internationale Anerkennung der Akkreditierungen sicherstellt. Um die gebotene Einwirkungsmöglichkeit der zuständigen Aufsichtsbehörde in die Akkreditierungsentscheidung zu gewährleisten, erhalten die Aufsichtsbehörden … die Zuständigkeit als Befugnis erteilende Behörde" im Sinne des § 1 Abs. 2 Satz 1 AkkStelleG.[89] Dadurch wird die „gebotene Beteiligung und Mitsprache der Aufsichtsbehörden an der Akkreditierungsentscheidung" gewährleistet. Im Ergebnis trifft die Danach trifft die Deutsche Akkreditierungsstelle die Akkreditierungsentscheidung im Einvernehmen mit der zuständigen Aufsichtsbehörde nach § 4 Abs. 3 AkkStelleG.

Nach Art. 43 Abs. 4 Satz 2 DSGVO wird die Akkreditierung für eine Höchstdauer von fünf Jahren erteilt und kann unter denselben Bedingungen verlängert werden, sofern die Zertifizierungsstelle die Anforderungen des Art. 43 DSGVO erfüllt. Dies gilt nach § 39 BDSG-E auch für die Erteilung der Befugnis durch die Aufsichtsbehörde. Über diese muss die Aufsichtsbehörde somit alle fünf Jahre entscheiden und zuvor ein entsprechendes Überprüfungsverfahren zusammen mit der Deutschen Akkreditierungsstelle durchführen.

Die Aufsichtsbehörde hat die Tätigkeit der Zertifizierungsstelle ständig zu überwachen. Stellt sie fest, dass „die Voraussetzungen für die Akkreditierung nicht oder nicht mehr erfüllt sind oder … eine Zertifizierungsstelle Maßnahmen

---

[87]S. dazu Kap. 5.4.2.

[88]S. BT-Drs. 18/11325, 106f.

[89]Gesetz vom 31.7.2009, BGBl. I, 2625, zuletzt geändert durch Art. 4 Abs. 79 des Gesetzes vom 18.7.2016, BGBl. I, 1666.

ergreift, die nicht mit dieser Verordnung vereinbar sind", hat sie nach Art. 43 Abs. 7 DSGVO und § 39 BDSG-E die Erteilung der Befugnis einer Zertifizierungsstelle, als solche zu wirken, zu widerrufen.

Üblicherweise sind die Akkreditierung von Prüf- und Zertifizierungsstellen und die Durchführung von Überprüfungen und Zertifizierungen zur Gewährleistung eines fairen Wettbewerbs institutionell getrennt.[90] Im Gegensatz dazu sieht jedoch die Datenschutz-Grundverordnung vor, dass die Aufsichtsbehörden sowohl für die Zertifizierung von Verarbeitungsvorgängen als auch für die Akkreditierung von Zertifizierungsstellen zuständig sind. Sie etabliert damit ein wettbewerbsrechtlich äußerst fragwürdiges Modell, nach dem die Aufsichtsbehörde mit den Zertifizierungsstellen um die Zertifizierung von Verarbeitungsvorgängen konkurriert und zugleich ihre Konkurrenten akkreditiert, deren Zertifizierungskriterien genehmigt, von ihnen über ihre Tätigkeit informiert wird, diese Tätigkeit überwacht und die Akkreditierung ihrer Konkurrenten widerrufen kann. Dieses Problem wird durch die Regelung des § 39 BDSG-E, nach der die Deutsche Akkreditierungsstelle die Akkreditierungsentscheidung im Einvernehmen mit der zuständigen Aufsichtsbehörde trifft und diese danach dann noch die Befugnis erteilt, als Zertifizierungsstelle zu wirken, nicht wesentlich reduziert. Diese Machtfülle zugunsten eines öffentlich-rechtlichen Wettbewerbers gegenüber dem privaten Wettbewerber ist unionsrechtswidrig. Eine so intensive Gefährdung des Wettbewerbs verstößt gegen die Chancengleichheit privater und staatlicher Konkurrenten am Markt, die Art. 106 Abs. 1 AEUV den Mitgliedstaaten verbietet.[91] Erst Recht darf aber die Europäische Union selbst diese Chancengleichheit nicht durch eine Verordnung gefährden, die einer staatlichen Stelle, die im (Zertifizierungs-)Markt auftritt, zugleich vielfältige Entscheidungen über den Marktauftritt und die Wettbewerbsbedingungen der privaten Konkurrenz überträgt.

Solange jedoch der Europäische Gerichtshof diese Regelung der Datenschutz-Grundverordnung nicht für unionsrechtswidrig und damit nichtig erklärt hat, ist sie von den Aufsichtsbehörden zu befolgen. Allerdings müssen die Aufsichtsbehörden, um die Wettbewerbsgefährdung soweit wie möglich zu reduzieren, die Durchführung von Zertifizierungen durch interne Organisationsmaßnahmen von der Genehmigung von Zertifizierungskriterien, der Mitwirkung an Akkreditierungen und der Erteilung der Zertifizierungsbefugnis vollständig trennen. Diese

---

[90]S. z.B. Art. 20 und 30 eIDAS-VO; s. hierzu näher *Roßnagel*, Recht der Vertrauensdienste, 2016, 147 und 163f.

[91]S. zur Zielsetzung dieser Regelung s. z.B. *Jung*, in: Callies/Ruffert, EUV/AEUV, 5. Aufl. 2016, Art. 106 Rn. 3.

Entscheidungen müssen von anderen Mitarbeitern getroffen werden als denjenigen, die Zertifizierungen durchführen.

Für die Mitwirkung bei Akkreditierungen und die Erteilung von Zertifizierungsbefugnissen muss die Aufsichtsbehörde bereits vor dem 25. Mai 2018 ein Managementsystem für die Durchführung solcher Verfahren etablieren, entsprechend ihren Kriterien die vorzulegenden Unterlagen festlegen, Formulare konzipieren und einen Verfahrensablauf einrichten. Nach Art. 43 DSGVO muss jede Aufsichtsbehörde nach dem 25. Mai 2018 – nachdem sie das Kohärenzverfahren zu ihren Akkreditierungskriterien durchgeführt hat – jeden Antrag auf Akkreditierung mitbearbeiten und mitbescheiden. Sie muss dafür ihr Akkreditierungsmanagementsystem nutzen, das vorbereitete Verfahren durchführen, die eingeforderten Akkreditierungsunterlagen prüfen und über die Akkreditierung nach ihren eigenen Kriterien entscheiden. Die Tätigkeit der Zertifizierungsstelle ist zu überwachen. Auch wird sie alle fünf Jahre über Verlängerungsanträge entscheiden müssen.

Mit diesen Tätigkeiten sollten in der Aufsichtsbehörde die Mitarbeiter betraut werden, die vor Geltung der Datenschutz-Grundverordnung die Kriterien für die Akkreditierung erarbeitet, das Prüfverfahren vorbereitet und das Managementsystem für die Akkreditierung aufgebaut haben. Sie kennen sich innerhalb der Aufsichtsbehörde am besten mit diesen Themen aus und können mit den geringsten „Rüstzeiten" und Reibungsverlusten an Akkreditierungen mitwirken und die Zertifizierungsbefugnisse erteilen.

5.5 Pflichten zur Kooperation

Nach Erwägungsgrund 10 soll die Datenschutz-Grundverordnung „ein gleichmäßiges und hohes Datenschutzniveau für natürliche Personen (zu) gewährleisten und die Hemmnisse für den Verkehr personenbezogener Daten in der Union (zu) beseitigen". Daher „sollte das Schutzniveau für die Rechte und Freiheiten von natürlichen Personen bei der Verarbeitung dieser Daten in allen Mitgliedstaaten gleichwertig sein. Die Vorschriften zum Schutz der Grundrechte und Grundfreiheiten von natürlichen Personen bei der Verarbeitung personenbezogener Daten sollten unionsweit gleichmäßig und einheitlich angewandt werden."

Nach Art. 51 Abs. 2 DSGVO soll „jede Aufsichtsbehörde … einen Beitrag zur einheitlichen Anwendung dieser Verordnung in der gesamten Union" leisten. Zu diesem Zweck arbeiten die Aufsichtsbehörden untereinander sowie mit der Kommission zusammen. Sie werden durch die Regelungen der Datenschutz-Grundverordnung zu einem Teil des Verbunds der Datenschutzbehörden der

Union. Sie handeln „bei der Erfüllung ihrer Aufgaben und bei der Ausübung ihrer Befugnisse" zwar gegenüber ihrem Mitgliedstaat „völlig unabhängig", verlieren aber ihre Unabhängigkeit gegenüber der Gemeinschaft aller Aufsichtsbehörden und ihrer Institutionalisierung im Europäischen Datenschutzausschuss.[92]

Um den Vollzug in der gesamten Union zu koordinieren, weist die Datenschutz-Grundverordnung den Aufsichtsbehörden neue Pflichten zu, die sie unter der Datenschutz-Richtlinie nicht hatten. Sie müssen bei grenzüberschreitenden Datenverarbeitungen mit anderen Aufsichtsbehörden zusammenarbeiten (5.5.1), diesen Amtshilfe leisten (5.5.2) und sich im Kohärenzverfahren dem Europäischen Datenschutzausschuss unterordnen (5.5.3).

5.5.1 Verfahren der grenzüberschreitenden Zusammenarbeit

Liegen der Aufenthaltsort einer betroffenen Person und die Niederlassung des Verantwortlichen oder Auftragsverarbeiters im gleichen Mitgliedstaat, ist für die Wahrnehmung der Aufgaben und die Ausübung der Befugnisse die Aufsichtsbehörde des Mitgliedstaats zuständig, in dessen Hoheitsgebiet die Datenverarbeitung stattfindet.[93] Das Gleiche gilt nach Art. 55 Abs. 2 DSGVO, wenn die die Verarbeitung durch Behörden oder private Stellen auf der Grundlage von Art. 6 Abs. 1 UAbs. 1 lit. c) oder e) DSGVO zur Erfüllung einer rechtlichen Verpflichtung, für die Wahrnehmung einer Aufgabe, die im öffentlichen Interesse liegt, oder in Ausübung öffentlicher Gewalt erfolgt.

Liegen bei grenzüberschreitender Datenverarbeitung[94] der Aufenthaltsort der betroffenen Person und die Niederlassung des Verantwortlichen oder des

---

[92]Nach *Kühling/Martini u.a.*, Die Datenschutz-Grundverordnung, 2016, 107, sind die „Zeiten nationaler Datenschutz-Fürstentümer" vorbei.

[93]Zur Kooperation zwischen federführender und betroffener Aufsichtsbehörde innerhalb Deutschlands s. § 19 BDSG-E.

[94]S. zur Definition Art. 4 Nr. 23: Im Sinn der Verordnung bezeichnet der Ausdruck „‚grenzüberschreitende Verarbeitung' entweder a) eine Verarbeitung personenbezogener Daten, die im Rahmen der Tätigkeiten von Niederlassungen eines Verantwortlichen oder eines Auftragsverarbeiters in der Union in mehr als einem Mitgliedstaat erfolgt, wenn der Verantwortliche oder Auftragsverarbeiter in mehr als einem Mitgliedstaat niedergelassen ist, oder b) eine Verarbeitung personenbezogener Daten, die im Rahmen der Tätigkeiten einer einzelnen Niederlassung eines Verantwortlichen oder eines Auftragsverarbeiters in der Union erfolgt, die jedoch erhebliche Auswirkungen auf betroffene Personen in mehr als einem Mitgliedstaat hat oder haben kann".

Auftragsverarbeiters in unterschiedlichen Mitgliedstaaten, ist die Zuständigkeitsregelung komplizierter und mit Abstimmungsnotwendigkeiten verbunden.[95] Gegenüber dem Verantwortlichen und Auftragsverarbeiter soll im nichtöffentlichen Bereich nach dem Grundsatz des „One Stop Shop"[96] nach Art. 56 Abs. 1 und 6 DSGVO nur die „Aufsichtsbehörde der Hauptniederlassung[97] oder der einzigen Niederlassung des Verantwortlichen oder des Auftragsverarbeiters die zuständige federführende Aufsichtsbehörde" für die von diesen durchgeführte grenzüberschreitende Verarbeitung sein.[98] Dieser Grundsatz ist für international tätige Unternehmen von großem Vorteil, weil sie sich für alle Datenschutzfragen in allen Mitgliedstaaten der Europäischen Union und dem Europäischen Wirtschaftsraum nur mit einer einzigen Aufsichtsbehörde auseinander setzen müssen.[99] Es wäre jedoch für alle betroffenen Personen von großem Nachteil, wenn sie sich nur an die Aufsichtsbehörde im Mitgliedstaat der Niederlassung des Unternehmens wenden könnten.[100] Daher hat die Datenschutz-Grundverordnung den Grundsatz des „One Stop Shop" durch das „Näheprinzip" gemäß Art. 56 Abs. 2 DSGVO ergänzt.[101] Auch die betroffene Person muss sich nur an eine Aufsichtsbehörde wenden. Für sie soll „jede Aufsichtsbehörde dafür zuständig sein, sich mit einer bei ihr eingereichten Beschwerde[102] oder einem etwaigen Verstoß gegen diese Verordnung zu befassen, wenn der Gegenstand nur mit einer Niederlassung in ihrem Mitgliedstaat zusammenhängt oder betroffene Personen nur ihres Mitgliedstaats erheblich beeinträchtigt".[103]

---

[95]Dies gilt allerdings nicht für Fälle, in denen der Verantwortliche oder der Auftragsverarbeiter keinen Sitz in der Union hat und die Datenschutz-Grundverordnung wegen des Marktortprinzips nach Art. 3 Abs. 2 DSGVO gilt. In diesem Fall ist nur die Aufsichtsbehörde zuständig, die für die betroffene Person zuständig ist.

[96]S. zu diesem auch Erwägungsgrund 124 DSGVO.

[97]S. die Definition in Art. 4 Nr. 16 DSGVO.

[98]S. hierzu auch z.B. *Schantz*, NJW 2016, 1846f.; *Gierschmann*, ZD 2016, 52; *Albrecht/ Jotzo*, Das neue Datenschutzrecht der EU, 2017, 117; *Hofmann*, Datenschutzkontrolle, in: Roßnagel, Datenschutz-Grundverordnung, 2017, 189 ff.

[99]S. z.B. *Gierschmann*, ZD 2016, 51.

[100]S. z.B. *Nguyen*, ZD 2015, 266; *Schantz*, NJW 2016, 1847.

[101]S. z.B. *Nguyen*, ZD 2015, 266; *Schantz*, NJW 2016, 1847; *Albrecht/Jotzo*, Das neue Datenschutzrecht der EU, 2017, 121.

[102]S. Kap. 5.1.1.

[103]Erwägungsgrund 124 Satz 3 DSGVO geht davon aus, dass die Aufsichtsbehörde, bei der Beschwerde eingelegt wurde, auch eine betroffene Aufsichtsbehörde sein sollte, „wenn eine betroffene Person ohne Wohnsitz in dem betreffenden Mitgliedstaat eine Beschwerde eingelegt hat".

In diesem Fall müssen beide Aufsichtsbehörden zusammenarbeiten, die zuständige Aufsichtsbehörde im Mitgliedstaat des Verantwortlichen oder des Auftragsverarbeiters als „federführende Behörde"[104] und eine andere Aufsichtsbehörde als „betroffene Aufsichtsbehörde".[105] Als „betroffene Aufsichtsbehörde" gilt nach Art. 4 Nr. 22 DSGVO „eine Aufsichtsbehörde, die von der Verarbeitung personenbezogener Daten betroffen ist, weil a) der Verantwortliche oder der Auftragsverarbeiter im Hoheitsgebiet des Mitgliedstaats dieser Aufsichtsbehörde niedergelassen ist, b) diese Verarbeitung erhebliche Auswirkungen auf betroffene Personen mit Wohnsitz im Mitgliedstaat dieser Aufsichtsbehörde hat oder haben kann oder c) eine Beschwerde bei dieser Aufsichtsbehörde eingereicht wurde". Bei einer grenzüberschreitenden Datenverarbeitung entstehen für beide Aufsichtsbehörden Pflichten, die in bestimmten Zeiträumen zu erfüllen sind, um zu einem abgestimmten, jedenfalls nicht widersprüchlichen Vorgehen zu gelangen.[106] Dabei behalten beide Aufsichtsbehörden ihre Zuständigkeit. Für Entscheidung gegenüber der Hauptniederlassung des Verantwortlichen ist allein die federführende Aufsichtsbehörde zuständig, für alle Entscheidungen gegenüber sonstigen Niederlassungen oder betroffenen Personen in einem anderen Mitgliedstaat die betroffene Aufsichtsbehörde in diesem Mitgliedstaat.[107]

Bei einer grenzüberschreitenden Datenverarbeitung ist die betroffene Aufsichtsbehörde nach Art. 56 Abs. 3 DSGVO verpflichtet, „unverzüglich die federführende Aufsichtsbehörde über diese Angelegenheit" zu unterrichten. „Innerhalb einer Frist von drei Wochen nach der Unterrichtung (muss) ... die federführende Aufsichtsbehörde" entscheiden, ob sie sich mit dem Fall gemäß dem Verfahren der Zusammenarbeit gemäß Art. 60 DSGVO befasst oder nicht.[108]

Entscheidet die federführende Aufsichtsbehörde, sich mit dem Fall zu befassen, so findet nach Art. 56 Abs. 4 DSGVO das Verfahren der Zusammenarbeit gemäß Art. 60 DSGVO Anwendung. In diesem Fall kann die betroffene Aufsichtsbehörde, die die federführende Aufsichtsbehörde unterrichtet hat, dieser einen „Beschlussentwurf vorlegen". Die federführende Aufsichtsbehörde hat

---

[104]Zur Zuständigkeit s. z.B. *Laue/Nink/Kremer*, Das neue Datenschutzrecht, 2017, 284 ff.

[105]Dadurch sollen auch „Datenschutzoasen" in der Europäische Union und dem Europäischen Wirtschaftsraum vermieden werden – s. *Schantz*, NJW 2016, 1847.

[106]S. auch Erwägungsgrund 124 DSGVO. Zur gegenseitigen Abstimmung s. auch Erwägungsgrund 125 und 126 DSGVO.

[107]S. zum Verfahren der Zusammenarbeit z.B. auch *Schantz*, NJW 2016, 1847; *Albrecht*, CR 2016, 96.

[108]Kriterien für diese Entscheidung enthält Erwägungsgrund 128 DSGVO.

diesem Entwurf bei der Ausarbeitung des Beschlussentwurfs nach Art. 60 Abs. 3 DSGVO „weitestgehend Rechnung" zu tragen.[109] In solchen Fällen hat die federführende Aufsichtsbehörde nach Erwägungsgrund 130 DSGVO bei Maßnahmen, die rechtliche Wirkungen entfalten sollen, unter anderem bei der Verhängung von Geldbußen, den Standpunkt der Aufsichtsbehörde, bei der die Beschwerde eingereicht wurde, „weitestgehend" zu berücksichtigen. Diese betroffene Aufsichtsbehörde ist weiterhin befugt, „in Abstimmung mit der zuständigen Aufsichtsbehörde Untersuchungen im Hoheitsgebiet ihres eigenen Mitgliedstaats durchzuführen".

Entscheidet dagegen die federführende Aufsichtsbehörde, sich mit dem Fall nicht selbst zu befassen, so befasst sich die betroffene Aufsichtsbehörde, die die federführende Aufsichtsbehörde unterrichtet hat, mit dem Fall gemäß Art. 61 und 62 DSGVO.

Im Einzelnen legt Art. 60 DSGVO das Verfahren fest, nach dem die Zusammenarbeit zwischen der federführenden Behörde und den betroffenen Aufsichtsbehörden zu erfolgen hat:[110]

Danach trifft die *federführende Aufsichtsbehörde* folgende Kooperationspflichten:[111] Sie „übermittelt den anderen betroffenen Aufsichtsbehörden unverzüglich die zweckdienlichen Informationen zu der Angelegenheit. Sie legt den anderen betroffenen Aufsichtsbehörden unverzüglich einen Beschlussentwurf zur Stellungnahme vor und trägt deren Standpunkten gebührend Rechnung. Gegen diesen Beschlussentwurf kann eine betroffene Aufsichtsbehörde einen „maßgeblichen und begründeten Einspruch" einlegen. Ein „maßgeblicher und begründeter Einspruch" ist nach der Definition des Art. 4 Nr. 23 DSGVO ein Einspruch, der gegen einen Beschlussentwurf im Hinblick darauf eingelegt wird, „ob ein Verstoß gegen diese Verordnung vorliegt oder ob beabsichtigte Maßnahmen gegen den Verantwortlichen oder den Auftragsverarbeiter im Einklang mit dieser Verordnung steht, wobei aus diesem Einspruch die Tragweite der Risiken klar hervorgeht, die von dem Beschlussentwurf in Bezug auf die Grundrechte und

---

[109]Nach Erwägungsgrund 126 DSGVO soll der Beschluss zwischen den beteiligten Aufsichtsbehörden „gemeinsam vereinbart werden". In Zweifel entscheidet gemäß Erwägungsgrund 125 DSGVO jedoch die federführende Behörde. Zu den Pflichten der federführenden Behörde zur Kooperation bei der Bearbeitung von Beschwerden s. auch Erwägungsgrund 130 DSGVO.

[110]S. zur Zuständigkeit der federführenden und der betroffenen Aufsichtsbehörden in Deutschland und ihre Zusammenarbeit § 19 BDSG-E.

[111]S. zu diesen auch *Laue/Nink/Kremer*, Das neue Datenschutzrecht, 2017, 289 ff.

Grundfreiheiten der betroffenen Personen und gegebenenfalls den freien Verkehr personenbezogener Daten in der Union ausgehen".

Nach einem „maßgeblichen und begründeten Einspruch" muss die federführende Behörde nach Art. 60 Abs. 4 DSGVO entscheiden, ob sie sich ihm anschließt. Tut sie dies nicht oder ist sie der Ansicht, dass der Einspruch nicht maßgeblich oder nicht begründet ist, so leitet sie das Kohärenzverfahren gemäß Art. 63 DSGVO für die Angelegenheit ein. Beabsichtigt sie, sich dem maßgeblichen und begründeten Einspruch anzuschließen, so legt sie nach Art. 60 Abs. 5 DSGVO den anderen betroffenen Aufsichtsbehörden einen überarbeiteten Beschlussentwurf zur Stellungnahme vor. Liegt die Entscheidung fest, erlässt die federführende Aufsichtsbehörde nach Art. 60 Abs. 7 DSGVO den Beschluss und teilt ihn der Hauptniederlassung oder der einzigen Niederlassung des Verantwortlichen oder gegebenenfalls des Auftragsverarbeiters mit. Sie setzt die anderen betroffenen Aufsichtsbehörden und den Datenschutzausschuss von dem betreffenden Beschluss einschließlich einer Zusammenfassung der maßgeblichen Fakten und Gründe in Kenntnis.

In dem gesamten Verfahren „bemüht sich" die federführende Aufsichtsbehörde nach Art. 60 Abs. 1 DSGVO in der Zusammenarbeit mit den betroffenen Aufsichtsbehörden, „einen Konsens zu erzielen". Sind sich die federführende Aufsichtsbehörde und die betroffenen Aufsichtsbehörden darüber einig, Teile der Beschwerde abzulehnen oder abzuweisen und bezüglich anderer Teile dieser Beschwerde tätig zu werden, so wird nach Art. 60 Abs. 9 Satz 1 DSGVO in dieser Angelegenheit für jeden dieser Teile ein eigener Beschluss erlassen. Die federführende Aufsichtsbehörde erlässt nach Art. 60 Abs. 9 Satz 2 DSGVO den Beschluss für den Teil, der das Tätigwerden in Bezug auf den Verantwortlichen betrifft. Sie teilt ihn der Hauptniederlassung oder einzigen Niederlassung des Verantwortlichen oder des Auftragsverarbeiters im Hoheitsgebiet ihres Mitgliedstaats mit und setzt den Beschwerdeführer hiervon in Kenntnis.

Die *betroffenen Aufsichtsbehörden* – in der Regel eine oder mehrere Aufsichtsbehörden der Länder – haben im Prozess der Zusammenarbeit folgende Pflichten: Nachdem die federführende Aufsichtsbehörde den anderen betroffenen Aufsichtsbehörden einen Beschlussentwurf zur Stellungnahme vorgelegt hat, müssen diese, wenn sie mit diesem nicht einverstanden sind, nach Art. 60 Abs. 5 DSGVO „innerhalb von vier Wochen … gegen diesen Beschlussentwurf einen maßgeblichen und begründeten Einspruch" einlegen. Legt die federführende Aufsichtsbehörde nach einem Einspruch, dem sie sich anschließt, den anderen betroffenen Aufsichtsbehörden einen überarbeiteten Beschlussentwurf zur Stellungnahme vor, müssen diese sich nach Art. 60 Abs. 5 DSGVO „innerhalb von zwei Wochen" entscheiden, ob sie gegen diesen einen maßgeblichen und begründeten Einspruch einlegen. Legt keine der betroffenen Aufsichtsbehörden innerhalb dieser Fristen einen Einspruch gegen den Beschlussentwurf ein, gelten sie „als mit dem Beschlussentwurf einverstanden und sind an ihn gebunden". Wird mit dem Beschluss der federführenden Aufsichtsbehörde der Beschwerde ganz oder teilweise abgeholfen, unterrichtet die betroffene Aufsichtsbehörde, bei der eine Beschwerde eingereicht worden ist, nach Art. 60 Abs. 7 Satz 3 DSGVO den Beschwerdeführer über den Beschluss. Wird dagegen eine Beschwerde abgelehnt oder abgewiesen, so erlässt nach Art. 60 Abs. 8 DSGVO die Aufsichtsbehörde, bei der die Beschwerde eingereicht wurde, den Beschluss, teilt ihn dem Beschwerdeführer mit und setzt den Verantwortlichen in Kenntnis. Sind sich die federführende Aufsichtsbehörde und die betroffenen Aufsichtsbehörden darüber einig, Teile der Beschwerde abzulehnen oder abzuweisen und bezüglich anderer Teile dieser Beschwerde tätig zu werden, so wird in dieser Angelegenheit nach Art. 60 Abs. 9 Satz 1 DSGVO für jeden dieser Teile ein eigener Beschluss erlassen. Dabei erlässt die für den Beschwerdeführer zuständige Aufsichtsbehörde nach Art. 60 Abs. 9 Satz 2 DSGVO den Beschluss für den Teil, der die Ablehnung oder Abweisung dieser Beschwerde betrifft. Sie teilt diesen Beschluss dem Beschwerdeführer mit und setzt den Verantwortlichen oder den Auftragsverarbeiter hiervon in Kenntnis.

Die Bearbeitung einer Beschwerde gegen eine grenzüberschreitende Datenverarbeitung kann für alle beteiligten Aufsichtsbehörden mit einem großen Arbeitsaufwand verbunden sein. Sie kann

1. einen umfangreichen Informationsaustausch zwischen federführenden und betroffenen Aufsichtsbehörde erfordern, in dem Gegenstand und Gründe der Beschwerde genau geprüft werden. Dem können sich
2. Maßnahmen der Amtshilfe oder gemeinsame Maßnahmen zur Untersuchung des Sachverhalts anschließen. Ist schließlich der Sachverhalt ausreichend geklärt,
3. erörtern die beteiligten Aufsichtsbehörden dessen Bewertung auf der Suche nach einem Konsens in mehreren Runden und mit unterschiedlichen Vorschlägen. Sind alle Argumente ausgetauscht, legt
4. die federführende Behörde einen Beschlussentwurf vor, der den betroffenen Aufsichtsbehörde übermittelt wird. Diese prüfen ihn und legen dann eventuell
5. einen maßgeblichen und begründeten Einspruch ein. Diesen wiederum prüft die federführende Behörde und unterbreitet schließlich
6. einen überarbeiteten Entwurf in der Hoffnung, durch diesen einen Konsens mit den anderen Aufsichtsbehörden zu erzielen. Misslingt dieses und die betroffenen Aufsichtsbehörden legen

7. auch gegen den überarbeiteten Entwurf einen maßgeblichen und begründeten Einspruch ein, legt die federführende Aufsichtsbehörde

8. den Streitfall dem Europäischen Datenschutzausschuss für das Streitbeilegungsverfahren nach Art. 65 DSGVO vor.[112] Nachdem alle Beteiligten in diesem Verfahren ihren Standpunkt vorgetragen haben, trifft

9. der Datenschutzausschuss einen für die beteiligten Aufsichtsbehörden bindenden Beschluss.[113]

10. Diesen Beschluss müssen die beteiligten Aufsichtsbehörden entsprechend ihrer Zuständigkeit umsetzen.

11. Hält eine der beteiligten Aufsichtsbehörden den Beschluss des Datenschutzausschusses wegen Verstoßes gegen die Datenschutz-Grundverordnung für nichtig, legt sie eine Nichtigkeitsklage bei Europäischen Gerichtshof ein.[114]

12. Der Europäische Gerichtshof entscheidet abschließend über die Gültigkeit oder Nichtigkeit des Beschlusses des Datenschutzausschusses. Die beteiligten Aufsichtsbehörden treffen und vollziehen ihre Beschlüsse entsprechend der Entscheidung des Europäischen Gerichtshofs.

Einen vergleichbaren Ablauf könnte auch ein Verfahren haben, bei dem die federführende und die betroffene Aufsichtsbehörde sich nicht einig sind, ob ein Verantwortlicher oder ein Auftragsverarbeiter gegen die Datenschutz-Grundverordnung verstoßen hat. Dieser Verfahrensablauf ist somit nicht nur bei Beschwerden betroffener Personen möglich, sondern auch bei jeder Überwachungstätigkeit einer Aufsichtsbehörde.

Die Auseinandersetzung in einem solchen Verfahrensablauf ist mit sehr viel hochqualifizierter juristischer Arbeit zum Verfassen geeigneter Texte verbunden. Auch wenn die beteiligten Aufsichtsbehörden nicht in jedem Fall den Streit bis vor den Europäischen Gerichtshof treiben, so dürften doch die Schritte 1.) bis 6.) den Normalfall zwischen zwei Aufsichtsbehörden mit unterschiedlicher Datenschutzkultur und Erfahrung im Umgang mit Datenschutzbeschwerden und Datenschutzverstößen darstellen. Mit der Zeit werden sich Routinisierungseffekte einstellen, doch werden neue technische und ökonomische Entwicklungen, neue Sachverhalte und unterschiedliche Partnerkonstellationen bei 31 Mitgliedstaaten der Europäischen Union und des Europäischen Wirtschaftsraums immer auch

---

[112]S. Kap. 5.5.3.

[113]S. hierzu Kap. 5.5.3.

[114]S. hierzu Kap. 6.11.4.

wieder Routinelösungen verbieten. Insgesamt ist festzuhalten, dass die Vorgaben der Datenschutz-Grundverordnung an die „internationale Ausrichtung der Aufsichtsbehörden enorme Anforderungen" stellen.[115]

Für den Arbeitsanfall werden vor allem die oft sehr abstrakten Vorgaben, die auf unterschiedliche Datenschutzkulturen treffen, entscheidend sein.[116] Vorgaben der Verordnung, die stark auslegungsbedürftig sind, werden von unterschiedlichen Aufsichtsbehörden vor dem Hintergrund des Datenumgangs in dem jeweiligen Mitgliedstaat, der jeweiligen Erfahrungen mit Datenschutzproblemen und der verschiedenen nationalen Rechtsgrundsätze und rechtlichen Regelungen unterschiedlich interpretiert. Um in dieser Situation zu dem von der Verordnung geforderten Konsens zwischen den Aufsichtsbehörden zu gelangen, muss jeweils versucht werden, diese Unterschiede in den Datenschutzkulturen und die Bedeutung der jeweiligen Rechtsgrundsätze und bereichsspezifischen Rechtsvorgaben in dem anderen Mitgliedstaat zu verstehen. Dies setzt eine gewisse Einarbeitung in 30 andere Rechtsordnungen und ein zu erarbeitendes Verständnis für andere Rechts-, Wirtschafts- und Datenschutzkulturen voraus.

Ein Beispiel sind die durch Gesetz[117] und durch Rechtsprechung[118] entwickelten Vorgaben für Auskunfteien in Deutschland, die in anderen Mitgliedstaaten nicht so organisiert sind wie in Deutschland (z.B. die branchenübergreifende Tätigkeit der SCHUFA). Wenn nun die Datenverarbeitung einer Auskunftei von Aufsichtsbehörden aus verschiedenen Mitgliedstaaten am Maßstab der Interessenabwägung nach Art. 6 Abs. 1 UAbs. 1 lit. f) DSGVO zu beurteilen ist, kann es leicht zu entgegengesetzten Bewertungen kommen.[119] Die Suche nach einem Konsens setzt dann für eine deutsche Aufsichtsbehörde voraus, der Aufsichtsbehörde aus einem anderen Mitgliedstaat die spezifischen rechtlichen Grundsätze, gesetzlichen Rahmenregelungen, Feststellungen durch die Rechtsprechung, Erfahrungen der Aufsichtsbehörden und Verhaltensweisen deutscher Auskunfteien so zu erläutern, dass der Gesprächspartner aus einer anderen Rechts- und Datenschutzkultur dies verstehen kann. Umgekehrt wird man Kompromissangebote nur formulieren können, wenn man dafür Ansatzpunkte in der Rechtsordnung

---

[115]*Dammann*, ZD 2016, 309.

[116]S. hierzu auch *Hofmann*, Datenschutzkontrolle, in: Roßnagel, Datenschutz-Grundverordnung. 2017, 196.

[117]S. § 28a, 28b und 29 BDSG.

[118]S. z.B. die in *Ehmann*, in: Simitis, BDSG, 8. Aufl. 2014, § 28b Rn. 37a bis 37c zitierte Rechtsprechung.

[119]S. hierzu näher *Roßnagel*, Das künftige Datenschutzrecht, in: ders., Datenschutz-Grundverordnung, 2017, 60f.

und Datenschutzkultur des anderen Mitgliedstaats finden kann. Dies setzt eine
gewisse Kenntnis zu den erkenntnisleitenden Grundsätzen der anderen Aufsichtsbehörde voraus.

Diese schwierigen Verhandlungen zwischen den Aufsichtsbehörden und
der Abgleich der Rechtsordnungen und Datenschutzkulturen wird durch das
Sprachenproblem sehr erschwert. Zwar wird die Sprache für die Kooperations-
prozesse grundsätzlich Englisch sein. Dies hat sich als Arbeitssprache in der
Art. 29-Datenschutzgruppe etabliert. Doch bei weitem nicht alle Gesetzestexte
in anderen Mitgliedstaaten liegen in englischer Sprache vor. Auch wird nicht
jede Aufsichtsbehörde in allen Mitgliedstaaten bei den engen Fristen, die die
Datenschutz-Grundverordnung für die Zusammenarbeit setzt, immer die Zeit finden oder die notwendigen Mittel haben, die Kommunikation mit allen anderen
Aufsichtsbehörden immer in Englisch zu führen. Jede Aufsichtsbehörde kann
sich auf den Standpunkt stellen, dass sie ihre Kommunikation innerhalb der
Europäischen Union in einer der 24 von Art. 55 EUV, Art. 342 AEUV und § 1
Verordnung zur Regelung der Sprachenfrage EWG/1/1958[120] anerkannten Amtssprachen führen darf. Nicht immer liegt die Kooperation im Eigeninteresse der
beteiligten Aufsichtsbehörde. Fehlt dieses, könnte sie sogar ein Interesse daran
haben, sich ihre Kommunikation durch die Verwendung ihrer Muttersprache zu
erleichtern und den anderen Aufsichtsbehörden zu erschweren. Jedenfalls wird
die Kommunikation zwischen den Aufsichtsbehörden, die Erläuterung des eigenen Standpunkts, das Verständnis für Meinungsunterschiede und die Suche nach
dem geforderten Konsens durch das Sprachenproblem erheblich behindert.[121]

Wegen der kurzen Fristen, die sie nach der Verordnung im Beschwerdeverfahren, im Verfahren der Zusammenarbeit und im Kohärenzverfahren einhalten muss,
kann die Aufsichtsbehörde einen hohen Arbeitsanfall nicht „abpuffern" und auf
Zeiten geringerer Arbeitsbelastung verschieben. Daher kann die Personalausstattung nicht an der Mindest- oder Durchschnittsbelastung orientiert werden. Vielmehr
benötigt die Aufsichtsbehörde eine Personalausstattung, die ihr ermöglicht, auch
unter Hochbelastung die von der Verordnung vorgegebenen Fristen einzuhalten.

Wenn nach Art. 52 Abs. 4 DSGVO jeder Mitgliedstaat sicherzustellen hat,
dass jede Aufsichtsbehörde mit den personellen, technischen und finanziellen Ressourcen, Räumlichkeiten und Infrastrukturen ausgestattet wird, die sie

---

[120]S. hierzu *Wichard*, in: Callies/Ruffert, EUV/AEUV, 5. Aufl. 2016, Art. 342 AEUV,
Rn. 10 ff.

[121]S. hierzu auch *Hofmann*, Datenschutzkontrolle, in: Roßnagel, Datenschutz-Grundverordnung.
2017, 196.

benötigt, um ausdrücklich auch ihre Aufgaben und Befugnisse „im Rahmen der Amtshilfe … effektiv" wahrnehmen zu können, muss er den hohen Aufwand für qualifizierte juristische Tätigkeit in der von Art. 60 DSGVO geforderten grenz-überschreitenden Zusammenarbeit zwischen den Aufsichtsbehörden anerkennen und die Rechts-, Kultur- und Sprachunterschiede, die dabei zu überwinden sind, berücksichtigen.

5.5.2 Gegenseitige Amtshilfe

Nach Erwägungsgrund 133 DSGVO sollen die „Aufsichtsbehörden sich gegen-seitig bei der Erfüllung ihrer Aufgaben unterstützen und Amtshilfe leisten, damit eine einheitliche Anwendung und Durchsetzung dieser Verordnung im Binnen-markt gewährleistet ist".[122] Die Amtshilfe bezieht sich nach Art. 61 Abs. 1 Satz 2 DSGVO „insbesondere auf Auskunftsersuchen und aufsichtsbezogene Maßnah-men, beispielsweise Ersuchen um vorherige Genehmigungen und eine vorherige Konsultation, um Vornahme von Nachprüfungen und Untersuchungen".

Jede Aufsichtsbehörde hat nach Art. 61 Abs. 2 DSGVO einem Ersuchen einer anderen Aufsichtsbehörde „unverzüglich und spätestens innerhalb eines Monats nach Eingang des Ersuchens nachzukommen". Dazu kann nach Art. 61 Abs. 2 DSGVO „insbesondere auch die Übermittlung maßgeblicher Informationen über die Durchführung einer Untersuchung gehören". Die ersuchte Aufsichtsbehörde darf nach Art. 61 Abs. 4 DSGVO das Ersuchen nur ablehnen, wenn sie unzu-ständig ist oder ein Eingehen auf das Ersuchen rechtswidrig wäre.[123] In diesem Fall hat sie die Gründe für die Ablehnung des Ersuchens zu erläutern. Ansonsten informiert sie nach Art. 61 Abs. 5 Satz 1 DSGVO die ersuchende Aufsichtsbe-hörde über die Ergebnisse oder gegebenenfalls über den Fortgang der Maßnah-men, die getroffen wurden, um dem Ersuchen nachzukommen.

Erteilt eine ersuchte Aufsichtsbehörde nicht „binnen eines Monats" nach Ein-gang des Ersuchens die Informationen gemäß Art. 61 Abs. 5 DSGVO, so kann die ersuchende Aufsichtsbehörde nach Art. 61 Abs. 8 DSGVO eine einstweilige Maßnahme im Hoheitsgebiet ihres Mitgliedstaats gemäß Art. 55 Abs. 1 DSGVO ergreifen. In diesem Fall wird von einem dringenden Handlungsbedarf gemäß Art. 66 Abs. 1 DSGVO ausgegangen, der einen im Dringlichkeitsverfahren

---

[122]S. zu vorbereitenden Maßnahmen Kap. 6.12.3.
[123]S. hierzu näher *Hofmann*, Datenschutzkontrolle, in: Roßnagel, Datenschutz-Grund-verordnung. 2017, 198.

angenommenen verbindlichen Beschluss des Ausschusses gemäß Art. 66 Abs. 2 DSGVO erforderlich macht.

Die grenzüberschreitende gegenseitige Amtshilfe ist in Art. 28 Abs. 6 Satz 2 DSRL als Möglichkeit, die Kontrollstelle eines anderen Mitgliedstaats um die Ausübung ihrer Befugnisse zu ersuchen, kurz erwähnt. Im deutschen Datenschutzrecht kennt zwar § 38 Abs. 1 Satz 5 BDSG für den nicht-öffentlichen Bereich und aufgrund der Verweisung in § 26 Abs. 4 Satz BDSG für den öffentlichen Bereich die Amtshilfe. Danach leistet die Aufsichtsbehörde „den Aufsichtsbehörden anderer Mitgliedstaaten der Europäischen Union auf Ersuchen ergänzende Hilfe (Amtshilfe)". Dagegen enthalten einige Datenschutzgesetze der Länder keine Regelung zur Amtshilfe.[124] Fälle der Amtshilfe sind jedoch selten vorgekommen, weil die Datenschutz-Richtlinie nicht das Verfahren der Zusammenarbeit kannte.

Jedenfalls handelt es sich um eine normativ oder faktisch neue zusätzliche Aufgabe der Aufsichtsbehörden. Wenn alle Aufsichtsbehörden im Durchschnitt in gleichem Maß Amtshilfe in Anspruch nehmen und leisten, dürften sich die Aufwände für die gegenseitige Amtshilfe zwischen den einzelnen Aufsichtsbehörden auf lange Sicht ausgleichen. Dies schließt jedoch besondere Belastungen einzelner Aufsichtsbehörden nicht aus, wenn in deren Hoheitsgebiet besonders viele oder besonders aktive Verantwortliche niedergelassen sind. Vor allem aber nimmt dieser potenzielle Ausgleich nichts von der Zusätzlichkeit der Aufgabe der gegenseitigen Amtshilfe, die alle Aufsichtsbehörden neu zu erfüllen haben.

Da die Amtshilfe – sowohl wenn eine Aufsichtsbehörde sie ersucht als auch wenn eine Aufsichtsbehörde sie erbringt – umständlich und mit viel zusätzlichem Arbeitsaufwand verbunden ist, wird keine Aufsichtsbehörde von sich aus daran interessiert sein, Amtshilfe zu ersuchen oder zu leisten. Dennoch werden die Fälle grenzüberschreitender Datenverarbeitung und damit die Fälle der Amtshilfe zunehmen. Eine Zunahme der Amtshilfe ist die notwendige Folge eines wachsenden unionsweiten digitalen Binnenmarkts und des Ziels der Datenschutz-Grundverordnung, diesen einer unionsweiten Kontrolle zu unterwerfen.[125] Die Amtshilfe ist – zusammen mit den gemeinsamen Maßnahmen der Aufsichtsbehörden nach Art. 62 DSGVO[126] – der genuine Ausdruck der unionsweiten Zusammenarbeit der Aufsichtsbehörden.

---

[124]So z.B. das Hessische Datenschutzgesetz.

[125]S. Erwägungsgrund 133 DSGVO.

[126]S. hierzu Kap. 6.12.4.

Anlässe für Amtshilfen werden vor allem grenzüberschreitende Datenverarbeitungsvorgänge im Internet und Fälle der Datenverarbeitung im Auftrag in einem anderen Mitgliedstaat sein. In solchen Fällen werden sich Aufsichtsbehörden gegenseitig relevante Informationen aus ihrem jeweiligen Datenbestand übermitteln oder zusätzliche Informationen durch die Durchführung neuer Untersuchungen gewinnen müssen.

In vielen Fällen wird es nicht im Ermessen der Aufsichtsbehörde liegen, ob sie um Amtshilfe ersucht, sondern kann von betroffenen Personen oder den sie vertretenden Organisationen durch eine Beschwerde nach Art. 77 Abs. 1 DSGVO oder durch einen gerichtlichen Rechtsbehelf nach Art. 78 Abs. 1 DSGVO erzwungen werden. Je nach Ermittlungslage muss die Aufsichtsbehörde, bei der Beschwerde eingereicht worden ist, um Informationen oder Untersuchungen bei der federführenden Aufsichtsbehörde in dem anderen Mitgliedstaat ersuchen.

Wegen der von der Verordnung vorgegebenen Fristen hat auch beim Ersuchen um Amtshilfe und Erbringen von Amtshilfe die jeweilige Aufsichtsbehörde nur einen engen zeitlichen Spielraum. Sie muss daher über eine Personalausstattung verfügen, die ihr auch bei mehreren Amtshilfefällen ermöglicht, die Vorgaben der Datenschutz-Grundverordnung zu erfüllen. Daher fordert Art. 52 Abs. 4 DSGVO ausdrücklich, jede Aufsichtsbehörde so auszustatten, dass sie ihre Aufgaben und Befugnisse „auch im Rahmen der Amtshilfe ... effektiv" erfüllen kann.[127]

5.5.3 Kohärenzverfahren

„Um zur einheitlichen Anwendung dieser Verordnung in der gesamten Union beizutragen", müssen alle Aufsichtsbehörden nach Art. 63 bis 66 DSGVO im Rahmen des Kohärenzverfahrens zusammenarbeiten.[128] Im Regelfall muss jede Aufsichtsbehörde für bestimmte Entscheidungen nach Art. 64 DSGVO Stellungnahmen des Datenschutzausschusses einholen, im Streitfall nach Art. 65 DSGVO das Verfahren der Streitbeilegung durch den Ausschuss durchführen und in Eilfällen das Dringlichkeitsverfahren nach Art. 66 DSGVO anstrengen

---

[127]S. hierzu bestätigend Erwägungsgrund 120 DSGVO.
[128]S. hierzu auch Erwägungsgrund 135 DSGVO; s. hierzu z.B. auch *Nguyen*, ZD 2015, 267f.

Das Kohärenzverfahren führt zum einen zu *Empfehlungen* des Europäischen Datenschutzausschusses an die Aufsichtsbehörden.[129] Diese Form des Kohärenzverfahrens betrifft alle in Art. 64 Abs. 1 lit. a) bis f) DSGVO genannten Konkretisierungen von ab-strakten Vorgaben der Datenschutz-Grundverordnung durch einzelne Aufsichtsbehörden.[130] Jede Aufsichtsbehörde muss dem Ausschuss den Entwurf eines Beschlusses vorlegen, wenn dieser

a. der Annahme einer Liste der Verarbeitungsvorgänge dient, die der Anforderung einer Datenschutz-Folgenabschätzung gemäß Art. 35 Abs. 4 DSGVO unterliegen,
b. eine Angelegenheit gemäß Art. 40 Abs. 7 DSGVO und damit die Frage betrifft, ob ein Entwurf von Verhaltensregeln oder eine Änderung oder Ergänzung von Verhaltensregeln mit dieser Verordnung in Einklang steht,
c. der Billigung der Kriterien für die Akkreditierung einer Stelle nach Art. 41 Abs. 3 DSGVO oder einer Zertifizierungsstelle nach Art. 43 Abs. 3 DSGVO dient,
d. der Festlegung von Standard-Datenschutzklauseln gemäß Art. 46 Abs. 2 lit. d) und Art. 28 Abs. 8 DSGVO dient,
e. der Genehmigung von Vertragsklauseln gemäß Art. 46 Abs. 3 lit. a) DSGVO dient, oder
f. der Annahme verbindlicher interner Vorschriften im Sinn von Art. 47 DSGVO dient.

Zu diesen Entwürfen gibt der Ausschuss eine Stellungnahme ab. Diese Stellungnahme ist für die beteiligte Aufsichtsbehörde zwar nicht verbindlich, hat aber dennoch aufschiebende Wirkung. Die beteiligte Aufsichtsbehörde darf nach Art. 64 Abs. 6 DSGVO ihren Beschlussentwurf vor Ablauf der dort genannten Fristen nicht annehmen.

Das *Kohärenzverfahren* betrifft zum anderen die Klärung von Meinungsverschiedenheiten zwischen Aufsichtsbehörden in der Europäischen Union. Nach Art. 64 Abs. 2 DSGVO kann jede Aufsichtsbehörde „beantragen, dass eine Angelegenheit mit allgemeiner Geltung oder mit Auswirkungen in mehr als einem Mitgliedstaat vom Ausschuss geprüft wird, um eine Stellungnahme zu erhalten". Dies gilt insbesondere wenn eine zuständige Aufsichtsbehörde den

---

[129]S. z.B. auch *Hofmann*, Datenschutzkontrolle, in: Roßnagel, Datenschutz-Grundverordnung. 2017, 191.
[130]S. näher *Laue/Nink/Kremer*, Das neue Datenschutzrecht, 2017, 294 ff.

Verpflichtungen zur Amtshilfe gemäß Art. 61 DSGVO oder zu gemeinsamen Maßnahmen gemäß Art. 62 DSGVO nicht nachkommt. Auch zu dieser Meinungsverschiedenheit gibt der Ausschuss eine unverbindliche *Stellungnahme* ab.[131] Die Stellungnahmen nach Art. 64 Abs. 2 DSGVO haben jedoch keine aufschiebende Wirkung. Die beteiligten Aufsichtsbehörden können auch während des Streitbeilegungsverfahrens ihre Befugnisse nutzen.

Diese Stellungnahmen des Ausschusses prägen die Aufsichtspraxis in allen Mitgliedstaaten. Sie haben immer auch Auswirkungen auf die Aufsichtspraxis der unbeteiligten Aufsichtsbehörden. Daher muss jede Aufsichtsbehörde sowohl die Aufsichtspraxis in anderen Mitgliedstaaten beobachten, um sie bei einem Abweichen von der eigenen Praxis durch den Ausschuss klären zu lassen, als auch alle Stellungnahmen des Ausschusses zur Kenntnis nehmen und mit der eigenen Aufsichtspraxis abgleichen.

Die Stellungnahmen nach Art. 64 Abs. 1 und 2 DSGVO müssen nach Abs. 3 dieser Vorschrift „binnen acht Wochen mit der einfachen Mehrheit der Mitglieder des Ausschusses angenommen" werden. Diese Frist kann unter Berücksichtigung der Komplexität der Angelegenheit um weitere sechs Wochen verlängert werden. Während dieser Frist muss die zuständige Aufsichtsbehörde nach Art. 64 Abs. 6 DSGVO mit ihrem Beschluss warten, während die anderen Aufsichtsbehörden durch eine Stellungnahme nach Abs. 2 nicht gebunden werden.

Der Vorsitz des Ausschusses unterrichtet unverzüglich die beteiligten Aufsichtsbehörden über die Stellungnahme des Ausschusses. Die Aufsichtsbehörde, die einen Beschlussentwurf nach Art. 64 Abs. 1 DSGVO annehmen will, „trägt der Stellungnahme des Ausschusses weitestgehend Rechnung". Sie teilt dessen Vorsitz nach Art. 64 Abs. 1 DSGVO „binnen zwei Wochen nach Eingang der Stellungnahme" mit, „ob sie den Beschlussentwurf beibehalten oder ändern wird; gegebenenfalls übermittelt sie den geänderten Beschlussentwurf". Beabsichtigt sie, der Stellungnahme des Ausschusses insgesamt oder teilweise nicht zu folgen, so beginnt nach Art. 64 Abs. 8 DSGVO das Verfahren der Streitbeilegung gemäß Art. 65 Abs. 1 DSGVO.[132]

Das Verfahren der *Streitbeilegung* greift nach Art. 65 Abs. 1 DSGVO nicht nur in diesem Fall, sondern auch, wenn eine betroffene Aufsichtsbehörde in einem Fall nach Art. 60 Abs. 4 DSGVO einen maßgeblichen und begründeten

---

[131]S. *Kühling/Martini u.a.*, Die Datenschutz-Grundverordnung, 2016, 114.
[132]Nach Erwägungsgrund 138 DSGVO soll das Kohärenzverfahren „eine Bedingung für die Rechtmäßigkeit einer Maßnahme einer Aufsichtsbehörde sein, die rechtliche Wirkungen entfalten soll".

Einspruch gegen einen Beschlussentwurf der federführenden Behörde eingelegt hat oder wenn es widersprüchliche Standpunkte dazu gibt, welche der betroffenen Aufsichtsbehörden für die Hauptniederlassung zuständig ist. Um in diesen speziellen Fällen „die ordnungsgemäße und einheitliche Anwendung dieser Verordnung in Einzelfällen sicherzustellen", erlässt der Ausschuss einen für die betroffenen Aufsichtsbehörden „verbindlichen Beschluss".[133] Der Beschluss wird nach Art. 65 Abs. 2 DSGVO „innerhalb eines Monats nach der Befassung mit der Angelegenheit mit einer Mehrheit von zwei Dritteln der Mitglieder des Ausschusses" angenommen. Diese Frist kann wegen der Komplexität der Angelegenheit um einen weiteren Monat verlängert werden. Ist der Ausschuss nicht in der Lage, innerhalb der genannten Fristen einen Beschluss anzunehmen, so nimmt er seinen Beschluss „innerhalb von zwei Wochen" nach Ablauf der beiden genannten Monate „mit einfacher Mehrheit" der Mitglieder des Ausschusses an. Der Beschluss „wird begründet und an die federführende Aufsichtsbehörde und alle betroffenen Aufsichtsbehörden übermittelt und ist für diese verbindlich".[134] Sie dürfen nach Art. 65 Abs. 4 DSGVO innerhalb der genannten Fristen keinen Beschluss über die dem Ausschuss vorgelegte Angelegenheit annehmen. Die betroffenen Aufsichtsbehörden treffen jeweils den endgültigen Beschluss auf der Grundlage des Beschlusses des Datenschutzausschusses „unverzüglich und spätestens einen Monat, nachdem der Europäische Datenschutzausschuss seinen Beschluss mitgeteilt hat", entsprechend den Vorgaben des Art. 65 Abs. 6 DSGVO.

Im *Dringlichkeitsverfahren* nach Art. 66 DSGVO kann eine betroffene Aufsichtsbehörde „unter außergewöhnlichen Umständen" abweichend vom bisher geschilderten Kohärenzverfahren oder dem Verfahren der Zusammenarbeit nach Art. 60 DSGVO „sofort einstweilige Maßnahmen mit festgelegter Geltungsdauer von höchstens drei Monaten" treffen. Dies setzt voraus, dass „sie zu der Auffassung gelangt" ist, „dass dringender Handlungsbedarf besteht, um Rechte und Freiheiten von betroffenen Personen zu schützen".[135] Die handlungswillige Aufsichtsbehörde setzt die anderen betroffenen Aufsichtsbehörden, den Ausschuss und die Kommission unverzüglich von diesen Maßnahmen und den Gründen für deren Erlass in Kenntnis. Will sie „dringend endgültige Maßnahmen erlassen", kann sie nach Art. 66 Abs. 3 DSGVO „unter Angabe von Gründen

---

[133] S. hierzu auch Erwägungsgrund 136 DSGVO.

[134] Er bindet nicht die Gerichte, die letztlich über den Streitfall zu entscheiden haben – s. hierzu *Roßnagel*, Das künftige Datenschutzrecht, in: ders., Datenschutz-Grundverordnung, 2017, 61.

[135] S. hierzu auch Erwägungsgrund 137 DSGVO.

im Dringlichkeitsverfahren um eine Stellungnahme oder einen verbindlichen
Beschluss des Ausschusses ersuchen". Auch jede andere Aufsichtsbehörde kann
nach Art. 66 Abs. 3 DSGVO „unter Angabe von Gründen, auch für den dringenden Handlungsbedarf, im Dringlichkeitsverfahren um eine Stellungnahme oder
gegebenenfalls einen verbindlichen Beschluss des Ausschusses ersuchen, wenn
eine zuständige Aufsichtsbehörde trotz dringenden Handlungsbedarfs keine
geeignete Maßnahme getroffen hat, um die Rechte und Freiheiten von betroffenen Personen zu schützen". In allen drei Fällen entscheidet der Datenschutzausschuss nach Art. 66 Abs. 4 DSGVO „binnen zwei Wochen mit einfacher Mehrheit
der Mitglieder".

Sowohl das Kohärenzverfahren als auch alle seine drei Formen sind neu. Im
deutschen Datenschutzrecht ist bisher ein solches Verfahren nicht vorgesehen.
Nach Art. 29 DSRL ist zwar mit der Art. 29-Datenschutzgruppe ein Vorgän-
ger des Datenschutzausschusses etabliert worden. Diese hat nach Art. 29 Abs. 1
Satz 2 DSRL jedoch nur beratende Funktion und keine Entscheidungskompe-
tenzen.[136] Sie gibt nach Art. 30 DSRL unverbindliche Stellungnahmen ab. Ihre
Aufgaben übernimmt nach Art. 70 Abs. 1 lit. a) bis y) DSGVO der Datenschutzausschuss. Diese Vorschrift überträgt ihm aber noch viele weitere Aufgaben, die
die Art. 29-Datenschutzgruppe bisher nicht hatte.[137] Jedenfalls sind das Kohärenzverfahren und die darin dem Ausschuss übertragenen Aufgaben und Befugnisse
auch für das Datenschutzrecht der Union neu.[138]

Alle drei Formen des Kohärenzverfahrens sind für die beteiligte Aufsichtsbehörden mit Pflichten verbunden, Informationen zusammenzutragen und zu
übermitteln, Sachverhalte darzustellen, Maßnahmen zu beschreiben und Entscheidungen zu erläutern, eigene und fremde Standpunkte darzustellen sowie Entwürfe
vorzulegen und zu begründen. Als Beteiligte des Regel-Kohärenzverfahrens,
des Streitbeilegungsverfahrens und des Dringlichkeitsverfahrens trifft die
Aufsichtsbehörde ein sehr großer Aufwand, in den Verfahren den eigenen
Standpunkt zu entwickeln, zu begründen und zu verteidigen. Dies erfordert
umfangreiche und qualifizierte juristische Sachverhaltsfeststellungen, Bewertungen
und Begründungen.

---

[136]S. z.B. *Laue/Nink/Kremer*, Das neue Datenschutzrecht, 2017, 276; *Kühling/Martini u.a.*,
Die Datenschutz-Grundverordnung, 2016, 113.

[137]S. z.B. *Albrecht/Jotzo*, Das neue Datenschutzrecht der EU, 2017, 119f.

[138]S. z.B. *Hofmann*, Datenschutzkontrolle, in: Roßnagel, Datenschutz-Grundverordnung,
2017, 189.

Auch wenn eine Aufsichtsbehörde nicht unmittelbar betroffen ist, weil sie nicht Vertreter eines Mitgliedstaates im Datenschutzausschuss oder dessen Stellvertreter ist oder weil sie kein Antragsteller oder Beteiligter des Verfahrens ist, muss sie sich mit den Entwürfen, Informationen, Gegenvorstellungen, Beschlüssen und weiteren Unterlagen des Datenschutzausschusses dennoch befassen, weil die Ergebnisse für sie rechtlich oder faktisch bindend sind.

Um ihre Unabhängigkeit wahren und ihre Rechtsauffassung in der Anwendung der Datenschutz-Grundverordnung durchsetzen zu können, muss jede Aufsichtsbehörde sich an der Willensbildung beteiligen, die der Abstimmung des Vertreters Deutschlands im Europäischen Datenschutzausschuss vorausgehen muss.[139]

Die in Art. 64 Abs. 1 lit. a bis f) DSGVO genannten Entwürfe betreffen grundlegende und umfangreiche konzeptionelle Regelungen zur Konkretisierung von Regelungsbereichen, die die Datenschutz-Grundverordnung offen gelassen hat. Hier müssen viele Fragen des Schutzes von Grundrechten und Freiheiten beantwortet werden, die die Datenschutz-Grundverordnung in der von ihr missverstandenen Technik- und Risikoneutralität[140] nicht geregelt hat. Aber auch die Meinungsverschiedenheiten zwischen Aufsichtsbehörden betreffen komplexe und schwierige Tatsachen- und Rechtsfragen. Dies gilt erst Recht für die Streitgegenstände in Verfahren der Streitbeilegung und in Dringlichkeitsverfahren. Alle diese Verfahren erfordern eine intensive Befassung mit den übermittelten Unterlagen und eine fundierte und qualifizierte juristische Bewertung. Zu all diesen Fragen sind juristisch belastbare Stellungnahmen und Begründungen zu erarbeiten.

Jedenfalls darf die qualifizierte Teilnahme an der Willensbildung unter den Aufsichtsbehörden in Deutschland und damit indirekt in Datenschutzausschuss der Europäischen Union nicht daran scheitern, dass die jeweilige Aufsichtsbehörde nicht ausreichend Personal hat, um die umfangreichen Unterlagen zur Kenntnis zu nehmen, zu bewerten und begründet zu ihnen Stellung zu nehmen.

---

[139]S. hierzu näher Kap. 6.12.7.

[140]S. hierzu näher *Roßnagel*, Das künftige Datenschutzrecht, in: ders., Datenschutz-Grundverordnung, 2017, 61; *Roßnagel/Geminn/Jandt/Richter*, Datenschutzrecht 2016 – „Smart" genug für die Zukunft?2016, 157 ff.

Neue Aufgaben für die Aufsichtsbehörden

6

Nicht alle Tätigkeitsbereiche der Aufsichtsbehörde sind in Form verbindlicher Pflichten detailliert vorgeschrieben. Die Mehrzahl ihrer Tätigkeiten ist der Aufsichtsbehörde in Form von Aufgaben vorgegeben, die ihr einen gewissen Entscheidungsspielraum hinsichtlich des „Ob" und des „Wie" ihrer Wahrnehmung einräumen. So überträgt Art. 57 Abs. 1 DSGVO den Aufsichtsbehörden beispielhaft 20 Aufgaben, die durch weitere Regelungen der Datenschutz-Grundverordnung ergänzt werden. Diese Aufgabenbestimmungen sind dadurch geprägt, dass sie der Aufsichtsbehörde ein Ziel vorgeben, das sie erfüllen muss, oder einen Problembereich benennen, für den sie eine Lösung finden soll. Zugleich räumt ihr Art. 57 Abs. 1 DSGVO aber auch ein Entschließungsermessen ein, ob sie im konkreten Einzelfall tätig werden soll, und ein Auswahlermessen, welche Befugnisse, die in Art. 58 DSGVO genannt sind, sie zur Erfüllung der Aufgabe nutzen will.

6.1 Datenschutzkontrollen

Nach Art. 57 Abs. 1 lit. a) DSGVO „muss" die Aufsichtsbehörde „die Anwendung dieser Verordnung überwachen". Hierzu soll sie nach lit. h) „Untersuchungen über die Anwendung dieser Verordnung durchführen, auch auf der Grundlage von Informationen einer anderen Aufsichtsbehörde oder einer anderen Behörde". Für die Datenschutzuntersuchungen kann die Aufsichtsbehörde alle in Art. 58 Abs. 1 DSGVO genannten Untersuchungsbefugnisse nutzen.

Auf Verlangen der Aufsichtsbehörden haben die Verantwortlichen und die Auftragsverarbeiter nach Art. 31 DSGVO mit ihr zusammen zu arbeiten.[1] Dies

---

[1] S. *Dammann*, ZD 2016, 308.

© Springer Fachmedien Wiesbaden GmbH 2017
A. Roßnagel, *Datenschutzaufsicht nach der EU-Datenschutz-Grundverordnung,* DuD-Fachbeiträge,
DOI 10.1007/978-3-658-18506-0_6

gilt nicht nur, aber vor allem für die Frage, ob sie mit ihren Verarbeitungsvorgängen die Anforderungen der Datenschutz-Grundverordnung erfüllen. Diese Zusammenarbeit erfordert an erster Stelle, mit der Aufsichtsbehörde über Datenschutzfragen zu kommunizieren.

Die Datenschutzkontrollen müssten künftig eigentlich in dem Maß zunehmen, wie die Risiken der Verarbeitung personenbezogener Daten ansteigen. Da mit einem rasanten Anstieg der verarbeiteten personenbezogenen Daten und ihrer Aussagekraft sowie der Datenverarbeitungsvorgänge und der Datenverwendungen zu rechnen ist,[2] werden auch die damit verbundenen Risiken für Grundrechte und Freiheiten der vielen betroffenen Personen zunehmen. Da dies aber in einem Ausmaß zu erwarten ist, in dem die Ressourcenausstattung der Aufsichtsbehörden niemals wachsen kann, werden die Kontrollen zwar proportional weniger, absolut aber deutlich mehr werden müssen, sollen die Aufsichtsbehörden ihrer Aufgabe, die Grundrechte und Freiheiten der betroffenen Personen zu schützen, auch nur einigermaßen gerecht werden.

Aber auch konkrete Rechtsänderungen, die die Datenschutz-Grundverordnung bewirkt, erzwingen neue Tätigkeitfelder und Tätigkeitsziele der Aufsichtsbehörden. Zum einen erweitert sich das Tätigkeitfeld der Datenschutzaufsicht durch die Ausweitung der materiellen Anwendbarkeit des Datenschutzrechts auf die Marktortfälle des Art. 3 Abs. 2 DSGVO. Bisher ist die Datenschutzaufsicht für Verantwortliche, die nicht in der Europäischen Union oder im Europäischen Wirtschaftsraum „belegen" sind, nach § 1 Abs. 5 Satz 2 BDSG nicht zuständig, wenn diese keine personenbezogenen Daten im Inland erheben, verarbeiten oder nutzen. Nach Art. 3 Abs. 2 DSGVO ist sie künftig aber auch für all die Fälle zuständig, in denen „die Verarbeitung personenbezogener Daten von betroffenen Personen, die sich in der Union befinden, durch einen nicht in der Union niedergelassenen Verantwortlichen oder Auftragsverarbeiter" erfolgt. Voraussetzung ist lediglich, dass die Datenverarbeitung „im Zusammenhang damit steht, betroffenen Personen in der Union Waren oder Dienstleistungen anzubieten, unabhängig davon, ob von diesen betroffenen Personen eine Zahlung zu leisten ist," oder „das Verhalten betroffener Personen zu beobachten, soweit ihr Verhalten in der Union erfolgt".[3] Die Datenschutzaufsicht wird danach für viele Fälle der Datenverarbeitung im Internet zuständig sein, für die sie bisher nicht zuständig war. Auch wenn die Aufsichtsbehörden bei den Verantwortlichen oder Auftragsverarbeitern keine Untersuchungen vor Ort vornehmen können, werden sie viele zusätzliche

---

[2] S. Kap. 3.
[3] S. zum Marktortprinzip näher Kap. 7.5.

Datenverarbeitungen prüfen müssen, für die sie versuchen müssen, zusätzliche Informationen zu gewinnen und diese zu bewerten. Die zweite große Änderung in der Aufsicht betrifft den öffentlichen Bereich. Bisher sind die öffentlichen Stellen verpflichtet, die Aufsichtsbehörde bei der Erfüllung ihrer Aufgaben zu unterstützen. Sie müssen ihnen dabei insbesondere Auskunft zu ihren Fragen geben sowie Einsicht in alle Unterlagen, insbesondere in die gespeicherten Daten und in die Datenverarbeitungprogramme, ermöglichen und ihnen jederzeit Zutritt in alle Diensträume gewähren.[4] Die nach Art. 58 Abs. 1 lit. a), b), e) und f) DSGVO relevanten Untersuchungsbefugnisse unterscheiden sich jedoch nicht so wesentlich von den bisherigen Untersuchungsbefugnissen, dass die Wahrnehmung der neuen Untersuchungsbefugnisse im öffentlichen Bereich zusätzliche Arbeit verursachen würde. Die bedeutenden Unterschiede in der Überwachung des öffentlichen Bereichs zeigen sich erst in der Anwendung der Abhilfebefugnisse nach Art. 58 Abs. 2 DSGVO.

Im nicht-öffentlichen Bereich kann die Aufsichtsbehörde nach § 38 Abs. 3 und 4 BDSG von den Verantwortlichen Auskünfte verlangen, Grundstücke und Geschäftsräume betreten und dort Prüfungen und Besichtigungen vornehmen sowie geschäftliche Unterlagen, gespeicherte personenbezogene Daten und Datenverarbeitungprogramme einsehen. Auch im nicht-öffentlichen Bereich ergeben sich durch die leicht erweiterten Untersuchungsbefugnisse nach Art. 58 Abs. 1 lit. a), b), e) und f) DSGVO[5] keine so wesentlichen Änderungen im Tätigkeitsbereich „Datenschutzuntersuchungen", dass zusätzliche Tätigkeiten erforderlich wären.

Eine Zunahme der Datenschutzuntersuchungen ist jedoch zu erwarten, weil Beschwerden von betroffenen Personen und Datenschutzverbänden nach Art. 77 DSGVO diese einfordern und eventuell sogar nach Art. 78 DSGVO gerichtlich durchsetzen werden. Auch könnten Amtshilfeersuchen von anderen Aufsichtsbehörden zu Untersuchungen zwingen,[6] die die Aufsichtsbehörde nicht aus eigener Initiative unternommen hätte.

6.2 Datenschutzanordnungen

Nach Art. 57 Abs. 1 lit. a) DSGVO „muss" die Aufsichtsbehörde „die Anwendung dieser Verordnung ... durchsetzen". Hierfür kann sie alle in Art. 58 Abs. 2 DSGVO aufgeführten Abhilfebefugnisse nutzen. Nach Erwägungsgrund 129 Satz

---

[4]So z.B. § 24 Abs. 4 BDSG und ähnlich die Datenschutzgesetze der Länder.
[5]S.- zu diesen auch die Befugnisse nach § 40 Abs. 4 und 5 BDSG-E.
[6]S. hierzu Kap. 5.5.2.

4 DSGVO sollen alle Befugnisse der Aufsichtsbehörden „innerhalb einer angemessenen Frist ausgeübt werden".

Nach Art. 58 Abs. 2 DSGVO kann die Aufsichtsbehörde unterschiedslos im nicht-öffentlichen und öffentlichen Bereich zur Abhilfe gegen Verstöße gegen die Datenschutz-Grundverordnung einen Verantwortlichen oder einen Auftragsverarbeiter warnen oder verwarnen und anweisen, den Anträgen der betroffenen Person auf Ausübung der ihr nach dieser Verordnung zustehenden Rechte zu entsprechen, Verarbeitungsvorgänge in Einklang mit dieser Verordnung zu bringen oder die von einer Verletzung des Schutzes personenbezogener Daten betroffene Person entsprechend zu benachrichtigen. Sie kann sogar eine vorübergehende oder endgültige Beschränkung der Verarbeitung, einschließlich eines Verbots, verhängen und die Berichtigung oder Löschung von personenbezogenen Daten oder die Einschränkung ihrer Verarbeitung und die Unterrichtung der Empfänger anordnen.

Während der Aufsichtsbehörde diese Abhilfebefugnisse im nicht-öffentlichen Bereich gemäß § 38 Abs. 5 BDSG bereits weitgehend zustehen, verändern sie die Handlungsmöglichkeiten der Aufsichtsbehörde im öffentlichen Bereich umfassend. Bisher kann die Aufsichtsbehörde der überprüften öffentlichen Stelle das Ergebnis ihrer Kontrolle mitteilen und ihr Vorschläge zur Verbesserung des Datenschutzes unterbreiten.[7] Stellt die Aufsichtsbehörde Verstöße oder Mängel fest, kann sie dies gegenüber der Leitung des jeweiligen Verwaltungsbereichs beanstanden und diese auffordern, hierzu innerhalb einer zu bestimmenden Frist Stellung zu nehmen.[8] Befugnisse, die Beseitigung von Verstößen oder Mängeln anzuordnen, stehen der Aufsichtsbehörde bisher nicht zu.[9]

Mit den Anordnungsbefugnissen des Art. 58 Abs. 2 DSGVO verändert sich die Stellung der Aufsichtsbehörde gegenüber den von ihr zu beaufsichtigenden Behörden fundamental. Während sie bisher nur eine Petitionsstelle war, wird sie durch die Datenschutz-Grundverordnung zu einer echten Aufsichtsbehörde mit wirksamen Anordnungsbefugnissen, um Verstöße gegen das Datenschutzrecht und Mängel in den Schutzmaßnahmen tatsächlich abzustellen.

§ 43 Abs. 3 Satz 1 BDSG-E schließt zwar Sanktionen nach Art. 83 Abs. 4 und 5 DSGVO gegenüber öffentlichen Stellen aus, belässt den Aufsichtsbehörden jedoch im Einklang mit Art. 83 Abs. 7 DSGVO die Anordnungsbefugnisse des Art. 58 Abs. 2 DSGVO.

---

[7] S. z.B. § 24 Abs. 5 BDSG und vergleichbare Regelungen in den Datenschutzgesetzen der Länder.
[8] S. z.B. § 25 Abs. 1 BDSG und vergleichbare Regelungen in den Datenschutzgesetzen der Länder.
[9] S. hierzu auch kritisch *Lüdemann/Wenzel*, RDV 2015, 289f.

Allerdings muss die Bundesbeauftragte für den Datenschutz und die Informationsfreiheit nach § 16 Abs. 1 BDSG-E vor der Ausübung ihrer Befugnisse nach Art. 58 Abs. 2 lit. b) bis g) sowie i) und j) DSGVO der zuständigen Rechts- oder Fachaufsichtsbehörde grundsätzlich[10] Gelegenheit geben, innerhalb einer von ihr zu bestimmenden angemessenen Frist Stellung zu nehmen und die Verstöße oder Mängel abzustellen. Auch darf sie oder einen Aufsichtsbehörde der Länder nach § 20 Abs. 7 BDSG-E gegenüber einer Behörde oder deren Rechtsträger nicht die sofortige Vollziehung gemäß § 80 Abs. 2 Satz 1 Nr. 4 VwGO anordnen. Kommt es zwischen der Aufsichtsbehörde und der Behörde, gegen die sich die Anordnung richtet, zu Meinungsverschiedenheiten, müssen diese nach § 20 BDSG-E als Verwaltungsstreitsache durch das Verwaltungsgericht entschieden werden. In diesem kann die Aufsichtsbehörde die aufschiebende Wirkung der Anfechtungsklage der betroffenen Behörde nicht auszuschließen.[11]

Für die Beseitigung von Verstößen oder Mängeln bezogen auf Datenschutzregeln außerhalb der Datenschutz-Grundverordnung verbleibt es nach § 16 Abs. 2 BDSG-E bei den bisherigen, sehr beschränkten Befugnissen der Beanstandung und Empfehlung. Damit bringt die Bundesregierung zum Ausdruck, dass sie die Befugnisse, die die Datenschutz-Grundverordnung der Aufsichtsbehörde zur Verfügung stellt, eigentlich für zu weitgehend hält. Denn nach der Begründung des Gesetzentwurfs stehen ihr mit dem „alt bekannten Instrument der Beanstandung und sonstigen nicht regelungsbedürftigen Möglichkeiten, den als öffentliche Stellen an Recht und Gesetz gebundenen Verantwortlichen auf aus ihrer … Sicht rechtswidrige Verarbeitungen aufmerksam zu machen, ausreichend Möglichkeiten zur Verfügung, ihren Beitrag dazu zu leisten, aus ihrer … Sicht rechtswidrigen Zuständen abzuhelfen".[12]

Nach Erwägungsgrund 131 DSGVO sollte die Aufsichtsbehörde bei Beschwerden oder Verstößen mit eher lokaler Bedeutung „versuchen, eine gütliche Einigung mit dem Verantwortlichen zu erzielen; falls sich dies als nicht erfolgreich erweist, sollte sie die gesamte Bandbreite ihrer Befugnisse wahrnehmen". Dieses zweistufige Vorgehen kann zu einer größeren Arbeitsbelastung führen, wenn erst mit dem Verantwortlichen ausführlich Verstöße und Maßnahmen erörtert, Forderungen erarbeitet und Kompromissvorschläge geprüft werden müssen und dann bei einer fehlenden Einigung dennoch verbindliche Anordnungen mit Begründungen erarbeitet werden müssen. Gelingt dagegen eine Einigung in der ersten Stufe, kann die Arbeit für die zweite Stufe vermieden werden.

---

[10]S. zu den Ausnahmen § 16 Abs. 1 Satz 2 bis 4 BDSG-E.
[11]S. hierzu die Begründung zu § 20 Abs. 7 BDSG-E.
[12]Begründung zu § 16 Abs. 2 BDSG-E, BT-Drs. 18/11235, 87.

Ein Mehraufwand für Datenschutzanordnungen im nicht-öffentlichen Bereich wird nicht durch neue Befugnisse der Datenschutz-Grundverordnung begründet, sondern durch den Anstieg der verarbeiteten personenbezogenen Daten und ihrer Aussagekraft sowie neuer und umfangreicherer Datenverarbeitungsvorgänge und Datenverwendungen. Durch die Digitalisierung aller Lebensbereiche[13] werden auch die damit verbundenen Risiken für Grundrechte und Freiheiten der vielen betroffenen Personen zunehmen und die Verstöße gegen Datenschutzvorschriften und die Mängel an Schutzmaßnahmen ansteigen. Dies wird auch bei gleichbleibenden Befugnissen mehr Datenschutzanordnungen erforderlich machen.

Im öffentlichen Bereich dagegen werden nicht nur die Zunahme der Datenverarbeitungsvorgänge und der Datenschutzrisiken zu einem beträchtlichen Mehraufwand der Aufsichtsbehörden führen, sondern auch die neuen Eingriffsbefugnisse der Aufsichtsbehörden gegenüber staatlichen Behörden. Mit der Zuerkennung dieser Abhilfebefugnisse ist ein fundamentaler Wandel der Aufsichtsbehörden von reinen Kontroll- und Beratungsstellen in echte Aufsichtsbehörden verbunden, die mit Weisungs- und Verbotsbefugnissen ausgestattet sind.[14] Die Anordnungen werden immer dann notwendig sein, wenn zwischen der Aufsichtsbehörde und der Behörde, der ein Verstoß oder ein Mangel vorgeworfen wird, keine Einigung erzielt werden kann. Bisher konnte sich in diesem Fall die Behörde durchsetzen. Künftig wird dann die Aufsichtsbehörde eine Anordnung treffen, über deren Berechtigung in einem Verwaltungsrechtsstreit gerungen werden muss. Da zwischen der Aufsichtsbehörde und der angewiesenen Verwaltungsbehörde kein Subordinationsverhältnis besteht,[15] kann es zu widersprüchliche Auffassungen der Datenschutzaufsicht und der Fachaufsicht kommen. Diese sind dann durch Anfechtungsklage der Behörde gegen die Anordnung der Aufsichtsbehörde vor dem Verwaltungsgericht zu klären.[16]

Für die Aufsichtsbehörden der Länder fehlen derzeit noch Entwürfe für spezielle Rechtsregelungen, die den Austrag von Konflikten zwischen Datenschutzaufsicht und Rechtsaufsicht regeln. Nach den allgemeinen Regelungen können die Aufsichtsbehörden der Ländern nach dem 25. Mai 2018 Anordnungen nach dem unmittelbar geltenden Art. 58 Abs. 2 DSGVO auch gegenüber Behörden ihres Bundeslandes erlassen. Die Festlegung der sofortigen Vollziehung ihrer Anordnung gemäß § 80 Abs. 2 Satz 1 Nr. 4 VwGO gegenüber einer Behörde oder deren

---

[13]S. hierzu näher Kap. 3.

[14]S. auch Kap. 4.2.4.

[15]S. Begründung zu § 20 Abs. 7 BDSG-E, BT-Drs. 18/11235, 92.

[16]S. Begründung zu § 16 Abs. 1 BDSG-E.

Rechtsträger ist aber auch für Aufsichtsbehörden der Länder nach § 20 Abs. 7 BDSG-E ausgeschlossen. Auch ohne ausdrückliche Anordnung werden sie der betroffenen Behörde und der vorgesetzten Behörde Gelegenheit zur Stellungnahme einräumen. Wenn in der Rechtskommunikation mit diesen Behörden aber Meinungsverschiedenheiten über Verstöße oder Mängel bestehen bleiben, kann die Aufsichtsbehörde eine Anordnung nach Art. 58 Abs. 2 DSGVO treffen. Diese kann der adressierte Verwaltungsträger mit Anfechtungsklage vor dem Verwaltungsgericht angreifen.

Viele Meinungsverschiedenheiten zwischen der Datenschutzaufsicht und der Fachaufsicht, die bisher durch die alleinige Verantwortung der Verwaltungsbehörde für die Gesetzesbefolgung gelöst wurden, werden künftig durch Anordnungen der Aufsichtsbehörde und Anfechtungsklagen vor den Verwaltungsgerichten geklärt. Dies führt im öffentlichen Bereich zu einem erheblichen Mehraufwand für die Aufsichtsbehörde. Während bisher für sie das Verfahren mit dem Arbeitsaufwand für eine Beanstandung beendet war, beginnt künftig die eigentliche juristische Arbeit in dem Verfahren erst richtig mit dem Verfassen einer Anordnung. Jede Anordnung muss hinsichtlich Tatsachenvortrag und Beweismittel so aufgeklärt und hinsichtlich ihrer juristischen Begründung so abgesichert sein, dass sie einer Anfechtungsklage vor dem Verwaltungsgericht widerstehen kann. Dies setzt eine hohe juristische Qualität in der Bearbeitung der Anordnungen voraus. Noch höher wird der Arbeitsaufwand, wenn die Anordnung Gegenstand eines verwaltungsgerichtlichen Streitverfahrens wird und die Aufsichtsbehörde ihre Anordnung vor dem Verwaltungsgericht vertreten muss.

Unabhängig ist die Aufsichtsbehörde nur dann, wenn sie ihre Rechtsauffassungen unbeeinflusst bilden und im Streitfall mit voller Kraft vertreten kann. Sollen die Aufsichtsbehörden ihrer Aufgabe, die Grundrechte und Freiheiten der betroffenen Personen zu schützen, auch durch Anordnungen zur Beseitigung von Verstößen und Mängeln gerecht werden können, müssen sie personell quantitativ und qualitativ so ausgestattet sein, dass sie die notwendigen Anordnungen treffen, begründen und vor Gericht vertreten können.

6.3 Aufklärung und Öffentlichkeitsarbeit

Im Gegensatz zur Datenschutz-Richtlinie und zu den meisten nationalen Datenschutzgesetzen überträgt die Datenschutz-Grundverordnung den Aufsichtsbehörden einen Bildungsauftrag. Sie sollen sowohl zur Medienkompetenz und zur Betroffenensouveränität beitragen, indem sie sowohl über Risiken für Grundrechte und Freiheiten aufklären und Maßnahmen des Datenschutzes vorstellen, als auch in der Öffentlichkeit für Datenschutz werben und zu dessen allgemeiner Akzeptanz beitragen.[17] Daher gehört die Information der Öffentlichkeit über Risiken, Vorschriften, Garantien und Rechte im Zusammenhang mit der Verarbeitung personenbezogener Daten zu den Aufgaben jeder Aufsichtsbehörde.[18]

Damit die Aufsichtsbehörden die neuesten Risiken und Schutzmaßnahmen kennen, haben sie im Vorfeld ihrer Aufklärung und Öffentlichkeitsarbeit eine Beobachtungspflicht: Um die Risiken für Grundrechte umfassend und ausreichend einschätzen zu können, „muss" die Aufsichtsbehörde nach Art. 57 Abs. 1 lit. i) DSGVO „maßgebliche Entwicklungen verfolgen, soweit sie sich auf den Schutz personenbezogener Daten auswirken, insbesondere die Entwicklung der Informations- und Kommunikationstechnologie und der Geschäftspraktiken".

Diese Erkenntnisse aus der Beobachtung der jeweils neuesten Entwicklungen sollen in eine breite Information der Öffentlichkeit über Datenschutz, Datenschutzrisiken und Schutzmaßnahmen einfließen. Diese Verpflichtung zur Öffentlichkeitsarbeit findet in unterschiedlichen Aufgaben und Befugnissen ihrer Ausdruck. Nach Art. 57 Abs. 1 lit. b) DSGVO „muss" die Aufsichtsbehörde „die Öffentlichkeit für die Risiken, Vorschriften, Garantien und Rechte im Zusammenhang mit der Verarbeitung sensibilisieren und sie darüber aufklären. Besondere Beachtung finden dabei spezifische Maßnahmen für Kinder." Hierfür kann sich jede Aufsichtsbehörde nach Art. 58 Abs. 3 lit. b) DSGVO zu allen Fragen, die im Zusammenhang mit dem Schutz personenbezogener Daten stehen, „von sich aus oder auf Anfrage" mit Informationen an beliebige „Einrichtungen und Stellen sowie an die Öffentlichkeit" wenden. Nach Erwägungsgrund 132 DSGVO sollten „auf die Öffentlichkeit ausgerichtete Sensibilisierungsmaßnahmen der Aufsichtsbehörden ... spezifische Maßnahmen einschließen, die sich an die Verantwortlichen und die Auftragsverarbeiter, einschließlich Kleinstunternehmen sowie kleiner und mittlerer Unternehmen, und an natürliche Personen, insbesondere im Bildungsbereich, richten". Spezifischer fordert Art. 57 Abs. 1 lit. e) DSGVO, „auf Anfrage jeder betroffenen Person Informationen über die Ausübung ihrer Rechte aufgrund dieser Verordnung zur Verfügung (zu) stellen und gegebenenfalls zu diesem Zweck mit den Aufsichtsbehörden in anderen Mitgliedstaaten zusammen(zu) arbeiten". Schließlich gehört zur Öffentlichkeitsarbeit der Aufsichtsbehörden auch die die jährliche Vorlage eines Jahresberichts über ihre Tätigkeit. Dieser ist nach Art. 59 DSGVO der Öffentlichkeit zugänglich zu machen.[19]

---

[17]S. hierzu auch Kap. 4.4.5.
[18]Erwägungsgrund 122 DSGVO.
[19]S. hierzu auch Kap. 5.2.

Aufklärung und Öffentlichkeitsarbeit gehörten bisher nicht zu den Kernkompetenzen der Aufsichtsbehörde, auch wenn manche sich dieser Aufgabe bereits angenommen haben.[20] Künftig ist diese Aufgabe den Aufsichtsbehörden gesetzlich vorgegeben. Um ihr gerecht werden zu können, müssen die Aufsichtsbehörden ihre Strukturen dieser neuen Aufgabe in doppelter Hinsicht anpassen.

Zum einen müssen die Aufsichtsbehörden einen speziellen Bereich für Öffentlichkeitsarbeit einrichten, der eine spezifische Kommunikationskonzeption für die Aufklärung der Öffentlichkeit erstellt, die auch nachhaltige Wirkungen erzielt. Diese Kommunikationskonzeption muss spezifische Maßnahmen einschließen, die sich an die Verantwortlichen und die Auftragsverarbeiter wenden. Dabei müssen sie insbesondere auch die besonderen Probleme von Kleinstunternehmen sowie kleiner und mittlerer Unternehmen berücksichtigen.[21] Schließlich muss die Kommunikationskonzeption auch auf natürliche Personen ausgerichtet sein. Neben Informationen für Erwachsene mit unterschiedlichem Bildungshintergrund, müssen sie auch spezifische Maßnahmen für Kinder[22] beinhalten und insbesondere mit dem Bildungsbereich kooperieren.[23] Dieser Bereich für Öffentlichkeitsarbeit muss auch ausreichend ausgestattet sein, um die Kommunikationskonzeption mit den erforderlichen Maßnahmen umzusetzen.

Zum anderen müssen die Aufsichtsbehörden das Thema der Aufklärung und Öffentlichkeitsarbeit in ihre bestehenden Strukturen so einbinden, dass jeweils die gesamte Behörde dies als ihre Aufgabe begreift und zu ihrer Umsetzung beiträgt. Jeder Bereich muss wichtige Erkenntnisse und Erfahrungen sammeln, die für die Öffentlichkeitsarbeit geeignet sind, und daran mitwirken, diese in öffentlichkeitswirksamen Formen zu präsentieren. Dies erfordert geeignete Schulungsmaßnahmen für die Mitarbeiter der Aufsichtsbehörde.

6.4   Politische Beratung

Nach Art. 57 Abs. 1 lit. c) DSGVO „muss" die Aufsichtsbehörde „im Einklang mit dem Recht des Mitgliedsstaats das nationale Parlament, die Regierung und andere Einrichtungen und Gremien über legislative und administrative Maßnahmen zum Schutz der Rechte und Freiheiten natürlicher Personen in

---

[20]S. z.B. *Wagner*, DuD 2012, 83.

[21]S. Erwägungsgrund 132 DSGVO.

[22]S. Art. 57 Abs. 1 lit. b) DSGVO.

[23]S. Erwägungsgrund 132 DSGVO.

Bezug auf die Verarbeitung beraten". Außerdem kann jede Aufsichtsbehörde nach Art. 58 Abs. 3 lit. b) DSGVO „zu allen Fragen, die im Zusammenhang mit dem Schutz personenbezogener Daten stehen, von sich aus oder auf Anfrage Stellungnahmen an das nationale Parlament (und) die Regierung des Mitgliedstaats … richten".

Diese rechtspolitische Aufgabe ist im Grundsatz nicht neu.[24] Gemäß Art. 28 Abs. 2 DSRL sollen die Aufsichtsbehörden bereits jetzt „bei der Ausarbeitung von Rechtsverordnungen oder Verwaltungsvorschriften bezüglich des Schutzes der Rechte und Freiheiten von Personen bei der Verarbeitung personenbezogener Daten angehört werden".[25] Insofern gehen die Aufgaben der Aufsichtsbehörde schon derzeit über eine bloße Überwachungstätigkeit hinaus und umfassen auch eine rechtspolitische Beratung.[26]

Für die rechtspolitische Beratung kann auch der Jahresbericht genutzt werden, den jede Aufsichtsbehörde nach Art. 59 DSGVO erstellen muss.[27] Diese Berichte werden unter anderem dem nationalen Parlament und der Regierung übermittelt.

Die Aufgabe der politischen Beratung wird von den Aufsichtsbehörden schon nach geltendem Recht erfüllt. Die Regelung in der Datenschutz-Grundverordnung ist davon nicht so verschieden, dass sie eine zusätzliche personelle Ausstattung erfordert.

Als zusätzliche Aufgabe der Aufsichtsbehörden sieht die Datenschutz-Grundverordnung jedoch die Beratung des Gesetzgebers durch Ex-Ante-Kontrollen von Entwürfen zu Gesetzen, Verordnungen und Verwaltungsvorschriften vor. Die Konsultation der Aufsichtsbehörden durch den nationalen Gesetzgeber nach Art. 36 Abs. 4 DSGVO bei Datenschutz-Folgenabschätzungen für Gesetzesentwürfe ist neu. Nach Art. 35 Abs. 10 DSGVO wird die projektbezogene Datenschutz-Folgenabschätzung für einzelne Datenverarbeitungsvorgänge durch eine Folgenabschätzung für Gesetze ersetzt, wenn es um Verarbeitungsvorgänge geht, die in Art. 6 Abs. 1 UAbs. 1 lit. c) (Verpflichtung zur Datenverarbeitung) oder e) DSGVO (Datenverarbeitung im öffentlichen Interesse oder zur Ausübung öffentlicher Gewalt) genannt sind. In einem solchen Fall haben die Gesetzgebungsorgane die Aufsichtsbehörde bei der Ausarbeitung eines Gesetzgebungsvorschlags

---

[24]S. *Thomé,* Reform der Datenaufsicht, 2015, 70.

[25]S. auch § 26 Abs. 2 Satz 1 und 3 BDSG und vergleichbare Regelungen der Datenschutzgesetze der Länder – s. z.B. §§ 24 Abs. 1 Satz 2 und 25 HDSG.

[26]S. z.B. *Brühann,* in: Grabitz/Hilf, Das Recht der Europäische Union, A 30, 95/46/EG, Art. 28 Rn. 7.

[27]S. hierzu Kap. 5.2.1.

zu konsultieren. Diese Konsultation erzeugt einen zusätzlichen, durch die Datenschutz-Grundverordnung erzeugten Arbeitsaufwand. Dieser wird aber im Rahmen der Datenschutz-Folgenabschätzung berücksichtigt.[28]

6.5   Individuelle Beratung

Zu den präventiven Aufgaben der Aufsichtsbehörde gehört auch die Beratung von Verantwortlichen, Auftragsverarbeitern und Datenschutzbeauftragten. Diese sollen über ihre datenschutzrechtliche Pflichten und Aufgaben informiert und darüber beraten werden, wie sie sie erfüllen können.

Die Datenschutz-Grundverordnung nennt hinsichtlich der Befugnisse der Aufsichtsbehörden zur Durchsetzung der Verordnung in Erwägungsgrund 129 DSGVO die „beratenden Befugnisse" gleichberechtigt mit den Untersuchungsbefugnissen, den Abhilfebefugnissen, den Sanktionsbefugnisse und den Genehmigungsbefugnissen.

6.5.1   Beratung zu allgemeinen Datenschutzfragen

Die Verantwortlichen und die Auftragsverarbeiter sollten nach Art. 39 Abs. 1 lit. a) DSGVO in erster Linie durch ihren jeweiligen Datenschutzbeauftragten über ihre datenschutzrechtlichen Pflichten und die Möglichkeiten, sie zu erfüllen, beraten werden[29] – sofern sie einen haben.

Unabhängig davon „muss" die Aufsichtsbehörde nach Art. 57 Abs. 1 lit. d) DSGVO „die Verantwortlichen und die Auftragsverarbeiter für die ihnen aus dieser Verordnung entstehenden Pflichten sensibilisieren". Sensibilisieren bedeutet eine offensive allgemeine Aufklärung und Beratung. Lediglich auf Anfragen warten, wäre kein Sensibilisieren im Sinn der Vorschrift. Es muss bei der Beratung der Verantwortlichen und der Auftragsverarbeiter darum gehen, ihnen bewusst zu machen, dass die Verarbeitung personenbezogener Daten nicht nur eine Wirtschafts- oder Verwaltungstätigkeit ist, sondern immer auch einen Eingriff in Grundrechte der betroffenen Personen darstellt, der rechtfertigungsbedürftig ist und der auf das absolut erforderliche Maß begrenzt werden muss.

---

[28]S. Kap. 6.7.5.
[29]S. *Klug*, ZD 2016, 318.

Auf Verlangen der Aufsichtsbehörde haben die Verantwortlichen und die Auftragsverarbeiter nach Art. 31 DSGVO mit ihr zusammen zu arbeiten.[30] Diese Zusammenarbeit erfordert von den Verantwortlichen und den Auftragsverarbeitern, mit der Aufsichtsbehörde über Datenschutzfragen zu kommunizieren. Von den Aufsichtsbehörden fordert diese Zusammenarbeit vor allem, die Verantwortlichen und die Auftragsverarbeiter darin zu beraten, wie sie mit ihren Verarbeitungsvorgängen die Anforderungen der Datenschutz-Grundverordnung erfüllen können.

Diese Beratungsaufgabe kann auch darin bestehen, dass die Aufsichtsbehörde nach Art. 58 Abs. 1 lit. d) DSGVO den Verantwortlichen oder den Auftragsverarbeiter „auf einen vermeintlichen Verstoß gegen diese Verordnung" hinweist und dass sie diese nach Art. 58 Abs. 2 lit. a) DSGVO davor warnt, „dass beabsichtigte Verarbeitungsvorgänge voraussichtlich gegen diese Verordnung verstoßen".

Gegenüber den betrieblichen und behördlichen Datenschutzbeauftragten besteht eine gegenseitige Beratungspflicht. Nach Art. 39 Abs. 1 lit. e) DSGVO sind die Datenschutzbeauftragten „Anlaufstelle für die Aufsichtsbehörde in mit der Verarbeitung zusammenhängenden Fragen, einschließlich der vorherigen Konsultation" gemäß Art. 36 DSGVO.[31] Sie geben den Aufsichtsbehörden „gegebenenfalls Beratung zu allen sonstigen Fragen".[32] Umgekehrt kann der Datenschutzbeauftragte zu allen Fragen die Aufsichtsbehörde um Rat fragen.[33] Zwischen Aufsichtsbehörden und Datenschutzbeauftragten soll gemäß Art. 39 Abs. 1 lit. d) DSGVO eine vertrauensvolle Zusammenarbeit entstehen, die einen gegenseitigen beratenden Austausch von Informationen beinhaltet.[34]

Nach Art. 57 Abs. 3 DSGVO ist die Erfüllung der Aufgaben jeder Aufsichtsbehörde für die betroffene Person „und gegebenenfalls für den Datenschutzbeauftragten unentgeltlich". Dies gilt auch für die Beratungsleistungen der Aufsichtsbehörde. Dies macht es für betriebliche und behördliche Datenschutzbeauftragte attraktiv, in Zweifelsfällen die Kompetenz in den Aufsichtsbehörden in Anspruch zu nehmen.[35]

---

[30]S. *Dammann*, ZD 2016, 308.

[31]S. hierzu auch *Bittner*, RDV 2014, 183 ff.

[32]*Klug*, ZD 2016, 319; *Paal*, in: Paal/Pauli, DSGVO, Art. 39 Rn. 9; *Laue/Nink/Kremer*, Das neue Datenschutzrecht, 2017, 209.

[33]S. z.B. *Laue/Nink/Kremer*, Das neue Datenschutzrecht, 2017, 209.

[34]S. z.B. *Marschall/Müller*, ZD 2016, 415; *Paal*, in: Paal/Pauli, DSGVO, Art. 39 Rn. 8.

[35]S. hierzu z.B. *Nguyen*, ZD 2015, 269.

Die Datenschutz-Richtlinie kennt keine Aufgabe oder Pflicht zur Beratung. Nach § 38 Abs. 1 Satz 2 BDSG „berät und unterstützt" die Aufsichtsbehörde „die Beauftragten für den Datenschutz und die verantwortlichen Stellen mit Rücksicht auf deren typische Bedürfnisse". Diese Pflicht wird zum Teil in § 40 Abs. 5 Satz 1 BDSG-E wieder aufgenommen: Danach „beraten und unterstützen" die Aufsichtsbehörden „die Datenschutzbeauftragten mit Rücksicht auf deren typische Bedürfnisse". Korrespondierend zu dieser Beratungspflicht bestimmt § 4g Abs. 1 Satz 3 BDSG, dass der Datenschutzbeauftrage die Beratung durch die Aufsichtsbehörde nach § 38 Abs. 1 Satz 2 BDSG in Anspruch nehmen kann. Dies greift der Entwurf eines neuen Bundesdatenschutzgesetzes nicht ausdrücklich auf, ohne dass dies aber eine wesentliche Rechtsänderung nach sich zieht. Im öffentlichen Bereich „kann" die Bundesbeauftragte gemäß § 26 Abs. 3 BDSG den öffentlichen Stellen des Bundes „Empfehlungen zur Verbesserung des Datenschutzes geben und sie in Fragen des Datenschutzes beraten". In den Datenschutzgesetzen der Länder finden sich ebenfalls rechtliche Möglichkeiten, die Behörden der Länder zu beraten.[36]

Diese Aufgabe haben die Aufsichtsbehörden bisher – wohl wegen ihrer beschränkten personellen Ausstattung – sehr unterschiedlich wahrgenommen. Die Aufsichtsbehörden, die Beratung angeboten haben, verfolgten damit einen präventiven Zweck: Verhinderung von Datenschutzverstößen durch Beratung statt Verfolgung von Datenschutzverstößen, nachdem sie erfolgt sind.[37]

Zwar „muss" die Aufsichtsbehörde nach Art. 57 Abs. 1 lit. d) DSGVO die Verantwortlichen und die Auftragsverarbeiter für ihre datenschutzrechtlichen Pflichten „sensibilisieren" und hat die Datenschutzbeauftragten nach Art. 39 Abs. 1 lit. e) DSGVO zu allen Datenschutzfragen zu beraten. Jedoch liegt die jeweilige Entscheidung, wie umfangreich und intensiv und in welcher Form die Aufsichtsbehörde ihre Sensibilisierungs- und Beratungsleistung erbringt, in ihrem pflichtgemäßen Ermessen.[38] Sie ist sicher nicht zu einer unentgeltlichen Compliance-Beratung verpflichtet, muss andererseits aber auch den Ansatz der Datenschutz-Grundverordnung zu einem präventiven Datenschutz ernst nehmen.

Mit diesem präventiven Ansatz will die Datenschutz-Grundverordnung verhindern, dass aus Unkenntnis oder Unverstand in Form von unzulässigen Datenverarbeitungsvorgängen vollendete Tatsachen geschaffen werden und in unzulässiger Weise Daten gesammelt und genutzt werden. Durch ihre Beratungstätigkeit sollen

---

[36]S. z.B. § 24 Abs. 1 HDSG.

[37]S. z.B. *Weichert,* Datenschutzberatung, in: Bäumler, Der neue Datenschutz, 1998, 213.

[38]S. hierzu z.B. *Nguyen,* ZD 2015, 269.

die Aufsichtsbehörden die sehr dynamische und sehr tiefgreifende Entwicklung in Wirtschaft und Verwaltung begleiten, die zu einer Digitalisierung aller Lebensbereiche führt. Sie soll in ihrer Beratung für Datenschutz werben, für Datenschutzrisiken sensibilisieren und technisch mögliche und wirtschaftlich tragfähige Lösungen für Datenschutzprobleme aufzeigen. Aus dieser Zielsetzung heraus ist es notwendig, die Beratung durch die Aufsichtsbehörden gegenüber heute zu verstärken. Zu beachten ist außerdem, dass die Beratung immer wieder zu einem Kontakt mit der technisch-wirtschaftlichen Entwicklung führt und die Aufsichtsbehörden mit den praktischen Problemen konfrontiert, die diese stellt. Die Beratung führt damit indirekt auch zu Kompetenzgewinnen innerhalb der Aufsichtsbehörden.

Eine Beratung mit dieser Zielsetzung setzt hohe juristische und technische Kompetenzen voraus, die gemeinsam und interdisziplinär die Beratung durchführen müssen. Nur mit dieser Doppelqualifikation wird die Beratung von den Verantwortlichen, Auftragsverarbeitern und Datenschutzbeauftragten ernst genommen und wert geschätzt. Als präventive Aufgabe kennt die aufsuchende Beratung keine Obergrenze, die sich aus der Natur der Sache ergibt. Vielmehr ist sie durch den Umfang der Ausstattung für Beratungsleistungen begrenzt. Da die Datenschutz-Grundverordnung der präventiven Beratung einen deutlich höheren Stellenwert zumisst, als ihr nach der bisherigen Rechtslage und Rechtspraxis zukommt, ist jedenfalls ein mäßiger Aufwuchs der Beratungskapazitäten jeder Aufsichtsbehörde erforderlich.

Letztlich liegt es im konkreten Aufgabenverständnis der Aufsichtsbehörde, in welchem Umfang und in welcher Intensität sie ihre Sensibilisierungs- und Beratungspflicht wahrnehmen will. Dieses eigene Aufgabenverständnis ist Teil ihrer Unabhängigkeit, das ihr Art. 52 DSGVO gewährleistet. Nimmt sie den präventiven Ansatz der Datenschutz-Grundverordnung ernst, der den kommunikativen Aufgaben der Aufsichtsbehörden allgemein und ihren Beratungstätigkeiten im Besonderen einen höheren Stellenwert zumisst als nach der bisherigen Rechtslage, ist dies von ihrer Unabhängigkeit gedeckt. Es entspricht ihrer zentralen Aufgaben, den Schutz der Grundrechte und Freiheiten durch gute Beratungsleistungen zu verbessern. Der durch die eigene Beratungskonzeption entstehende Mehraufwand ist entsprechend Art. 52 Abs. 4 DSGVO zu decken.

6.5.2 Beratung in speziellen Fällen

Die Datenschutz-Grundverordnung sieht nicht nur allgemein eine umfangreiche Beratung durch die Aufsichtsbehörden vor, sondern regelt auch spezielle Fälle, in denen eine Bratung ausdrücklich gefordert wird.

Eine solche Beratung sieht sie zum Beispiel bei der Datenschutz-Folgenabschätzung der Verantwortlichen gemäß Art. 35 DSGVO vor. Nach Art. 57 Abs. 1 lit. l) DSGVO hat die Aufsichtsbehörde im Rahmen der Konsultation nach Art. 36 Abs. 2 DSGVO Beratung in Bezug auf die dort genannten Verarbeitungsvorgänge zu leisten. Nach Erwägungsgrund 94 DSGVO sollte die Aufsichtsbehörde „das Beratungsersuchen innerhalb einer bestimmten Frist beantworten". Um gemäß dem Verfahren der vorherigen Konsultation nach Art. 36 DSGVO den Verantwortlichen zu beraten, stehen der Aufsichtsbehörde nach Art. 58 Abs. 3 lit. a) DSGVO alle notwendigen Beratungsbefugnisse zur Verfügung.[39] Diese Beratung werden die Verantwortlichen und Auftragsdatenverarbeiter intensiv in Anspruch nehmen, weil sie in der Regel in ihrem Unternehmen nicht über die erforderliche fachliche Expertise verfügen und das Risiko drastischer Sanktionen oder Schadensersatzansprüche nicht eingehen wollen.

Beratung bei datenschutzfreundlicher Technikgestaltung und Voreinstellung nach Art. 25 DSGVO ist zwar nicht ausdrücklich geregelt. Wenn diese nur hochabstrakt aufgestellte Anforderung durch die Verantwortlichen erfüllt werden soll, ist dies ohne eine aufsuchende Beratung des Verantwortlichen durch die Aufsichtsbehörde nicht möglich.[40] Soweit der Verantwortliche eine Datenschutz-Folgenabschätzung durchführen muss, hat die Aufsichtsbehörde im Rahmen der Konsultation nach Art. 36 Abs. 2 DSGVO die Gelegenheit, den Verantwortlichen zu Privacy by Design und Privacy by Default zu beraten.

Eine Beratung ist auch bei der Zertifizierung von Datenverarbeitungsvorgängen notwendig. Zum einen fordert Art. 42 Abs. 1 DSGVO von den Aufsichtsbehörden, die Einführung von datenschutzspezifischen Zertifizierungsverfahren sowie von Datenschutzsiegeln und -prüfzeichen zu fördern. Diese Aufgabe greift auch Art. 57 Abs. 1 lit. n) DSGVO auf und benennt als Pflichtaufgabe der Aufsichtsbehörde, „die Einführung von Datenschutzzertifizierungsmechanismen und von Datenschutzsiegeln und -prüfzeichen … an(zu)regen".[41] Zum anderen muss die Aufsichtsbehörde, wenn sie als Zertifizierungsinstanz tätig wird, mit dem antragstellenden Verantwortlichen besprechen, welche Maßnahmen er ergreifen muss, damit sein Datenverarbeitungsvorgang zertifizierungsfähig wird.[42] Beratung hat sie Aufsichtsbehörde auch bei der Erstellung von Verhaltensregeln zu geben. Nach Art. 57 Abs. 1 lit. m) DSGVO muss sie die Ausarbeitung

---

[39]S. hierzu näher Kap. 6.7.
[40]S. hierzu Kap. 6.8.
[41]S. hierzu Kap. 6.9.
[42]S. hierzu auch Kap. 5.3.4.

von Verhaltensregeln gemäß Art. 40 Abs. 1 DSGVO fördern und zu diesen Verhaltensregeln, die ausreichende Garantien im Sinn des Art. 40 Abs. 5 DSGVO
bieten müssen, „Stellungnahmen abgeben". Um eine Stellungnahme abgeben und
Entwürfe von Verhaltensregeln gemäß Art. 40 Abs. 5 DSGVO billigen zu können,
stehen der Aufsichtsbehörde nach Art. 58 Abs. 3 lit. d) DSGVO alle notwendigen
Beratungsbefugnisse zur Verfügung.[43]

Diese Beratungen in speziellen Fällen sind Bestandteil der Konsultation bei
einer Datenschutz-Folgenabschätzung, der Unterstützung bei der datenschutzfreundlichen Systemgestaltung, der Durchführung von Zertifizierungsverfahren
und der Begleitung und Genehmigung von Verhaltensregeln. Auch in weiteren
Verfahren der Zusammenarbeit zwischen Aufsichtsbehörde und Verantwortlichen
oder Auftragsverarbeitern spielen Beratungen eine Rolle. Diese Beratungstätigkeiten werden nicht hier, sondern ihm Rahmen der spezifischen Aufgaben der
Aufsichtsbehörde als zusätzlicher Arbeitsaufwand berücksichtigt.

6.6   Verhaltensregeln

Viele Regelungen der Datenschutz-Grundverordnung sind hochabstrakt und zu
allgemein, um in einem rechtsstaatlichen Verfahren vollzogen und sanktioniert
werden zu können. Sie bedürfen daher der Konkretisierung.[44] Große Hoffnun-
gen legt die Datenschutz-Grundverordnung darauf, dass Verbände oder andere
Vereinigungen konkretisierende Verhaltensregeln erstellen.[45] Diese sollen die
Aufsichtsbehörden unterstützen. Gemäß Art. 57 Abs. 1 lit. m) DSGVO „muss"
die Aufsichtsbehörde „die Ausarbeitung von Verhaltensregeln" gemäß Art. 40
Abs. 1 DSGVO „fördern".[46] Was „Fördern" bedeutet, bestimmt die Datenschutz-
Grundverordnung nicht. In der Literatur findet sich die Umschreibung, dass die
Aufsichtsbehörden ein „Umfeld schaffen müssen", in dem selbstregulatorische
Verhaltensregeln sich zu wirksamen Instrumenten datenschutzrechtlicher „Selbst-
kontrolle entwickeln können".[47] Auch diese Umschreibung sagt wenig über das
notwendige Engagement der Aufsichtsbehörde. Aufgrund der bisherigen (eher

---

[43]S. hierzu näher Kap. 6.6.

[44]S. hierzu *Roßnagel*, Das neue Datenschutzrecht, in: ders., Datenschutz-Grundverordnung,
2017, 59.

[45]S. Erwägungsgrund 98 DSGVO.

[46]S. hierzu auch Kap. 6.5.2.

[47]*Paal*, in: Paal/Pauli, DSGVO, Art. 40 Rn. 5.

schlechten) Erfahrungen mit datenschutzrechtlichen Verhaltensregeln in Deutschland und Europa[48] wird der Zweck des Förderns nur erreicht werden können, wenn die Aufsichtsbehörde initiativ wird, auf die betroffenen Verantwortlichen und Verbände aktiv zugeht und bei diesen für die Konkretisierung von Vorgaben der Verordnung durch Verhaltensregeln aktiv wirbt.

Verhaltensregeln von interessierten Verbänden sehen auch Art. 27 DSRL und § 38a BDSG vor. Art. 27 Abs. 1 DSRL erwartet, dass die Kommission und die Mitgliedstaaten die Ausarbeitung von Verhaltensregeln fördern. Keine bisher geltende Vorschrift fordert jedoch von den Aufsichtsbehörden, die Erstellung von Verhaltensregeln zu fördern. Das Bundesdatenschutzgesetz kennt überhaupt keine Pflicht zur Förderung. Beide Regelwerke enthalten nur die Möglichkeit für Verbände, ihre Verhaltensregeln den Aufsichtsbehörden zu unterbreiten. In diesem Fall überprüft die Aufsichtsbehörde nach Art. 27 Abs. 2 UAbs. 2 DSRL und § 38a Abs. 2 BDSG die Vereinbarkeit der ihr unterbreiteten Entwürfe mit dem geltenden Datenschutzrecht.

Soll die Initiative einer Aufsichtsbehörde zur Förderung von Verhaltensregeln erfolgreich sein, erfordert sie einen hohen Aufwand. Sie muss in einem Verband nicht nur die Leitung davon überzeugen, dass branchenspezifische Verhaltensregeln zum Datenschutz dem Verband Vorteile bringen. Sie muss auch ausreichend viele Mitglieder gewinnen, dass am Anfang der Arbeiten zumindest ein repräsentativer Arbeitskreis zustande kommt, der die Ausarbeitung eines Entwurfs der Verhaltensregeln übernimmt. Dieser Entwurf wird – wie die Erfahrung zeigt – in vielen Runden mit der zuständigen Aufsichtsbehörde und dem Düsseldorfer Kreis verhandelt und modifiziert werden. Am Ende muss in dem Verband die Mehrheit der Mitglieder überzeugt werden, für den vorgelegten und mit den Aufsichtsbehörden abgestimmten Entwurf zu stimmen. Wenn die Pflicht der Datenschutz-Grundverordnung zur Förderung von Verhaltensregeln ernst genommen wird, muss dieser zusätzliche Arbeitsaufwand durch entsprechende Personalressourcen ermöglicht werden.

6.7 Datenschutz-Folgenabschätzung

Ein weitgehend neues Instrument ist die Datenschutz-Folgenabschätzung.[49] Sie ist nach Art. 35 Abs. 1 DSGVO vom Verantwortlichen durchzuführen, wenn dessen Verarbeitungsvorgänge „voraussichtlich ein hohes Risiko für die Rechte und Freiheiten natürlicher Personen zur Folge" haben.[50]

---

[48]S. z.B. *Kranig/Peintinger*, ZD 2014, 3 ff.
[49]S. hierzu Kap. 5.3.1.
[50]S. zu den Voraussetzungen einer Datenschutz-Folgenabschätzung näher Kap. 5.3.1.

In diesen Fällen muss der Verantwortliche vorab „eine Abschätzung der Folgen der vorgesehenen Verarbeitungsvorgänge für den Schutz personenbezogener Daten" durchführen. Mit ihr sind die spezifische „Eintrittswahrscheinlichkeit und die Schwere dieses hohen Risikos unter Berücksichtigung der Art, des Umfangs, der Umstände und der Zwecke der Verarbeitung und der Ursachen des Risikos" zu bewerten.[51] Dabei sollen vor allem „die Ursache, Art, Besonderheit und Schwere dieses Risikos evaluiert werden".[52] Diese Folgenabschätzung dient dazu, dass die Verordnung insbesondere „in Fällen, in denen die Verarbeitungsvorgänge wahrscheinlich ein hohes Risiko für die Rechte und Freiheiten natürlicher Personen mit sich bringen, besser eingehalten wird".[53] Ihre Ergebnisse sollen berücksichtigt werden,[54] „wenn darüber entschieden wird, welche geeigneten Maßnahmen ergriffen werden müssen, um nachzuweisen, dass die Verarbeitung der personenbezogenen Daten mit dieser Verordnung in Einklang steht".[55] Die Folgenabschätzung „sollte sich insbesondere mit den Maßnahmen, Garantien und Verfahren befassen, durch die dieses Risiko eingedämmt, der Schutz personenbezogener Daten sichergestellt und die Einhaltung der Bestimmungen dieser Verordnung nachgewiesen werden soll".[56] Geht aus einer Datenschutz-Folgenabschätzung hervor, dass Verarbeitungsvorgänge ein hohes Risiko bergen, das der Verantwortliche nicht durch geeignete Maßnahmen … eindämmen kann", weil keine geeignete Technik verfügbar ist oder die Implementierungskosten zu hoch sind, „so sollte die Aufsichtsbehörde vor der Verarbeitung konsultiert werden".[57]

Bis zum 24. Mai 2018 ist in vergleichbaren Fällen eine Vorabkontrolle gemäß Art. 20 DSRL durchzuführen. Die Umsetzung dieser Regelung in § 4d Abs. 5 und 6 BDSG und in den entsprechenden Datenschutzgesetzen der Länder wird ab dem 25. Mai 2018 durch den Anwendungsvorrang der Art. 35 und 36 DSGVO

---

[51] Erwägungsgrund 90 DSGVO.

[52] Erwägungsgrund 84 DSGVO.

[53] Erwägungsgrund 84 DSGVO.

[54] Während die nicht oder nicht ordnungsgemäße Datenschutz-Folgenabschätzung nach Art. 83 Abs. 4 lit. a) DSGVO mit einem Bußgeld von bis zu 10.000.000 € bewehrt ist, bleibt die nicht ordnungsgemäße Umsetzung ihrer Ergebnisse ohne Sanktion – s. z.B. *Laue/Nink/Kremer*, Das neue Datenschutzrecht, 2017, 233.

[55] Erwägungsgrund 84 DSGVO.

[56] Erwägungsgrund 90 DSGVO.

[57] Erwägungsgrund 84 DSGVO.

verdrängt.[58] Die dort geregelte Datenschutz-Folgenabschätzung verfolgt das gleiche Ziel wie die Vorabkontrolle, nämlich besondere Risiken für die Rechte und Freiheiten der Betroffenen zu erkennen und geeignete Schutzmaßnahmen vorzusehen. Die Datenschutz-Folgenabschätzung hat jedoch einen breiteren Anwendungsbereich. Während die Vorschriften zur Vorabkontrolle deren Durchführung offen lassen, enthalten Art. 35 und 36 DSGVO spezifische Regelungen hierzu.[59] Vor allem die Aufgabe der Aufsichtsbehörde wird neu bestimmt. Bisher wird die Vorabkontrolle durch den betrieblichen oder behördlichen Datenschutzbeauftragten durchgeführt. Für die Datenschutz-Folgenabschätzung ist der Verantwortliche zuständig, der Datenschutzbeauftragte hat nach Art. 35 Abs. 2 DSGVO nur noch eine beratende Rolle. Dafür ändert sich aber die Rolle der Aufsichtsbehörde beträchtlich. Während sie bisher allenfalls eine Aufsicht über die Vorabkontrolle ausübte, ist sie künftig für die Festlegung des Anwendungsbereichs, für die Initiative zur Datenschutz-Folgenabschätzung, für die Unterstützung in der Durchführung, für die Konsultation zu ihren Ergebnissen, für Empfehlungen zu Datenschutzmaßnahmen und für die Prüfung des erreichten Datenschutzes zuständig.

6.7.1 Anregung zur Datenschutz-Folgenabschätzung

Wie Erwägungsgrund 84 DSGVO betont, hat die Datenschutz-Folgenabschätzung eine hohe Bedeutung für den Schutz der Rechte und Freiheiten natürlicher Personen und die Einhaltung der Vorgaben der Datenschutz-Grundverordnung. Dementsprechend müssen nach Art. 57 Abs. 1 lit. a) DSGVO die Aufsichtsbehörden überwachen und durchsetzen, dass die Datenschutz-Folgenabschätzung in allen Fällen durchgeführt wird, für die Art. 35 Abs. 1 DSGVO sie vom Verantwortlichen einfordert. Die Aufsichtsbehörde kann sich nicht darauf verlassen, dass alle Verantwortlichen aus eigenem Antrieb die Datenschutz-Folgenabschätzung durchführen und die Aufsichtsbehörde von sich aus konsultieren. Ob die vorgesehene Datenverarbeitung „wahrscheinlich ein hohes Risiko für die Rechte und

---

[58]S. *Marschall*, Datenschutz-Folgenabschätzung und Dokumentation, in. Roßnagel, Datenschutz-Grundverordnung, 2017, 159f. Die Vorabkontrolle wird im BDSG-E auch nicht übernommen.

[59]*Marschall*, Datenschutz-Folgenabschätzung und Dokumentation, in: Roßnagel, Datenschutz-Grundverordnung, 2017, 158. Dagegen erwartet *Gierschmann*, ZD 2016, 53, gegenüber der Vorabkontrolle „eigentlich nichts Neues".

Freiheiten der betroffenen Personen mit sich bringt, insbesondere weil sie die betroffenen Personen an der Ausübung eines Rechts oder der Nutzung einer Dienstleistung bzw. Durchführung eines Vertrags hindern oder weil sie systematisch in großem Umfang erfolgen", entscheidet nach Erwägungsgrund 91 DSGVO die „Auffassung der zuständigen Aufsichtsbehörde". Sie hat daher die Verantwortlichen nach Art. 57 Abs. 1 lit. d) DSGVO für ihre Pflicht zur Datenschutz-Folgenabschätzung zu sensibilisieren, bekanntgewordene geplante und laufende Vorhaben zur Datenverarbeitung auf diese Pflicht hin zu überprüfen und die Verantwortlichen dazu zu bringen, ihre Pflicht zu erfüllen.

Die Aufsichtsbehörde darf nicht warten, ob Verantwortliche sich an sie wenden und sie nach Art. 36 DSGVO konsultieren. Vielmehr muss sie – nach ihrer Kenntnis der Verantwortlichen in ihrem Zuständigkeitsbereich und erst Recht bei Hinweisen oder eigenen Erkenntnissen – initiativ werden und das Erfordernis einer Datenschutz-Folgenabschätzung überprüfen. Hierzu muss sie in vielen Fällen die Verantwortlichen und ihre Datenverarbeitungsvorgänge erst einmal kennenlernen. Um systematisch vorzugehen, muss sie die für eine Datenschutz-Folgenabschätzung in Frage kommenden Unternehmen und Behörden erfassen und nach ihren abstrakten Datenschutzrisiken einordnen. Sie muss mit ihnen Kontakt aufnehmen und sie in vielen Fällen auch besuchen und beraten. Bei den Verantwortlichen ist mit einem erheblichen Beratungsbedarf zu rechnen, da für sie die Datenschutz-Folgenabschätzung neu ist und ihre abstrakten Voraussetzungen und Anforderungen eine hohe Rechtsunsicherheit verursachen.

Für die erste Einschätzung der Datenschutzrisiken hilft das Verzeichnis der Verarbeitungstätigkeiten, das die Verantwortlichen nach Art. 30 DSGVO führen und auf Anfrage der Aufsichtsbehörde zur Verfügung stellen müssen.[60] Die Prüfung der Voraussetzungen ist dann besonders umfangreich und schwierig, wenn sie nicht einen Fall betrifft, den die Aufsichtsbehörde in einer Liste der notwendigen Datenschutz-Folgenabschätzungen nach Art. 35 Abs. 4 DSGVO aufgeführt hat.[61] Die Datenschutz-Folgenabschätzung ist jedoch nicht auf die typischen Fälle beschränkt, die in der Positivliste nach Art. 35 Abs. 4 DSGVO aufgenommen

---

[60]S. zur Dokumentationspflicht *Marschall*, in: Roßnagel, Europäische Datenschutzgrund-Verordnung, 2017, 156 ff.; s. auch *Gierschmann*, ZD 2016, 52; *Laue/Nink/Kremer*, Das neue Datenschutzrecht, 2017, 248 ff.; *Gossen/Schramm*, ZD 2017, 7; *Lepperhoff*, RDV 2016, 197.
[61]Zur Pflicht, eine solche Liste aufzustellen, s. Kap. 5.3.1 und das folgende Kapitel 6.7.2.

sind,[62] sondern gilt auch für „alle anderen Vorgänge, bei denen nach Auffassung der zuständigen Aufsichtsbehörde die Verarbeitung wahrscheinlich ein hohes Risiko für die Rechte und Freiheiten der betroffenen Personen mit sich bringt".[63] In diesen eher untypischen Fällen muss die Aufsichtsbehörde umfangreiche Untersuchungen und Abschätzung durchführen, um zu ihrer in Erwägungsgrund 91 DSGVO erwähnten Auffassung der Notwendigkeit einer Datenschutz-Folgenabschätzung zu gelangen. Dies wird einen hohen Beratungsbedarf für die zur Datenschutz-Folgenabschätzung Verpflichteten nach sich ziehen.[64]

6.7.2 Regelsetzung zur Datenschutz-Folgenabschätzung

Diese Beratungsaufgabe wird erheblich erleichtert, wenn die Aufsichtsbehörden gemäß Art. 35 Abs. 4 und Art. 57 Abs. 1 lit. k) und Art. 35 Abs. 4 DSGVO „eine Liste der Verarbeitungsarten erstellen und führen, für die … eine Datenschutz-Folgenabschätzung durchzuführen ist".[65] Die Liste ist insbesondere dann hilfreich, wenn die Aufsichtsbehörde sie mit viel Mühe in detaillierter und differenzierungsstarker Weise aufgestellt hat.

Neben dieser Positivliste „kann" die Aufsichtsbehörde nach Art. 35 Abs. 5 DSGV „des Weiteren eine Liste der Arten von Verarbeitungsvorgängen erstellen und veröffentlichen, für die keine Datenschutz-Folgenabschätzung erforderlich ist". Beide Listen, die Positivliste und die Negativliste, sind nach ihrem Beschluss zu veröffentlichen und dem Europäischen Datenschutzausschuss zu übermitteln.

Auch für die Negativliste gilt,[66] dass die Aufsichtsbehörde, bevor sie die Liste endgültig beschließen kann, nach Art. 35 Abs. 6 DSGVO das Kohärenzverfahren gemäß Art. 64 und 65 DSGVO durchführen muss, wenn die Liste grenzüberschreitende Verarbeitungsvorgänge betrifft.

Im Gegensatz zur Positivliste, die die Aufsichtsbehörde erstellen muss, liegt das Erstellen einer Negativliste im Ermessen der Aufsichtsbehörde. Eine Negativliste erleichtert – ebenso wie die Positivliste – der Aufsichtsbehörde die Einschätzung, ob eine Datenschutz-Folgenabschätzung im konkreten Fall notwendig ist.

---

[62]Die Positivliste ist nicht abschließend – s. z.B. auch *Laue/Nink/Kremer*, Das neue Datenschutzrecht, 2017, 237.

[63]Erwägungsgrund 91 DSGVO.

[64]S. hierzu *Laue/Nink/Kremer*, Das neue Datenschutzrecht, 2017, 238.

[65]Zu dieser Pflicht der Aufsichtsbehörde s. näher Kap. 5.3.1.

[66]Für die Positivliste s. Kap. 5.3.1.

Je nach Ausgestaltung kann eine solche Liste sie aber auch in ihrer Einschätzung im konkreten Fall einschränken. Da es in ihrem Ermessen liegt, wird die Aufsichtsbehörde eine Negativliste nur dann erstellen, wenn sie sich dadurch auch eine Arbeitserleichterung verspricht. Sie kann sich dabei an dem Vorbild anderer Aufsichtsbehörden oder Beispielen des Unionsgesetzgebers orientieren.[67] Die Negativliste muss nicht unbedingt bis zum 25. Mai 2018 erstellt sein. Es kann sich sogar als vorteilhaft erweisen, mit ihrer Erstellung zu warten, bis tatsächlich ein praktischer Bedarf entsteht. Der Arbeitsaufwand für die Negativliste entsteht vor allem für ihre Erstellung und die Durchführung des Kohärenzverfahrens, zu späteren Zeitpunkten für ihre Überprüfung und Anpassung.

6.7.3 Entwicklung einer Konzeption zur Durchführung

Wie die Datenschutz-Folgenabschätzung durchzuführen ist, regelt die Datenschutz-Grundverordnung weder präzis noch abschließend.[68] Sie nennt in Art. 35 Abs. 7 DSGVO lediglich vier Mindestinhalte der Datenschutz-Folgenabschätzung in sehr abstrakter Weise. Danach hat sie „zumindest" a) eine „systematische Beschreibung der geplanten Verarbeitungsvorgänge und der Zwecke der Verarbeitung", b) eine „Bewertung der Notwendigkeit und Verhältnismäßigkeit der Verarbeitungsvorgänge in Bezug auf den Zweck", c) eine „Bewertung der Risiken für die Rechte und Freiheiten der betroffenen Personen" und d) die „zur Bewältigung der Risiken geplanten Abhilfemaßnahmen" zu umfassen.

Damit die Datenschutz-Folgenabschätzung einheitlich, effektiv und mit vergleichbaren Ergebnissen durchgeführt wird, ist eine Konzeption notwendig, die viel präziser bestimmt, in welchem Verfahren mit welchen Methoden nach welchen Kriterien welche Ergebnisse festgestellt werden müssen.[69] Nur wenn eine

---

[67]Nach Erwägungsgrund 91 DSGVO sollte „die Verarbeitung personenbezogener Daten ... nicht als umfangreich gelten, wenn die Verarbeitung personenbezogene Daten von Patienten oder von Mandanten betrifft und durch einen einzelnen Arzt, sonstigen Angehörigen eines Gesundheitsberufes oder Rechtsanwalt erfolgt. In diesen Fällen sollte eine Datenschutz-Folgenabschätzung nicht zwingend vorgeschrieben sein."

[68]Daraus schließen *Laue/Nink/Kremer*, Das neue Datenschutzrecht, 2017, 233, 239, dass dies im Ermessen des Verantwortliche liege.

[69]S. *Marschall*, Datenschutz-Folgenabschätzung und Dokumentation, in: Roßnagel, Datenschutz-Grundverordnung, 2017, 161f.; zur Rechtsunsicherheit s. auch *Laue/Nink/Kremer*, Das neue Datenschutzrecht, 2017, 234.

solche Konzeption erarbeitet[70] und unter den Aufsichtsbehörden abgestimmt worden ist, kann sowohl die Datenschutz-Folgenabschätzung durch den Verantwortlichen als auch die Konsultation hierzu durch die Aufsichtsbehörde in einer Weise durchgeführt werden, dass die Ziele, die die Datenschutz-Grundverordnung mit diesem Instrument verfolgt, auch erreicht werden. Auch bezogen auf die näheren Anforderungen an die Datenschutz-Folgenabschätzung übernehmen die Aufsichtsbehörden eine Aufgabe, die der Unionsgesetzgeber versäumt hat.

Teil dieser Konzeption müssen auch Regeln sein, wie der Verantwortliche die Anforderung des Art. 35 Abs. 9 DSGVO erfüllt, „gegebenenfalls" den Standpunkt der betroffenen Personen oder ihrer Vertreter zu der beabsichtigten Verarbeitung einzuholen und diese Beteiligung mit dem Schutz gewerblicher oder öffentlicher Interessen oder der Sicherheit der Verarbeitungsvorgänge abzuwägen.[71]

Diese Konzeption erfordert auch Vorgaben, wie und wann der Verantwortliche gemäß Art. 35 Abs. 11 DSGVO „erforderlichenfalls" seine Datenverarbeitung überprüft, „um zu bewerten", ob sie „gemäß der Datenschutz-Folgenabschätzung durchgeführt wird". Diese Überprüfung wird „zumindest" immer dann notwendig sein, „wenn hinsichtlich des mit den Verarbeitungsvorgängen verbundenen Risikos Änderungen eingetreten sind".

Die Aufgabe, eine solche Konzeption zu erarbeiten, könnte theoretisch auch in bereichs- oder branchenspezifischen Verhaltensregeln nach Art. 40 DSGVO erfüllt werden.[72] Zu Recht sieht jedoch die Datenschutz-Grundverordnung diese Aufgabe nicht im Beispielskatalog von Themen für Verhaltensregeln in Art. 40 Abs. 2 DSGVO vor. Vielmehr fordert Art. 35 Abs. 8 DSGVO, dass die Einhaltung genehmigter Verhaltensregeln gemäß Art. 40 DSGVO durch Verantwortliche oder Auftragsverarbeiter gebührend zu berücksichtigen ist, wenn im Rahmen der Datenschutz-Folgenabschätzung die Auswirkungen von Verarbeitungsvorgängen zu beurteilen sind. Dagegen sieht sie nicht vor, ein stimmiges Konzept für Verfahren, Methoden und Kriterien der Datenschutz-Folgenabschätzung in bereichs- und branchenspezifischen Verhaltensregeln festzulegen. Ein solches Konzept muss für einen bestimmten Zuständigkeitsbereich, am besten für den gesamten Anwendungsbereich der Verordnung einheitlich sein, und in naher Zukunft vorliegen. Beides kann über Verhaltensregeln nach Art. 40 DSGVO nicht erreicht werden.

---

[70]S. hierzu z.B. *Friedewald u.a.*, Datenschutz-Folgenabschätzung; *Hansen*, DuD 2016, 587 ff.

[71]S. hierzu z.B. *Laue/Nink/Kremer*, Das neue Datenschutzrecht, 2017, 244 ff.

[72]S. dazu *Laue/Nink/Kremer*, Das neue Datenschutzrecht, 2017, 241.

Umgehend Einheitlichkeit und Effektivität der Datenschutz-Folgenabschätzung zu erreichen, ist insbesondere hinsichtlich der Aufgabe notwendig, die Art. 35 Abs. 7 lit. d) DSGVO andeutet. Danach soll die Datenschutz-Folgenabschätzung „Abhilfemaßnahmen einschließlich Garantien, Sicherheitsvorkehrungen und Verfahren" feststellen, „durch die der Schutz personenbezogener Daten sichergestellt und der Nachweis dafür erbracht wird, dass diese Verordnung eingehalten wird, wobei den Rechten und berechtigten Interessen der betroffenen Personen und sonstiger Betroffener Rechnung getragen wird".

Diese Aufgabe einer einheitlichen und effektiven Konzeption der Datenschutz-Folgenabschätzung kann nur von den Aufsichtsbehörden und dem Datenschutzausschuss erfüllt werden.[73] Die Aufsichtsbehörden sind nach Art. 36 Abs. 2 DSGVO aufgefordert, dem Verantwortlichen geeignete Empfehlungen zu unterbreiten, die den Schutz der Grundrechte und Freiheiten der Betroffenen sicherstellen. Diese Anforderung können sie nur dann effektiv und einheitlich erfüllen, wenn sie sich auf ein entsprechendes Konzept der Datenschutz-Folgenabschätzung stützen können. Der Europäische Datenschutzausschuss ist gemäß Art. 70 Abs. 1 lit. e) DSGVO aufgefordert, „Leitlinien, Empfehlungen und bewährte Verfahren zwecks Sicherstellung einer einheitlichen Anwendung dieser Verordnung" bereitzustellen.

Die Erstellung der Konzeption erfordert umfangreiche und sorgfältige Arbeiten, weil es sich eigentlich um eine gesetzgeberische Aufgabe handelt. Hierfür sind qualitativ hochwertige Anstrengungen notwendig, die hohe juristische, technische und organisatorische Kenntnisse erfordern. Diese Aufgabe ist eine Gemeinschaftsaufgabe der Aufsichtsbehörden und des Europäische Datenschutzausschusses, die ein hohes Maß an Abstimmungen erfordert. Bis zur Geltung der Datenschutz-Grundverordnung und der Konstituierung des Europäischen Datenschutzausschusses kann die Art. 29-Arbeitsgruppe dessen koordinierende Aufgabe übernehmen. An der Gemeinschaftsaufgabe muss sich nicht jede Aufsichtsbehörde eines jeden Bundeslandes gleich intensiv beteiligen. Die Aufsichtsbehörden, die sich mit der Datenschutz-Folgenabschätzung schon befasst haben, sollten ihre Kenntnisse und eventuell auch Erfahrungen in diese Gemeinschaftsarbeit einbringen. Wenn sie dies tun, ist dies jedenfalls durch die Datenschutz-Grundverordnung geboten und kann nicht als behördenfremde Aufgabe angesehen werden. Alle anderen Aufsichtsbehörden sollten den Entstehungsprozess der Konzeption jedoch eng begleiten und verfolgen, um die

---

[73]S. zu Vorarbeiten s. *Friedewald u.a.*, White Paper Datenschutz-Folgenabschätzung, 2016.

notwendigen Kompetenzen aufzubauen, um die Konsultation im Sinn des Art. 36 DSGVO durchführen zu können.

Die Arbeit an der Konzeption der Datenschutz-Folgenabschätzung sollte bis zum 25. Mai 2018 weitgehend erledigt sein. Ebenso sollten die Operationalisierungen dieser Konzeption in Form von Verfahrensanleitungen, Ablaufplänen, Mustern, Formularen und ähnlichen Arbeitshilfen bis dahin umgesetzt sein, um mit Geltung der Datenschutz-Grundverordnung auch bereits Datenschutz-Folgenabschätzungen durchführen zu können. Nach dem Jahr 2018 werden weitere Arbeiten an der Konzeption notwendig sein, da erst nach Geltung der Datenschutz-Grundverordnung mit der Datenschutz-Folgenabschätzung Erfahrungen gewonnen und Praxiskenntnisse erworben werden können. Dies wird zu vielfältigen Erörterungen und zu mehrfachen Anpassungen der Konzeption an die Erfordernisse der Praxis führen, die von Aufsichtsbehörden erbracht werden müssen.

6.7.4 Konsultation und Überprüfung des Verantwortlichen

Nach Art. 36 Abs. 1 DSGVO ist der Verantwortliche verpflichtet, vor der Verarbeitung personenbezogener Daten die Aufsichtsbehörde zu „konsultieren", „wenn aus einer Datenschutz-Folgenabschätzung … hervorgeht, dass die Verarbeitung ein hohes Risiko zur Folge hätte, sofern der Verantwortliche keine Maßnahmen zur Eindämmung des Risikos trifft".[74]

„Falls die Aufsichtsbehörde der Auffassung ist, dass die geplante Verarbeitung … nicht im Einklang mit" der Datenschutz-Grundverordnung „stünde, insbesondere weil der Verantwortliche das Risiko nicht ausreichend ermittelt oder nicht ausreichend eingedämmt hat, unterbreitet sie" nach Art. 36 Abs. 2 DSGVO „dem Verantwortlichen und gegebenenfalls dem Auftragsverarbeiter innerhalb eines Zeitraums von bis zu acht Wochen nach Erhalt des Ersuchens um Konsultation entsprechende schriftliche Empfehlungen" zur verordnungskonformen Gestaltung seiner Datenverarbeitung.[75] Sollte die Aufsichtsbehörde innerhalb der in Art. 36 Abs. 2 DSGVO genannten Fristen keine positive Rückmeldung gegeben oder schriftliche Empfehlungen zur Nachbesserung vorgelegt haben, wird in der Literatur empfohlen, gegen die Aufsichtsbehörde Untätigkeitsklage zu erheben.[76]

---

[74]S. hierzu näher Kap. 5.3.2.
[75]S. hierzu näher Kap. 5.3.2.
[76]*Laue/Nink/Kremer*, Das neue Datenschutzrecht, 2017, 244.

Nach Art. 57 Abs. 1 lit. l) DSGVO wird diese Aufgabe der Aufsichtsbehörde nicht ganz so förmlich formuliert wie in Art. 36 DSGVO. Danach soll sie „Beratung" in Bezug auf die in Art. 36 Abs. 2 DSGVO genannten Verarbeitungsvorgänge leisten. Diese Beratung sollte vor allem zum Gegenstand haben, wie die Verantwortlichen vorgehen können, um den Einsatz der in Art. 58 DSGVO genannten Befugnisse[77] zu vermeiden. Diese Beratung werden die Verantwortlichen vielfach anfordern, weil sie sehr unsicher sind, welche Maßnahmen sie nach der Datenschutz-Folgenabschätzung vornehmen müssen oder sollen. Die Beratung erfordert einen mehrfachen Austausch von Informationen zwischen der Aufsichtsbehörde und dem Verantwortlichen, die Konzipierung von Gestaltungsvorschlägen für die Verarbeitungsvorgänge und die Erörterung von Alternativen. Diese Beschreibung der Aufgabe kommt der tatsächlich erforderlichen gemeinsamen Suche nach Lösungen erheblich näher als der in Art. 36 Abs. 2 DSGVO dargestellte Ablauf eines formellen Mindestverfahrens.

Manche Frage des Verantwortlichen kann vermutlich dessen Datenschutzbeauftragter abfangen. Doch vielfach werden sich die Datenschutzbeauftragten ratsuchend an die Aufsichtsbehörde wenden, um gerade bei diesem neuen Instrument keine Fehler zu begehen.

Die Aufsichtsbehörde muss es bei schwierigen Fällen nicht bei einer Beratung belassen. Vielmehr „kann" sie, „auch wenn sie nicht innerhalb dieser Frist (des Art. 36 Abs. 2 DSGVO) reagiert hat", gemäß Erwägungsgrund 94 DSGVO „entsprechend ihren in dieser Verordnung festgelegten Aufgaben und Befugnissen eingreifen, was die Befugnis einschließt, Verarbeitungsvorgänge zu untersagen".

6.7.5   Konsultation des Gesetz- und Verordnungsgebers

Nach Art. 35 Abs. 10 DSGVO ist für Verarbeitungsvorgänge, die in Art. 6 Abs. 1 UAbs. 1 lit. c) (Verpflichtung zur Datenverarbeitung) oder e) DSGVO (Datenverarbeitung im öffentlichen Interesse oder zur Ausübung öffentlicher Gewalt) genannt sind, keine projektbezogene Datenschutz-Folgenabschätzung erforderlich. Voraussetzung ist zum einen, dass diese Verarbeitungsvorgänge ihre Rechtsgrundlage im Unionsrecht oder im Recht des Mitgliedstaats finden und diese Rechtsvorschriften den konkreten Verarbeitungsvorgang regeln. Zum

---

[77]Diese kann die Aufsichtsbehörde nach Art. 36 Abs. 2 DSGVO auch im Rahmen der Konsultation ausüben.

anderen muss im Zusammenhang mit dem Erlass dieser Rechtsgrundlage eine allgemeine Folgenabschätzung erfolgt sein.[78] Eine projektbezogene Datenschutz-Folgenabschätzung erfolgt dann nur noch, wenn die Mitgliedstaaten festlegen, vor den betreffenden Verarbeitungstätigkeiten eine solche Folgenabschätzung durchzuführen.[79]

Soweit nach Art. 35 Abs. 10 DSGVO eine projektbezogene durch eine gesetzgebungsbezogene Datenschutz-Folgenabschätzung ersetzt wird, haben die Mitgliedstaaten nach Art. 36 Abs. 4 DSGVO die Aufsichtsbehörde zu konsultieren, wenn sie einen „Vorschlag für von einem nationalen Parlament zu erlassende Gesetzgebungsmaßnahmen oder von auf solchen Gesetzgebungsmaßnahmen basierenden Regelungsmaßnahmen, die die Verarbeitung betreffen", ausarbeiten.[80] Diese Konsultation sollte nach Erwägungsgrund 96 DSGVO erfolgen, „um die Vereinbarkeit der geplanten Verarbeitung mit dieser Verordnung sicherzustellen und insbesondere das mit ihr für die betroffene Person verbundene Risiko einzudämmen".

Diese Konsultation hat jede Aufsichtsbehörde durchzuführen, wenn für ihren Zuständigkeitsbereich der Gesetz- oder Verordnungsgeber eine regelungsbezogene Datenschutz-Folgenabschätzung durchzuführen hat. Für diese Folgenabschätzungen gelten die Vorgaben der Abs. 1 bis 7 des Art. 35 DSGVO nicht. Die Aufsichtsbehörde muss sich für diese Form der Konsultation und Beratung eigene Konzepte und Empfehlungsmuster erarbeiten. Diese Aufgabe kann durch die Kooperation mit anderen Aufsichtsbehörden erleichtert werden, muss aber für jeden Einzelfall neu konkretisiert werden. Diese Mitwirkung im Gesetzgebungsverfahren erfordert von der Aufsichtsbehörde quasi-gesetzgeberische Tätigkeit und setzt eine hohe juristische Qualifikation voraus.[81]

Wie umfangreich diese Tätigkeit der Aufsichtsbehörde künftig sein wird, hängt stark davon ab, welche Möglichkeit, die Art. 35 Abs. 10 DSGVO in das

---

[78]S. z.B. *Marschall*, Datenschutz-Folgenabschätzung und Dokumentation, in: Roßnagel, Datenschutz-Grundverordnung, 2017, 163; *Kühling/Martini u.a.*, Die Datenschutz-Grundverordnung, 2016, 89.

[79]S. hierzu auch Erwägungsgrund 93 DSGVO; s. hierzu auch *Marschall*, Datenschutz-Folgenabschätzung und Dokumentation, in: Roßnagel, Datenschutz-Grundverordnung, 2017, 157.

[80]S. *Kühling/Martini u.a.*, Die Datenschutz-Grundverordnung, 2016, 92.

[81]Diese Mitwirkung an einer gesetzgeberischen Datenschutz-Folgenabschätzung unterscheidet sich in Umfang und Intensität erheblich von der allgemeinen rechtspolitischen Beratung, die Aufsichtsbehörde auch bisher schon wahrnehmen – s. zu dieser Kap. 6.4.

Ermessen des Mitgliedstaats stellt, der deutsche Gesetzgeber wählt. Nach dieser Vorschrift kann er für einzelne Bereiche der Datenverarbeitung, die von dieser Vorschrift erfasst sind, wählen, ob er allgemeine gesetzgebungsbezogene Folgenabschätzungen vorschreibt oder projektbezogene Folgenabschätzungen für einzelne Verarbeitungstätigkeiten fordert. Für die Mitwirkung in beiden Formen der Datenschutz-Folgenabschätzung sind die Aufsichtsbehörden verpflichtet. Nehmen die Folgenabschätzungen für eine Form zu, verringern sich die Folgenabschätzungen für die andere Form. Eine gesetzgebungsbezogene Folgenschätzung dürfte mehrere projektbezogene Folgenabschätzungen ersetzen, erfordert aber einen höheren Arbeitsaufwand als eine einzelne projektbezogene Folgenabschätzung, weil alle von der Rechtsnorm erfassten Datenverarbeitungsvorgänge berücksichtigt werden müssen. Im Endergebnis wird dies keinen großen Unterschied machen, weil bei mehreren projektbezogenen Folgenabschätzungen eine gewisse Routinisierung eintreten dürfte. Von dieser Regelungsmöglichkeit hat der Bundesgesetzgeber im Entwurf eines neuen Bundesdatenschutzgesetzes keinen Gebrauch gemacht. Wie Bundesgesetzgeber bei der Anpassung des Fachrechts an die Datenschutz-Grundverordnung vorgeht und wie die Landesgesetzgeber bei der Neuregelung ihres Datenschutzrechts diese Möglichkeit nutzen, ist derzeit noch offen.

Ohne dass die Voraussetzungen des Art. 36 Abs. 1 DSGVO vorliegen müssen, können nach Art. 36 Abs. 5 DSGVO die Mitgliedstaaten Verantwortliche, die personenbezogene Daten verarbeiten, um eine im öffentlichen Interesse liegende Aufgabe zu erfüllen, einschließlich zu Zwecken der sozialen Sicherheit und der öffentlichen Gesundheit, gesetzlich verpflichten, die Aufsichtsbehörde zu konsultieren und deren vorherige Genehmigung einzuholen. In diesem Fall müsste die Aufsichtsbehörde zusätzlich zur Konsultation und Beratung auch noch ein Genehmigungsverfahren durchführen. Eine solche Regelung ist allerdings in Deutschland derzeit noch nicht vorgesehen.

6.8   Datenschutz durch Systemgestaltung

„Zum Schutz der in Bezug auf die Verarbeitung personenbezogener Daten bestehenden Rechte und Freiheiten natürlicher Personen ist es erforderlich, dass geeignete technische und organisatorische Maßnahmen getroffen werden, damit die Anforderungen dieser Verordnung erfüllt werden. Um die Einhaltung dieser Verordnung nachweisen zu können, sollte der Verantwortliche interne Strategien festlegen und Maßnahmen ergreifen, die insbesondere den Grundsätzen des Datenschutzes durch Technik (Data Protection by Design) und

durch datenschutzfreundliche Voreinstellungen (Data Protection by Default)
Genüge tun."[82]
    Um dieses Konzept eines Datenschutzes durch Systemgestaltung zumindest
im Ansatz[83] umzusetzen, fordert Art. 25 Abs. 1 DSGVO vom Verantwortlichen,[84]
„geeignete technische und organisatorische Maßnahmen" zu treffen, „die dafür
ausgelegt sind, die Datenschutzgrundsätze wie etwa Datenminimierung wirksam
umzusetzen und die notwendigen Garantien in die Verarbeitung aufzunehmen, um
den Anforderungen dieser Verordnung zu genügen und die Rechte der betroffenen
Personen zu schützen".[85] Diese Maßnahmen der Technikgestaltung hat der Verantwortliche „sowohl zum Zeitpunkt der Festlegung der Mittel für die Verarbeitung
als auch zum Zeitpunkt der eigentlichen Verarbeitung" auszuwählen und anzuwenden. Er soll die technischen und organisatorischen Maßnahmen „unter Berücksichtigung des Stands der Technik, der Implementierungskosten und der Art, des
Umfangs, der Umstände und der Zwecke der Verarbeitung sowie der unterschiedlichen Eintrittswahrscheinlichkeit und Schwere der mit der Verarbeitung verbundenen Risiken für die Rechte und Freiheiten natürlicher Personen" auswählen.
    Als ein Beispiel für „geeignete" technische und organisatorische Maßnah-
men nennt Art. 25 Abs. 1 DSGVO die Pseudonymisierung.[86] Erwägungsgrund 78
DSGVO ergänzt dies um weitere Beispiele: „Solche Maßnahmen könnten unter
anderem darin bestehen, dass die Verarbeitung personenbezogener Daten mini-
miert wird, personenbezogene Daten so schnell wie möglich pseudonymisiert

---

[82]Erwägungsgrund 78 DSGVO.

[83]S. zu der nur teilweisen Umsetzung des Konzepts kritisch z.B. *Roßnagel*, DuD 2016, 561 ff.;
Nebel/Richter, ZD 2012, 407 ff.; *Roßnagel/Geminn/Jandt/Richter*, Datenschutzrecht 2016 –
„Smart" genug für die Zukunft?, 2016, 172 ff.; *Schantz*, NJW 2016, 1846; *Laue/Nink/Kre-
mer*, Das neue Datenschutzrecht, 2017, 213; *Barlag*, Datenschutz durch Technikgestaltung,
in: Roßnagel, Datenschutz-Grundverordnung, 2017, 174f., 179.

[84]Eigentlich müssten die Gestaltungsanforderungen an den Hersteller gerichtet werden.
Dieser wird von Erwägungsgrund 78 DSGVO allerdings nur „ermutigt", „das Recht auf
Datenschutz bei der Entwicklung und Gestaltung der Produkte, Dienste und Anwendungen
zu berücksichtigen und unter gebührender Berücksichtigung des Stands der Technik sicherzustellen, dass die Verantwortlichen und die Verarbeiter in der Lage sind, ihren Datenschutzpflichten nachzukommen".

[85]*Schantz*, NJW 2016, 1846: „kaum mehr als eine Selbstverständlichkeit".

[86]Zum Datenschutz durch Technikgestaltung s. ausführlich *Roßnagel/Pfitzmann/Garstka*,
Modernisierung des Datenschutzrechts, 2001, 35f.; *Hansen*, Privacy Enhancing Technolo-
gies, in Roßnagel, Handbuch Datenschutzrecht, 2003, 291 ff.; s. auch Beispiele in *Johan-
nes/Roßnagel*, Der Rechtsrahmen für einen Selbstschutz der Grundrechte, 2016.

werden, Transparenz in Bezug auf die Funktionen und die Verarbeitung personenbezogener Daten hergestellt wird, der betroffenen Person ermöglicht wird, die
Verarbeitung personenbezogener Daten zu überwachen, und der Verantwortliche
in die Lage versetzt wird, Sicherheitsfunktionen zu schaffen und zu verbessern."[87]
Art. 25 Abs. 2 DSGVO ergänzt diese Systemgestaltung um die Forderung
nach datenschutzfreundlichen Voreinstellungen.[88] Danach hat der Verantwortliche „geeignete technische und organisatorische Maßnahmen" zu treffen, „die
sicherstellen, dass durch Voreinstellung grundsätzlich nur personenbezogene
Daten, deren Verarbeitung für den jeweiligen bestimmten Verarbeitungszweck
erforderlich ist, verarbeitet werden".[89] „Diese Verpflichtung gilt für die Menge
der erhobenen personenbezogenen Daten, den Umfang ihrer Verarbeitung, ihre
Speicherfrist und ihre Zugänglichkeit. Solche Maßnahmen müssen insbesondere sicherstellen, dass personenbezogene Daten durch Voreinstellungen nicht
ohne Eingreifen der Person einer unbestimmten Zahl von natürlichen Personen
zugänglich gemacht werden."

Im deutschen Datenschutzrecht ist Datenschutz durch Systemgestaltung oder
Voreinstellungen nicht ausdrücklich geregelt. Allerdings verfolgt § 3a BDSG mit
der Zielsetzung der Datenvermeidung und Datensparsamkeit einen vergleichbaren
Ansatz. Danach soll bereits durch die Gestaltung technischer Systeme die Erhebung, Verarbeitung oder Nutzung personenbezogener Daten vermieden und so
das Recht auf informationelle Selbstbestimmung des Betroffenen geschützt werden.[90] Das Gebot der Anonymisierung und Pseudonymisierung zur Umsetzung
des Grundsatzes der Datenvermeidung und Datensparsamkeit findet sich auch in
einigen Landesdatenschutzgesetzen.[91] Obgleich anders benannt, verfolgen § 3a
BDSG und die entsprechenden Landesdatenschutzregelungen damit letztlich
den gleichen Zweck wie Art. 25 DSGVO.[92] Im Gegensatz zu Art. 25 DSGVO
enthält § 3a BDSG aber keine mit Anordnungen und Sanktionen durchsetzbare

---

[87]Erwägungsgrund 78 DSGVO.

[88]S. z.B. auch *Barlag*, Datenschutz durch Technikgestaltung, in: Roßnagel, Datenschutz-
Grundverordnung, 2017, 174.

[89]Den Zweck der Datenverarbeitung bestimmt jedoch der Verantwortliche und damit auch
Umfang und Qualität der Daten, die für seine Zwecke erforderlich sind.

[90]BT-Drs. 14/4329, 33; *Scholz*, in: Simitis, BDSG, 8. Aufl. 2014, § 3a Rn. 3.

[91]S. z.B. § 5a BlnDSG; § 7 Abs. 1 BremDSG; § 5 Abs. 4 HmbDSG; § 5 Abs. 1 DSG MV;
§ 4 Abs. 2 S. 1 DSG NW; § 1 Abs. 3 DSG RP.

[92]S. *Barlag*, Datenschutz durch Technikgestaltung, in: Roßnagel, Datenschutz-Grundverordnung,
2017, 176.

Rechtspflicht, sondern nur eine rechtliche zwar verbindliche, aber nicht durchsetzbare Zielsetzung.[93]

Die Datenschutz-Richtlinie kennt weder die Anforderung eines Datenschutzes durch Systemgestaltung[94] oder Voreinstellungen noch das Prinzip der Datenvermeidung oder Datensparsamkeit.[95]

Die Aufsichtsbehörden hatten bisher daher außer Beratung kaum eine Veranlassung und einen Ansatzpunkt, sich für eine datenschutzgerechte Systemgestaltung intensiv einzusetzen. Die Aufgabe, für die Umsetzung der alle Verantwortlichen und alle Auftragsverarbeiter treffenden Pflicht zu „Privacy by Design" und „Privacy by Default" zu sorgen, ist für die Aufsichtsbehörde daher neu und erfordert einen gegenüber den bisherigen Aufgaben zusätzlichen Arbeitsaufwand.

Die Vorschrift des Art. 25 DSGVO ist gut gemeint und schlecht umgesetzt. Sie ist viel zu abstrakt, als dass die Aufsichtsbehörden sie im Rahmen des Art. 58 Abs. 2 DSGVO vollziehen könnten, und viel zu unbestimmt, um einen Verstoß im Rahmen des Sanktionsverfahrens nach Art. 83 Abs. 5 DSGVO mit einer Geldbuße zu ahnden.[96] Diese Vorschrift wird allenfalls dann „mit Leben gefüllt" werden können, wenn die Aufsichtsbehörden dafür Informationen, Grundlagen, Vorschläge, Anreize und Unterstützung liefern. Datenschutz durch Technikgestaltung benötigt branchen- oder bereichsspezifische Konzepte im Allgemeinen und konkrete Hinweise auf Vorbilder oder Vorgehensweisen für einzelne Verantwortliche im Besonderen. Konzepte müssen allgemeine Regeln der Technikgestaltung enthalten – etwa für allgemeine Funktionen (wie Pseudonymisieren, Verschlüsseln oder Löschen) oder für einzelne Branchen, die auf deren Besonderheiten eingehen.

Die Aufgabe des Datenschutzes durch Systemgestaltung ist im Zusammenwirken mit der Datenschutz-Folgenabschätzung nach Art. 35 und 36 DSGVO und mit der Zertifizierung nach Art. 42 DSGVO zu sehen. In der Datenschutz-Folgenabschätzung werden die Risiken des Datenverarbeitungsverfahrens beschrieben und die technisch-organisa-torischen Maßnahmen bestimmt, die

---

[93]S. *Roßnagel*, Das Gebot der Datenvermeidung und -sparsamkeit, in: Eifert/Hofmann-Riem, Innovation, Recht und öffentliche Kommunikation, 2011, 45.

[94]Wenn auch Erwägungsgrund 46 DSRL vorsichtig in diese Richtung weist.

[95]S. *Barlag*, Datenschutz durch Technikgestaltung, in: Roßnagel, Datenschutz-Grundverordnung, 2017, 176f.

[96]S. *Roßnagel/Geminn/Jandt/Richter*, Datenschutzrecht 2016 – „Smart" genug für die Zukunft?, 2016, 172 ff.

diese Risiken beseitigen oder auf ein erträgliches Maß einschränken. Dabei müssen die Anforderungen des Datenschutzes durch Systemgestaltung nach Art. 25 Abs. 1 DSGVO eine zentrale Rolle spielen, weil das Ziel nur durch diese Systemgestaltung erreicht werden kann. Hierüber hat die Aufsichtsbehörde nach Art. 36 Abs. 2 DSGVO den Verantwortlichen zu beraten. Ob die Systemgestaltung erfolgreich umgesetzt worden ist, wird in dem Zertifizierungsverfahren nach Art. 42 DSGVO überprüft. Das Zertifikat oder Siegel darf nur erteilt werden, wenn die Anforderungen nach Art. 25 Abs. 1 und 2 DSGVO erfüllt sind. Hierauf ist in den Kriterien für die Zertifizierung, die die Aufsichtsbehörde nach Art. 42 Abs. 5, 58 Abs. 3 lit. f) DSGVO zu erstellen hat,[97] zu achten. Nach Art. 25 Abs. 4 DSGVO kann das Zertifikat einer Aufsichtsbehörde oder einer akkreditierten Zertifizierungsstelle „als Faktor herangezogen werden, um die Erfüllung der" in Art. 25 Abs. 1 und 2 DSGVO „genannten Anforderungen nachzuweisen".

Diese Maßnahmen können im Detail nicht Aufgaben der Aufsichtsbehörden sein. Die Regeln und Vorbilder zur datenschutzfreundlichen Systemgestaltung müssen letztlich die Verantwortlichen entwickeln[98] – an sie richtet sich Art. 25 DSGVO – und durch die Branchenverbände oder ähnliche Verbände in Verhaltensregeln nach Art. 40 DSGVO festhalten. Zum Teil können sie auch durch die (europäische) Normung erarbeitet werden. Ohne Antrieb, Unterstützung und Anreize durch die Europäische Kommission, den Europäischen Datenschutzausschuss und die einzelnen Aufsichtsbehörden wird dies aber nach den bisherigen – sehr spärlichen - Erfahrungen mit der Selbstregulierung durch Wirtschaftsverbände nicht zustande kommen. Die Aufsichtsbehörden müssen auf der Grundlage ihrer von Art. 57 Abs. 1 lit. i) DSGVO geforderten Beobachtung der Entwicklung der Datenverarbeitung[99] in Sinn präventiver Beratung und eigenen Kompetenzaufbaus entsprechende Initiativen ergreifen, Projekte anstoßen und in ihnen konkret mitwirken. Vor allem aber müssen sie im Sinn des Art. 57 Abs. 1 lit. a), d), h), i), n) und v) sowie 58 Abs. 1 lit. c) und d) sowie Abs. 2 lit. a), b) und d) DSGVO Verarbeitungsvorgänge überprüfen, ob für sie die Vorgabe von Privacy by Design und Privacy by Default umgesetzt wurden, Hinweise geben, wie dies verbessert werden kann, und anordnen, welche technisch-organisatorische Maßnahmen ergriffen werden müssen.

---

[97]S. hierzu Kap. 5.4.3.

[98]S. z.B. auch *Barlag*, Datenschutz durch Technikgestaltung, in: Roßnagel, Datenschutz-Grundverordnung, 2017, 174f.; *Conrad*, ZD 2016, 553 ff.

[99]S. hierzu Kap. 5.4.3.

Nach Erwägungsgrund 78 DSGVO soll den Grundsätzen des Datenschutzes durch Systemgestaltung und durch datenschutzfreundliche Voreinstellungen „auch bei öffentlichen Ausschreibungen Rechnung getragen werden". Dies einzufordern, zu überprüfen und geltend zu machen, ist ebenfalls eine Aufgabe der Aufsichtsbehörden, die unter Art. 57 Abs. 1 lit. v) DSGVO fällt.

Ohne intensives Engagement der Aufsichtsbehörden wird diese Vorschrift ihr Ziel verfehlen. In der digitalen Welt wird aber der Schutz der Grundrechte und Freiheiten nur möglich sein, wenn die Systeme, die das digitale Leben bestimmen werden, datenschutzgerecht gestaltet und voreingestellt sind. Daher wird die Umsetzung dieser Vorschrift entscheidend mit über die Zukunft von Grundrechten und Freiheiten bestimmen. Daher gehört es zu den vornehmsten Aufgaben der Aufsichtsbehörden, die Umsetzung dieser Vorschrift zu unterstützen. Die Information der Verantwortlichen, das Erarbeiten von Vorschlägen, die Umsetzung von „Best Practices", die Überzeugung von Unternehmensleitungen und Branchenverbänden, die Organisation von branchenspezifischen Arbeitskreisen der Selbstverwaltung, die inhaltliche Unterstützung der Arbeit solcher Arbeitskreise, die Darstellung der Ergebnisse und der Transfer der Lösungen in die Praxis gehören zu den genuinen Aufgaben der Aufsichtsbehörde, „die Grundrechte und Grundfreiheiten natürlicher Personen bei der Verarbeitung" zu schützen und dadurch den „freien Verkehr personenbezogener Daten in der Union" zu erleichtern (Art. 51 Abs. 1 DSGVO). Sie sind keine aufgabenfremden Tätigkeiten. Vielmehr werden sie mit darüber entscheiden, ob und wie Grundrechte und Freiheiten in der künftigen digitalen Welt beachtet und geachtet werden und die Datenschutz-Grundverordnung ihr in Art. 1 DSGVO genanntes Ziel erreicht.

6.9   Zertifizierung

Die Zertifizierung von Verarbeitungsvorgängen soll dem Verantwortlichen einen Anreiz geben, die Vorgaben der Datenschutz-Grundverordnung einzuhalten und dies prüfen und bestätigen zu lassen, weil er mit dem Zertifikat im Geschäftsverkehr das hohe Datenschutzniveau seiner Datenverarbeitungsvorgänge nachweisen kann. Dieses weitgehend neue Instrument[100] des Datenschutzes bringt für die Aufsichtsbehörden auch neue Aufgaben mit sich.

---

[100]S. zu seiner Geschichte *Roßnagel*, Datenschutzaudit – ein modernes Steuerungsinstrument,, in: Hempel/Krasmann/Bröckling, Sichtbarkeitsregime, 2010, 263 ff.

Neben der Durchführung von Zertifizierungsverfahren für einzelne Datenverarbeitungsvorgänge nach Art. 42 Abs. 5 und 58 Abs. 3 lit. f) DSGVO,[101] sind
die Aufsichtsbehörden verpflichtet, nach Art. 42 Abs. 5, 57 Abs. 1 lit. n) und 58
Abs. 3 lit. f) DSGVO Kriterien für die Zertifizierung zu erstellen oder zu billigen,[102] nach Art. 43 Abs. 3 und 57 Abs. 1 lit. p) DSGVO Anforderungen an
die Akkreditierung von Zertifizierungsstellen aufzustellen[103] und nach Art. 43
Abs. 3, 57 Abs. 1 lit. q) und 58 Abs. 3 lit. e) DSGVO Zertifizierungsstellen zu
akkreditieren.[104]

Neben diesen Pflichten im Zusammenhang von Zertifizierungen, die die Aufsichtsbehörden mit klaren Vorgaben erfüllen müssen, enthält die Datenschutz-
Grundverordnung weitere Aufgaben, die den Aufsichtsbehörden einen größeren
Ermessensspielraum bieten. Zu diesen gehören die Förderung der Zertifizierung
und die Überprüfung von Zertifizierungen.

6.9.1 Förderung von Zertifizierung

Nach Art. 57 Abs. 1 lit. n) DSGVO „muss" jede Aufsichtsbehörde „die Einführung von Datenschutzzertifizierungsmechanismen und von Datenschutzsiegeln
und -prüfzeichen … anregen …". Außerdem fordert Art. 42 Abs. 1 DSGVO,
dass „die Aufsichtsbehörden … insbesondere auf Unionsebene die Einführung
von datenschutzspezifischen Zertifizierungsverfahren sowie von Datenschutzsiegeln und -prüfzeichen" „fördern". Diese sollen „dazu dienen, nachzuweisen, dass
diese Verordnung bei Verarbeitungsvorgängen von Verantwortlichen oder Auftragsverarbeitern eingehalten wird. Den besonderen Bedürfnissen von Kleinstunternehmen sowie kleinen und mittleren Unternehmen wird Rechnung getragen."

„Anregen" und „Fördern" fordert von der Aufsichtsbehörde Eigeninitiativen,
Zertifizierungsverfahren zu propagieren, ihre Vorteile herauszustellen, bei ihrer
Vorbereitung und Umsetzung zu beraten, Schulungen anzubieten oder zu orga-
nisieren und zu helfen, weitere Maßnahmen zu ergreifen, die ihre Durchführung
unterstützen. Die Aufsichtsbehörde sollte auch bei der Beratung zur Datenschutz-
Folgenabschätzung auf die Möglichkeit und die Vorteile einer Zertifizierung

---

[101]S. Kap. 5.3.4.

[102]S. Kap. 5.4.3.

[103]S. Kap. 5.4.2.

[104]S. Kap. 5.4.5.

hinweisen. Sie sollte ihren Einfluss geltend machen, damit bei der öffentlichen Vergabe von Aufträgen auf die Datenschutzzertifizierung geachtet wird. Gute Zertifizierungen sorgen in der Praxis für ein höheres Datenschutzniveau. Dies wiederum erleichtert den Aufsichtsbehörden qualitativ ihre Arbeit. Daher besteht auch ein wohlverstandenes Eigeninteresse der unabhängigen Aufsichtsbehörden, Zertifizierungen zu unterstützen.

Vor allem aber setzt das Fördern der Datenschutz-Zertifizierung voraus, dass die Aufsichtsbehörden ihre in Art. 43 Abs. 3 sowie 57 Abs. 1 lit. n), p) und q) und 58 Abs. 3 lit. e) DSGVO genannten Regulierungsaufgaben erfüllen und durch ihre Kriterien und Akkreditierungen die nur fragmentarischen Vorgaben der Datenschutz-Grundverordnung erst vollzugsfähig machen.[105] Außerdem müssen sie interne Verfahrensregeln aufgestellt haben, nach denen sie gemäß Art. 42 Abs. 5 und 58 Abs. 3 lit. f) DSGVO die Zertifizierungsverfahren für einzelne Datenverarbeitungsvorgänge überhaupt erst durchführen können.

Allerdings hat die Aufsichtsbehörde hinsichtlich des Umfangs und der Intensität ihrer Maßnahmen zum „Anregen" und „Fördern" einen gewissen Entscheidungsspielraum. Dieser darf nicht dadurch eingeengt sein, dass sie mangels Personal diese verpflichtende Aufgabe der Datenschutz-Grundverordnung nicht wahrnehmen kann. Eine gewisse Personalressource muss für anregende und fördernde Maßnahmen vorgesehen werden. Ohne diese würde die Umsetzung dieses neuen Instruments des Datenschutzes gefährdet, gegen die Datenschutz-Grundverordnung verstoßen und die Unabhängigkeit der Aufsichtsbehörden verletzt.

6.9.2 Überprüfung von Zertifizierungen

Die Aufsichtsbehörde oder eine Zertifizierungsstelle erteilten nach Art. 42 Abs. 1 DSGVO das Zertifikat, wenn der Verantwortliche oder der Auftragsverarbeiter ihnen nachweist, dass er die Verordnung bei seinen Verarbeitungsvorgängen einhält. Dieser Nachweis führt er zum Zeitpunkt der Zertifizierung. Die Zertifizierung wird nach Art. 42 Abs. 7 DSGVO jedoch „für eine Höchstdauer von drei Jahren erteilt". Daher fordert Art. 57 Abs. 1 lit. o) DSGVO, dass die Aufsichtsbehörde „gegebenenfalls die … erteilten Zertifizierungen regelmäßig überprüfen" muss. Art. 58 Abs. 1 lit. c) DSGVO gibt ihr hierfür die Untersuchungsbefugnisse, „eine Überprüfung der … erteilten Zertifizierungen durchzuführen". Wann und

---

[105]S. *Laue/Nink/Kremer*, Das neue Datenschutzrecht, 2017, 263.

wie oft die Aufsichtsbehörde „regelmäßige" Überprüfungen durchführt, entscheidet jedoch sie selbst nach pflichtgemäßem Ermessen. Diese Überprüfungen können mit den üblichen Datenschutzprüfungen von Verantwortlichen oder Auftragsverarbeitern nach Art. 57 Abs. 1 lit. a) und h) sowie 58 Abs. 1 lit. a) und b) DSGVO zusammenfallen. Werden viele Zertifizierungen erteilt, kann die Zahl der Datenschutzprüfungen jedoch steigen, weil die Anlässe der Prüfungen durch die regelmäßigen Überprüfungen der Zertifizierungen zunehmen.

Je nach Ergebnis der Datenschutzüberprüfung einer Zertifizierung können sich weitere Aktionen der Aufsichtsbehörde anschließen. Nach dem Verhältnismäßigkeitsprinzip wird die Aufsichtsbehörde den Verantwortlichen oder Auftragsverarbeiter zuerst nach Art. 58 Abs. 2 lit. d) DSGVO anweisen, die zu beanstandenden Verarbeitungsvorgänge „auf bestimmte Weise und innerhalb eines bestimmten Zeitraums in Einklang mit dieser Verordnung zu bringen". Kann der Verantwortliche oder der Auftragsverarbeiter nicht innerhalb dieser Frist nachweisen, dass er die Vorgaben der Verordnung bei seinen Verarbeitungsvorgängen einhält, muss die Aufsichtsbehörde die Zertifizierung gemäß Art. 42 Abs. 7 Satz 2 und 58 Abs. 2 lit. h) DSGVO widerrufen. Besteht der Verstoß gegen die Datenschutz-Grundverordnung weiter, hat spätestens dann die Aufsichtsbehörde nach Art. 58 Abs. 2 lit. f) DSGVO eine vorübergehende oder endgültige Beschränkung der Verarbeitung, einschließlich eines Verbots, zu verhängen.

6.10 Sanktionen

„Im Interesse einer konsequenteren Durchsetzung der Vorschriften" der Datenschutz-Grundverordnung „sollten bei Verstößen ... Sanktionen einschließlich Geldbußen verhängt werden".[106] Die Geldbußen nach der Datenschutz-Grundverordnung verhängen die Aufsichtsbehörden gegen Verantwortliche oder Auftragsverarbeiter sowie gegen Zertifizierungs- oder Überwachungsstellen. Um die Zielsetzung der Geldbußen zu erreichen, hat nach Art. 83 Abs. 1 DSGVO jede Aufsichtsbehörde sicherzustellen, dass „die Verhängung von Geldbußen ... in jedem Einzelfall wirksam, verhältnismäßig und abschreckend ist".[107] Diese

---

[106]Erwägungsgrund 148 DSGVO.

[107]S. zu den Sanktionen nach der Datenschutz-Grundverordnung auch *Hohmann*, Sanktionen, in: Roßnagel, Datenschutz-Grundverordnung. 2017, 199 ff.; *Ashkar*, DuD 2015, 796; *Faust/Spittka/Wybitul*, ZD 2016, 120; *Laue/Nink/Kremer*, Das neue Datenschutzrecht, 2017, 307 ff.

Geldbußen sollen nach Art. 83 Abs. 2 DSGVO „je nach den Umständen des Einzelfalls zusätzlich zu oder anstelle von" Abhilfemaßnahmen nach Art. 58 Abs. 2 lit. a) bis h) und j) DSGVO verhängt werden. Bei der Entscheidung über die Verhängung einer Geldbuße und über deren Betrag ist in jedem Einzelfall die Art, Schwere und Dauer des Verstoßes, der vorsätzliche Charakter des Verstoßes, die Maßnahmen zur Minderung des entstandenen Schadens, der Grad der Verantwortlichkeit oder jeglicher frühere Verstoß, die Art und Weise, wie der Verstoß der Aufsichtsbehörde bekannt wurde, die Einhaltung der gegen den Verantwortlichen oder Auftragsverarbeiter angeordneten Maßnahmen, die Einhaltung von Verhaltensregeln und jeder andere erschwerende oder mildernde Umstand gebührend zu berücksichtigen.[108]

Nach Art. 83 Abs. 7 DSGVO entscheidet der jeweilige Mitgliedstaat, ob solche Sanktionen auch gegenüber öffentlichen Stellen angeordnet werden können. § 43 Abs. 3 BDSG-E schließt Sanktionen gegenüber öffentlichen Stellen aus. Somit können die Aufsichtsbehörden Sanktionen nach Art. 83 DSGVO in Deutschland nur gegen nicht-öffentliche Verantwortliche und Auftragsverarbeiter anordnen.

„Werden Geldbußen Unternehmen auferlegt, sollte zu diesem Zweck der Begriff ‚Unternehmen' im Sinne der Art. 101 und 102 AEUV verstanden werden. Werden Geldbußen Personen auferlegt, bei denen es sich nicht um Unternehmen handelt, so sollte die Aufsichtsbehörde bei der Erwägung des angemessenen Betrags für die Geldbuße dem allgemeinen Einkommensniveau in dem betreffenden Mitgliedstaat und der wirtschaftlichen Lage der Personen Rechnung tragen. Das Kohärenzverfahren kann auch genutzt werden, um eine kohärente Anwendung von Geldbußen zu fördern."[109]

Die Aufsichtsbehörden können in Extremfällen gegen Verantwortliche oder Auftragsverarbeiter drastische Sanktionen verhängen. Nach Art. 83 Abs. 4 DSGVO können sie Geldbußen von bis zu 10.000.000 € oder „im Fall eines Unternehmens von bis zu 2 % seines gesamten weltweit erzielten Jahresumsatzes des vorangegangenen Geschäftsjahrs" verhängen, „je nachdem, welcher der Beträge höher ist". Dies gilt für die Verletzung von Pflichten der Verantwortlichen und der Auftragsverarbeiter gemäß Art. 8, 11, 25 bis 39, 42 und 43 DSGVO, der Zertifizierungsstelle gemäß Art. 42 und 43 DSGVO sowie der Überwachungsstelle gemäß Art. 41 Abs. 4 DSGVO. Noch höher können die Geldbußen nach

---

[108]Art. 83 Abs. 2 und Erwägungsgrund 148 DSGVO.
[109]Erwägungsgrund 150 DSGVO; s. auch Erwägungsgrund 148 DSGVO.

Art. 83 Abs. 5 DSGVO ausfallen, nämlich bis zu 20.000.000 € oder im Fall eines Unternehmens „bis zu 4 % seines gesamten weltweit erzielten Jahresumsatzes des vorangegangenen Geschäftsjahrs …, je nachdem, welcher der Beträge höher ist", wenn ein Verstoß vorliegt gegen die Grundsätze für die Verarbeitung, einschließlich der Bedingungen für die Einwilligung, gemäß den Art. 5, 6, 7 und 9 DSGVO, die Rechte der betroffenen Person gemäß Art. 12 bis 22 DSGVO, die Vorschriften zur Übermittlung personenbezogener Daten an einen Empfänger in einem Drittland oder an eine internationale Organisation gemäß Art. 44 bis 49 DSGVO. Der gleiche Bußgeldrahmen gilt für Verstöße gegen alle Pflichten gemäß den Rechtsvorschriften der Mitgliedstaaten, die im Rahmen des Kapitels IX erlassen wurden. Zur Durchsetzung ihrer Befugnisse können die Aufsichtsbehörden diesen Bußgeldrahmen auch nutzen, soweit gegen eine Anweisung oder eine vorübergehende oder endgültige Beschränkung oder Aussetzung der Datenübermittlung gemäß Art. 58 Abs. 2 DSGVO verstoßen oder der Zugang unter Verstoß gegen Art. 58 Abs. 1 DSGVO nicht gewährt wurde. Schließlich gilt dieser Bußgeldrahmen nach Art. 83 Abs. 6 DSGVO auch, wenn eine Anweisung der Aufsichtsbehörde gemäß Art. 58 Abs. 2 DSGVO nicht befolgt wurde.

Die Möglichkeit, Geldbußen zu verhängen, gibt es bereits nach § 43 BDSG. Allerdings unterscheiden sich die möglichen Höchstsummen für Geldbußen nach Art. 83 Abs. 4 bis 6 DSGVO und § 43 Abs. 3 BDSG erheblich. Nach § 43 Abs. 3 BDSG können eine Ordnungswidrigkeit nach Abs. 1 der Vorschrift mit einer Geldbuße bis zu 50.000 € und eine Ordnungswidrigkeit nach Abs. 2 mit einer Geldbuße bis zu 300.000 € geahndet werden. Die neuen Höchstbußen sind somit um circa das Hundertfache höher. Bisher haben die Aufsichtsbehörden die Möglichkeit, Geldbußen zu verhängen, nur sehr zögerlich genutzt,[110] manche nie. In den vergleichsweise wenigen Verfahren haben sie meist nur geringe Geldbußen verhängt. Das dürfte wohl weniger darauf zurückzuführen sein, dass in Deutschland nur selten gegen Datenschutzrecht verstoßen wird. Vielmehr dürfte die Einschätzung entscheidend gewesen sein, dass einerseits solche geringen Geldbußen wenig Wirkung zeigen, dass aber andererseits hohe Geldbußen zu Gerichtsverfahren führen, auf die die Aufsichtsbehörden keinen Einfluss haben.[111]

Unter den neuen Bedingungen der Datenschutz-Grundverordnung dürfte von den Möglichkeiten, Geldbußen zu verhängen, öfter Gebrauch gemacht werden müssen. Zwar unterliegt es nach dem Opportunitätsgrundsatz dem pflichtgemäßen

---

[110]S. hierzu *Lüdemann/Wenzel*, RDV 2015, 290.
[111]S. hierzu auch *Roßnagel*, ZD 2015, 111.

Ermessen der Aufsichtsbehörden, ob und in welcher Höhe sie Geldbußen verhängen. Doch erwartet Art. 83 Abs. 1 DSGVO den Einsatz dieses Sanktionsinstruments, um dem allgemeinen „Interesse einer konsequenteren Durchsetzung der Vorschriften" der Datenschutz-Grundverordnung gerecht zu werden.[112] Wenn die Aufsichtsbehörden bei ihren Bußgeldanordnungen weit unterhalb des möglichen Rahmens bleiben, würden sie einen Verstoß gegen zentrale Datenschutzvorschriften selbst nicht ernst nehmen und sich der Gefahr aussetzen, selbst nicht mehr ernst genommen zu werden. Die Bußgelder müssen nach Art. 83 Abs. 1 DSGVO wirksam, verhältnismäßig und abschreckend sein. Sie sind entscheidend für die effektive Durchsetzung der Datenschutz-Grundverordnung. Sollen sie auch gegenüber wirtschaftlich starken und international agierenden Akteuren abschreckend wirken, müssen sie eine für diese spürbare Höhe erreichen.[113] Im Interesse ihrer Selbstachtung werden die Aufsichtsbehörden künftig deutlich höhere Bußgelder verhängen müssen. Umgekehrt zeigen hohe Geldbußen die hohe Bedeutung des Datenschutzes in der Europäischen Union. Außerdem kann der Einsatz dieses Instruments Gegenstand von Beschwerden und gerichtlichen Verfahren sein, die vor allem Datenschutzverbände anstrengen werden.

Für die Anwendung von Geldbußen und insbesondere hinsichtlich ihrer Höhe dürfte sich über den Europäischen Datenschutzausschuss und das Kohärenzverfahren mit der Zeit eine unionsweit angepasste Anwendung des Entschließungs- und des Auswahlermessens einstellen, die eine kohärente Anwendung von Geldbußen zur Folge hat.[114] Auch um die Auswahl der Niederlassung von Verantwortlichen und Auftragsverarbeitern entsprechend der üblichen Höhe von Bußgeldern („Bußgeldhopping") zu vermeiden, wird die Verhängung von Bußgeldern von den Aufsichtsbehörden unionsweit abgestimmt werden.

Wenn danach die Aufsichtsbehörden künftig öfter Geldbußen mit höheren Summen anordnen, wird auch öfter mit einer Gegenwehr zu rechnen sein, die in einem gerichtlichen Verfahren über die Rechtmäßigkeit der Anordnung und die Höhe der Geldbuße mündet. Daher werden die Anordnungen der Geldbußen unter Berücksichtigung aller Umstände des Einzelfalls, die in Art. 83 Abs. 2 DSGVO genannt sind, sehr sorgfältig geprüft und begründet werden müssen. Für gerichtsfeste Sanktionen werden auch Beweise über Verstöße gesichert und Nachweise

---

[112] Erwägungsgrund 148 DSGVO.

[113] S. z.B. *Dieterich*, ZD 2016, 264; *Albrecht*, CR 2016, 96; *Albrecht/Jotzo*, Das neue Datenschutzrecht der EU, 2017, 130; *Kugelmann*, DuD 2016, 567.

[114] Erwägungsgrund 150 DSGVO; s. auch Erwägungsgrund 148 DSGVO.

über die Einhaltung spezieller Verfahrensanforderungen oder den Verstoß gegen diese erzeugt werden müssen.

Die Sanktionstatbestände des Art. 83 Abs. 4 und 5 DSGVO sind für deutsche Verhältnisse zu abstrakt und unbestimmt, folgen einer anderen Systematik und verwenden andere Begriffe als das deutsche Recht. Daher müssen sich die Aufsichtsbehörden in Deutschland erst noch ein eigenes Verständnis für die praktische Anwendbarkeit dieser Bestimmungen erarbeiten und mit den Aufsichtsbehörden in anderen Mitgliedstaaten abstimmen. Da die Datenschutz-Grundverordnung hierfür so gut wie keine Anhaltspunkte gibt, muss insbesondere ein Katalog, welches konkrete Verhalten mit welcher Geldbuße geahndet werden soll, von den Aufsichtsbehörden am Maßstab des Verhältnismäßigkeitsprinzips neu erarbeitet werden.

Da Art. 83 DSGVO den kartellrechtlichen Begriff von Unternehmen[115] entsprechend Art. 101 und 102 AEUV zugrunde legt,[116] ist nicht auf die einzelne juristische Person, sondern funktional auf die wirtschaftliche Einheit innerhalb eines Konzerns abzustellen.[117] Unter dem funktionalen Unternehmensbegriff versteht der Europäische Gerichtshof nach ständiger Rechtsprechung „jede wirtschaftliche Tätigkeit ausübende Einheit, unabhängig von ihrer Rechtsform und der Art ihrer Finanzierung".[118] Demnach kann eine wirtschaftliche Einheit nicht nur aus einem einzelnen Unternehmen als Rechtssubjekt, sondern auch aus mehreren, natürlichen oder juristischen Personen bestehen.[119] Wird etwa auf eine Tochtergesellschaft aus wirtschaftlichen, organisatorischen oder rechtlichen Gründen ein bestimmender Einfluss ausgeübt, können die Mutter- und die

---

[115]S. zur Begriffsdefinition Art. 4 Nr. 18 DSGVO.

[116]S. z.B. *Hohmann*, Sanktionen, in: Roßnagel, Datenschutz-Grundverordnung, 2017, 200; *Wybitul*, ZD 2016, 105; *Faust/Spittka/Wybitul*, ZD 2016, 123f.; *Dieterich*, ZD 2016, 264; *Albrecht/Jotzo*, Das neue Datenschutzrecht der EU, 2017, 130.

[117]*Stockenhuber*, in: Grabitz/Hilf/Nettesheim, 57. EL 2015, Art. 101 AEUV, Rn. 51; *Weiß*, in: Calliess/Ruffert, EUV/AEUV, 5. Aufl. 2016, Art. 101 AEUV, Rn. 25; *Brinker*, in: Schwarze/Becker/Hatje/Schoo, EU-Kommentar, 3. Aufl. 2012, Art. 101 AEUV, Rn. 27.

[118]S. z.B. *EuGH*, Rs. 159/91, Poucet und Pistre/AGF und Cancava, Slg. 1993, I-637; *EuGH*, Rs. C-364/92, SAT Fluggesellschaft/Eurocontrol, Slg. 1994, I-43; *EuGH*, Rs. 170/83, Hydrotherm, Slg.1984, 2999, Rn. 11; *EuGH*, Rs. C-41/90, Höfner und Elser/Macrotron, Slg. 1991, I-1979; *EuGH*, Rs. C-55/96, Job Centre, Slg. 1977, I-7119; *EuGH,* Rs. C-205/03, P. FENIN/Kommission, Slg. 2005, I-6295.

[119]*Weiß*, in: Callies/Ruffert EUV/AEUV, 5. Aufl. 2016, Art. 101 AEUV, Rn. 33 ff.; *Faust/ Spittka/ Wybitul*, ZD 2016, 120 (121); *Mestmäcker/Schweitzer*, Europäisches Wettbewerbsrecht, 3. Aufl. 2014, § 9 Rn. 14.

Tochtergesellschaft gemeinsam für ein Fehlverhalten des Tochterunternehmens sanktioniert werden. Dies hat zur Konsequenz, dass die zuständigen Aufsichtsbehörden den gesamten globalen gruppenweiten Umsatz eines Konzerns für die Bemessung einer Geldbuße heranziehen können.[120] Dies hat aber zur weiteren Konsequenz, dass die Aufsichtsbehörde, um rechtsgemäß Sanktionen verhängen zu können, unter Umständen schwierige Untersuchungen zu Konzernstrukturen und Unternehmensverflechtungen, Einflussregelungen und globalen Umsätzen von Konzernen anstellen muss.

Für die Durchführung von Gerichtsverfahren bleibt in Deutschland die Staatsanwaltschaft zuständig.[121] Diese wird von der Aufsichtsbehörde vor und während des Verfahrens mit Argumenten versorgt werden müssen. Nach § 41 Abs. 2 Satz 3 BDSG-E kann die Staatsanwaltschaft das Verfahren nur mit Zustimmung der Aufsichtsbehörde, die den Bußgeldbescheid erlassen hat, einstellen. Dies sichert, dass die Funktion der Geldbußen als Instrument der Durchsetzung der Datenschutz-Grundverordnung gewahrt wird. Außerdem wird damit der Bedeutung der Geldbußen in der Datenschutz-Grundverordnung und der Unabhängigkeit der Datenschutzaufsicht Rechnung getragen.[122] Dies setzt aber voraus, dass die Aufsichtsbehörde die weitere Durchführung des Gerichtsverfahrens beobachtet und bewertet. Die argumentative Unterstützung der Staatsanwaltschaft und die Begleitung des Bußgeldverfahrens können sehr aufwändig sein und erfordern eine qualitativ anspruchsvolle juristische Begründung des eigenen Rechtsstandpunkts.

Auch wird die Aufsichtsbehörde, die ein Bußgeld ablehnt oder begründet, damit rechnen müssen, dass ein Kohärenzverfahren vor dem Europäischen Datenschutzausschuss durchgeführt wird, in dem sie ihren Rechtsstandpunkt erfolgreich verteidigen muss. Der damit verbundene Arbeitsaufwand könnte sich im Lauf der Zeit – mit der Verfestigung einheitlicher Rechtsmeinungen im Ausschuss – reduzieren. Allerdings werden immer wieder neue Technikanwendungen, Geschäftsmodelle und Arten von Rechtsverstößen zu Kohärenzverfahren führen, die erfordern, neue Argumente abzuwägen und eigene Rechtsmeinungen zu entwickeln. Jedenfalls wird jedes dieser Verfahren zu einem jeweils hohen Anfall qualifizierter juristischer Arbeit in den Aufsichtsbehörden führen.

---

[120]*Hohmann*, Sanktionen, in: Roßnagel, Datenschutz-Grundverordnung, 2017, 200f.; *Faust/ Spittka/ Wybitul*, ZD 2016, 120 (121).

[121]Über die Geldbußen wird im Verfahren nach dem Ordnungswidrigkeitengesetz entschieden, nicht im Rahmen einer Anfechtungsklage vor dem Verwaltungsgericht – so aber *Albrecht/Jotzo*, Das neue Datenschutzrecht der EU, 2017, 125.

[122]So die Begründung von § 41 Abs. 2 BDSG-E, BT-Drs. 18/11325, 107.

6.11 Prozessführung und -begleitung

Durch die Regelungen der Datenschutz-Grundverordnung und durch die unmittelbare Regelung des Datenschutzes in einer Rechtsverordnung der Europäischen Union muss damit gerechnet werden, dass Aufsichtsbehörden verstärkt an Gerichtsverfahren beteiligt werden. In Frage kommen die direkte oder indirekte Beteiligung an Verfahren vor den Verwaltungsgerichten, zu Straf- und Bußgeldverfahren vor den Strafgerichten sowie zu Nichtigkeits- und Vorabentscheidungsverfahren vor dem Europäischen Gerichtshof und zur Anfechtung eines Angemessenheitsbeschlusses der Europäischen Kommission vor dem Bundesverwaltungsgericht.

6.11.1 Verwaltungsgerichtliche Verfahren

Für Verfahren vor den Verwaltungsgerichten gibt die Datenschutz-Grundverordnung viele zusätzliche Anlässe, weil sie von den Aufsichtsbehörden erwartet, dass sie über viel mehr Verwaltungsakte entscheiden, die von den Adressaten oder Dritten angefochten oder begehrt werden können.

Nach Art. 78 Abs. 1 DSGVO hat jede natürliche oder juristische Person – unbeschadet eines anderweitigen verwaltungsrechtlichen oder außergerichtlichen Rechtsbehelfs – das Recht auf einen wirksamen gerichtlichen Rechtsbehelf gegen einen sie betreffenden rechtsverbindlichen Beschluss einer Aufsichtsbehörde.

Darüber hinaus hat jede betroffene Person nach Art. 78 Abs. 2 DSGVO – unbeschadet eines anderweitigen verwaltungsrechtlichen oder außergerichtlichen Rechtbehelfs – „das Recht auf einen wirksamen gerichtlichen Rechtsbehelf", wenn die nach Art. 55 und 56 DSGVO „zuständige Aufsichtsbehörde sich nicht mit einer Beschwerde befasst oder die betroffene Person nicht innerhalb von drei Monaten über den Stand oder das Ergebnis der … Beschwerde in Kenntnis gesetzt hat".[123] Allerdings haben die Aufsichtsbehörden einen Ermessensspielraum für die Frage, inwieweit sie einer Beschwerde nachgehen. Der Anspruch auf Befassung kann nur als Untätigkeitsklage oder als allgemeine Leistungsklage geltend gemacht werden,[124] der Anspruch auf eine bestimmte Entscheidung als

---

[123] S. hierzu näher Kap. 5.1.1.

[124] S. z.B. *Körffer*, in: Paal/Pauly, DSGVO, 2016, Art. 78 Rn. 10; *Laue/Nink/Kremer*, Das neue Datenschutzrecht, 2017, 312; s. auch *VG Neustadt an der Weinstraße*, ZD 2016, 150; *VG Darmstadt*, MMR 2011, 416.

Verpflichtungsklage. Der Anspruch ist zwar nur durchzusetzen, wenn eine Ermessensreduzierung „auf Null" besteht.[125] Politisch erfolgreich kann eine solche Klage allerdings schon dann sein, wenn das Gericht dem Kläger inhaltlich Recht gibt und der Aufsichtsbehörde aufgibt, ihr Ermessen nach der Rechtsauffassung der Gerichts auszuüben.

Nach Art. 80 Abs. 1 DSGVO hat die betroffene Person das Recht, Verbände, die im Datenschutz tätig sind,[126] mit der Wahrnehmung ihrer Rechte – auch vor Gericht – zu beauftragen. Diese Möglichkeit, gerichtlichen Rechtsschutz zu erlangen, werden vor allem Verbraucherschutzverbände oder Verbände nutzen, die sich der politischen Durchsetzung von Datenschutz verschrieben haben.[127] Für solche Verbände wird es zu ihrem Selbstverständnis oder sogar zu ihren Satzungszielen gehören, umstrittene und vor allem öffentlichkeitswirksame Datenschutzfragen durch Gerichte klären zu lassen.

Für alle Streitigkeiten zwischen einer natürlichen oder einer juristischen Person und einer Aufsichtsbehörde über Rechte gemäß Art. 78 Abs. 1 und 2 DSGVO ist nach § 20 Abs. 1 BDSG-E der Verwaltungsrechtsweg gegeben.[128] In dem Verfahren nach der Verwaltungsgerichtsordnung ist die Aufsichtsbehörde nach § 20 Abs. 5 BDSG-E als Beklagte oder Antragsgegnerin unmittelbar beteiligt. Diese Regelungen gelten auch für alle Streitigkeiten über die Verarbeitung personenbezogener Daten, die nicht der Datenschutz-Grundverordnung unterfällt.

Die Aufsichtsbehörden müssen vor allem aus zwei Gründen, die mit der Datenschutz-Grundverordnung zusammenhängen, mit erheblich mehr Verwaltungsgerichtsprozessen rechnen als in der Vergangenheit.

Der erste Grund ist, dass die Datenschutz-Grundverordnung die Aufsichtsbehörden als echte Aufsichtsbehörden konzipiert und ihnen eine Fülle von Verpflichtungen und Ermächtigungen zuweist, rechtsmittelfähige Verwaltungsakte zu erlassen.

---

[125]S. z.B. *Körffer*, in: Paal/Pauly, DSGVO, 2016, Art. 78 Rn. 5.

[126]Es muss nach Art. 80 Abs. 1 DSGVO eine Einrichtung, Organisation oder Vereinigung ohne Gewinnerzielungsabsicht sein, „die ordnungsgemäß nach dem Recht eines Mitgliedstaats gegründet ist, deren satzungsmäßige Ziele im öffentlichem Interesse liegen und die im Bereich des Schutzes der Rechte und Freiheiten von betroffenen Personen in Bezug auf den Schutz ihrer personenbezogenen Daten tätig ist".

[127]Hierfür ist allerdings noch das Gesetz über außergerichtliche Rechtsdienstleistungen vom 12.12. 2007, BGBl. I, 2840, anzupassen. Über eine Vertretung durch Verbände in Schadensersatzprozessen muss der deutsche Gesetzgeber noch befinden.

[128]Örtlich zuständig ist nach § 20 Abs. 3 BDSG-E das Verwaltungsgericht, in dessen Bezirk die Aufsichtsbehörde ihren Sitz hat.

Betrachtet man nur die Befugnisnorm des Art. 78 DSGVO, so findet man dort 24 Ermächtigungen, Anordnungen zu treffen oder Genehmigungen zu erteilen oder zu verweigern, von denen 13 neu und die anderen meist neu gefasst sind:[129]

- Anweisungen zur Bereitstellung von Informationen – Abs. 1 lit. a),
- Anordnung von Datenschutzüberprüfungen – Abs. 1 lit. b),
- Anordnung von Überprüfungen der Zertifizierungen – Abs. 1 lit. c),
- Anordnung des Zugangs zu personenbezogenen Daten und Informationen – Abs. 1 lit. e),
- Anordnung des Zugangs zu Geschäftsräumen, Datenverarbeitungsanlagen und -geräten – Abs. 1 lit. f),
- Verwarnung wegen eines Verstoßes gegen die Verordnung – Abs. 2 lit. b),
- Anweisung, den Anträgen der betroffenen Person auf Ausübung ihrer Rechte zu entsprechen – Abs. 2 lit. c),
- Anweisung, Verarbeitungsvorgänge in Einklang mit der Verordnung zu bringen – Abs. 2 lit. d),
- Anweisung, die von einer Datenschutzverletzung betroffenen Personen zu benachrichtigen – Abs. 2 lit. e),
- Beschränkung der Verarbeitung, einschließlich eines Verbots – Abs. 2 lit. f),
- Anordnung der Berichtigung, Löschung oder Einschränkung der Verarbeitung von Daten und der Unterrichtung der Empfänger – Abs. 2 lit. g),
- Widerruf einer Zertifizierung – Abs. 2 lit. h),
- Anweisung der Zertifizierungsstelle, keine Zertifizierung zu erteilen – Abs. 2 lit. h),
- Verhängung einer Geldbuße – Abs. 2 lit. i),
- Aussetzung der Datenübermittlung in ein Drittland – Abs. 2 lit. j),
- Billigung von Entwürfen von Verhaltensregeln – Abs. 3 lit. d),
- Akkreditierung von Zertifizierungsstellen – Abs. 3 lit. e),
- Erteilung von Zertifizierungen – Abs. 3 lit. f),
- Billigung von Kriterien für die Zertifizierung – Abs. 3 lit. f),
- Festlegung von Standarddatenschutzklauseln für die Auftragsverarbeitung – Abs. 3 lit. g),
- Festlegung von Standarddatenschutzklauseln für die Datenübertragung in ein Drittland – Abs. 3 lit. g),
- Genehmigung von Vertragsklauseln für die Datenübertragung in ein Drittland – Abs. 3 lit. h),

---

[129]Eine Erweiterung der Befugnisse stellt auch *Dieterich*, ZD 2016, 263, fest.

- Genehmigung von Verwaltungsvereinbarungen für die Datenübertragung in ein Drittland – Abs. 3 lit. i),
- Genehmigung von verbindlichen internen Vorschriften – Abs. 3 lit. j).

Der zweite Grund liegt in der Struktur vieler Regelungen der Datenschutz-Grundverordnung. Dadurch dass sie sehr abstrakt, unvollständig, unterkomplex und widersprüchlich sind,[130] ergeben sich sehr viele Auslegungsfragen, die eine hohe Rechtsunsicherheit bewirken. Die Unbestimmtheit vieler Vorgaben der Datenschutz-Grundverordnung verleitet viele Adressaten und Betroffene der Verwaltungsakte, in ihrem vermeintlichen Recht sich gegen die Anordnungen oder die Verweigerung von Genehmigungen gerichtlich zu wehren. Vor allem große Verantwortliche und Datenschutzverbände werden Gerichtsprozesse suchen, um Unklarheiten der Datenschutz-Grundverordnung in ihrem Sinn zu beseitigen.

Wenn danach die Aufsichtsbehörden künftig öfter Verwaltungsakte erlassen oder verweigern, wird auch öfter mit Anfechtungs- und Verpflichtungsklagen oder Anträgen im einstweiligen Rechtsschutz zu rechnen sein. Daher werden die Anordnungen oder Ablehnungen von Verwaltungsakten unter Berücksichtigung aller Umstände des Einzelfalls sehr sorgfältig geprüft und begründet werden müssen.

Um ihrer Unabhängigkeit Rechnung zu tragen, sind die Aufsichtsbehörden in den Verfahren vor den Verwaltungsgerichten unmittelbar Beklagte oder Antragsgegner. Sie können somit auch vor dem Verwaltungsgericht selbst für die Durchsetzung ihrer Sicht auf die Datenschutz-Grundverordnung streiten. Die Aussicht auf die Überprüfung der eigenen Verwaltungsakte in einem gerichtlichen Verfahren wirkt auf die Erarbeitung und den Erlass der Verwaltungsakte vor. Sie müssen auf einer sorgfältigen Sachverhaltsfeststellung beruhen, auf ausreichenden und belastbaren Beweismitteln gegründet sein und eine überzeugende rechtliche Begründung enthalten. Diese tatsächliche und rechtliche Argumentation muss vertieft werden, wenn die Rechtmäßigkeit der Entscheidung vor Gericht bestritten wird.

Die Aufsichtsbehörde muss selbst den Prozess als Beklagte oder Antragsgegnerin führen. Sie muss sich dafür ihre Strategie erarbeiten, sich mit den Schriftsätzen der Gegenseite auseinandersetzen, eine eigene tragfähige Argumentation vor Gericht entwickeln, ihre Schriftsätze selbst erstellen und die Vertretung vor Gericht übernehmen. Diese Aufgaben der Prozessführung können sehr aufwändig sein und erfordern eine qualitativ anspruchsvolle juristische Begründung des eigenen Rechtsstandpunkts. Verfügt die Aufsichtsbehörde über ausreichende Finanzmittel, um einen im Datenschutzrecht ausgewiesenen Rechtsanwalt als Prozessvertreter

---

[130]S. hierzu ausführlich Kap. 4.1 und 7.

zu beauftragen, kann sie dadurch ihre Aufgaben der unmittelbaren Prozessführung verringern. Die intensive Begleitung des Prozesses und die Erarbeitung der eigenen Strategie und Argumentation bleibt jedoch immer ihre Aufgabe. Nach Art. 58 Abs. 5 DSGVO muss jeder Mitgliedstaat durch Rechtsvorschriften vorsehen, „dass seine Aufsichtsbehörde befugt ist, Verstöße gegen diese Verordnung den Justizbehörden zur Kenntnis zu bringen und gegebenenfalls die Einleitung eines gerichtlichen Verfahrens zu betreiben oder sich sonst daran zu beteiligen, um die Bestimmungen dieser Verordnung durchzusetzen". Der Entwurf eines neuen Bundesdatenschutzgesetzes sieht in § 40 Abs. 2 Satz 3 BDSG-E vor, dass die Aufsichtsbehörde strafrechtlich relevante Verstöße gegen das Datenschutzrecht anzeigen kann. Dies entspricht der ersten Befugnis, die Art. 58 Abs. 5 DSGVO vorsieht. Für die zweite Befugnis, „gegebenenfalls die Einleitung eines gerichtlichen Verfahrens zu betreiben", sieht der Entwurf keine Umsetzung vor. In der Literatur wird vertreten, dass diese Befugnis dazu dienen soll, „einen Rechtsstreit gegen die kontrollierte öffentliche Stelle" anzustrengen.[131] Dies passt jedoch nicht zu den hier erörterten Durchsetzungsbefugnissen der Aufsichtsbehörden auch gegenüber öffentlichen Stellen. Danach müssen die kontrollierten öffentlichen Stellen sich gegen Anordnungen der Aufsichtsbehörden gerichtlich zur Wehr setzen. Die Aufsichtsbehörden sind in diesen Gerichtverfahren Beklagte oder Antragsgegnerinnen. Eine Befugnis, einen Verwaltungsgerichtsstreit anzustrengen, um das Datenschutzrecht gegenüber der kontrollierten öffentlichen Stelle durchzusetzen, benötigen sie nicht. Die zweite Befugnis des Art. 58 Abs. 5 DSGVO kann daher allenfalls die Einleitung eines gerichtlichen Strafverfahrens betreffen, sofern dies in die Rechtsordnung eines Mitgliedstaats passt.

6.11.2 Strafverfahren

Nach Erwägungsgrund 129 DSGVO sollte jede Aufsichtsbehörde die Befugnis haben, „Verstöße gegen diese Verordnung den Justizbehörden zur Kenntnis zu bringen und Gerichtsverfahren anzustrengen". Mit diesem Ziel verpflichtet Art. 58 Abs. 5 DSGVO jeden Mitgliedstaat, durch Rechtsvorschriften vorzusehen, „dass seine Aufsichtsbehörde befugt ist, Verstöße gegen diese Verordnung den Justizbehörden zur Kenntnis zu bringen und gegebenenfalls die

---

[131] *Albrecht/Jotzo*, Das neue Datenschutzrecht der EU, 2017, 116; *Körffer*, in: Paal/Pauly, DSGVO, 2016, Art. 58 Rn. 33, wiederholt nur den Verordnungstext.

Einleitung eines gerichtlichen Verfahrens zu betreiben oder sich sonst daran zu beteiligen, um die Bestimmungen dieser Verordnung durchzusetzen".

Diese allgemeine Vorgabe soll durch § 40 Abs. 2 Satz 3 BDSG-E in das deutsche Recht eingepasst werden. Diese Vorschrift lautet: „Stellt die Aufsichtsbehörde einen Verstoß gegen die Vorschriften über den Datenschutz fest, so ist sie befugt, die betroffenen Personen hierüber zu unterrichten, den Verstoß anderen für die Verfolgung oder Ahndung zuständigen Stellen anzuzeigen sowie bei schwerwiegenden Verstößen die Gewerbeaufsichtsbehörde zur Durchführung gewerberechtlicher Maßnahmen zu unterrichten."

Diese Regelung entspricht nahezu wörtlich der Vorschrift des § 38 Abs. 1 Satz 6 BDSG. An den Befugnissen der Aufsichtsbehörde ändert sich inhaltlich nichts. Sie ist weiterhin im gleichen Ausmaß befugt, gravierende Verstöße gegen das Datenschutzrecht bei der Staatsanwaltschaft und der Gewerbeaufsichtsbehörde anzuzeigen und damit strafrechtliche Ermittlungen und Verfolgungen sowie gewerbeaufsichtsrechtliche Maßnahmen auch als Mittel zur Durchsetzung der Datenschutz-Grundverordnung einzusetzen. Eine zusätzliche Pflicht oder zusätzliche Aufgabe der Aufsichtsbehörde ergibt sich dadurch nicht.

Allerdings ist festzustellen, dass die Aufsichtsbehörden ihr Strafantragsrecht nur sehr restriktiv gebrauchen.[132] Dies dürfte seinen Grund neben Personalmangel – die Strafanträge müssen gut begründet sein –in den geringen Erfolgsaussichten haben. Staatsanwaltschaften und Gerichte neigen dazu, Strafverfahren wegen datenschutzrechtlichen Verstößen einzustellen. Im Jahr 2014 stand 568 polizeilich erfassten Fällen nur eine verschwindend geringe Zahl rechtskräftiger Verurteilungen gegenüber.[133] Würden die Aufsichtsbehörden über ausreichend qualifizierte Mitarbeiter verfügen und würden sie eine Abschrift der Anklageschrift oder des Strafbefehls sowie Akteneinsicht erhalten, wären sie vor einer staatsanwaltschaftlichen Einstellungsverfügung anzuhören, würden sie zur Hauptverhandlung geladen und könnten dort aus eigenem Recht das Wort ergreifen,[134] würde daraus auch eine höhere Zahl von Strafanträgen folgen und die Durchsetzung des Datenschutzrechts verbessert. Ein höherer Arbeitsanfall wäre außerdem durch die zunehmende Datenverarbeitung und ein allein dadurch verursachtes Ansteigen von Verstößen gegen das Datenschutzrecht zu erwarten.

6.11.3 Bußgeldverfahren

Die Aufsichtsbehörde hat künftig die neuen Bußgeldtatbestände und den neuen Bußgeldrahmen des Art. 83 DSGVO zu beachten. Ergänzend gelten für sie die neuen Anpassungsregelungen in § 41 und 43 BDSG-E. Wie bereits dargestellt, werden diese Regelungen zu einem erheblichen zusätzlichen Arbeitsaufwand der Aufsichtsbehörden führen.[135]

6.11.4 Nichtigkeitsklage vor dem Europäischen Gerichtshof

Wie Erwägungsgrund 143 DSGVO ausdrücklich klarstellt, kann jede Aufsichtsbehörde gegen einen sie bindenden Beschluss des Europäischen Datenschutzausschusses unter den in Artikel 263 Abs. 4 AEUV genannten Voraussetzungen[136] beim Gerichtshof eine Klage auf Nichtigerklärung dieses Beschlusses erheben.[137] Die von einem Beschluss betroffenen Aufsichtsbehörden, die diesen anfechten möchten, müssen gemäß Artikel 263 Abs. 6 AEUV binnen zwei Monaten nach dessen Übermittlung Klage erheben.[138]

Diese Klagemöglichkeit ist neu. Die Klage ist die einzige Möglichkeit für eine Aufsichtsbehörde, sich gegen einen sie bindenden Beschluss des Datenschutzausschusses zu wehren, der sie zwingt, eine Entscheidung zu treffen, die sie für rechtswidrig hält.[139] In einem solchen Fall muss sie dieses Rechtsmittel ergreifen. Als unabhängige juristische Person ist die Aufsichtsbehörde durch einen sie bindenden Beschluss des Europäischen Datenschutzausschusses in ihren Rechten verletzt, wenn der Beschluss rechtswidrig ist. Aus ihrer Unabhängigkeit ergibt sich auch, dass die Aufsichtsbehörde insbesondere im Licht von Art. 8 Abs. 3 GRCh ein Klagerecht gegen eine Institution der Europäischen Union haben muss, die sie zu Unrecht in dieser Unabhängigkeit einschränkt.[140] Dies gilt auch für die Aufsichtsbehörden, die nicht von dem Beschluss des Europäischen Datenschutzausschusses adressiert, aber dennoch inhaltlich durch ihn gebunden werden.[141]

---

[132]S. *Lüdemann/Wenzel*, RDV 2015, 290f.

[133]*Dieterich*, ZD 2016, 265.

[134]S. hierzu *Roßnagel*, ZD 2015, 111.

[135]S. zu den spezifischen datenschutzrechtlichen Sanktionen Kap. 6.10.

[136]S. *Ehricke*, in: Streinz, EUV/AEUV, 2. Aufl. 2012, Art. 263 AEUV, Rn. 39 ff.

[137]S. hierzu z.B. *Nguyen*, ZD 2015, 268; *Kühling/Martini u.a.*, Die Datenschutz-Grundverordnung, 2016, 248 ff.

[138]S. *Ehricke*, in: Streinz, EUV/AEUV, 2. Aufl. 2012, Art. 263 AEUV, Rn. 72.

[139]S. z.B. auch *Albrecht/Jotzo*, Das neue Datenschutzrecht der EU, 2017, 126.

[140]S. hierzu auch *Kühling/Martini u.a.*, Die Datenschutz-Grundverordnung, 2016, 249 ff.

[141]S. *Kühling/Martini u.a.*, Die Datenschutz-Grundverordnung, 2016, 250f.

Eine Klagebefugnis hat der Europäische Gerichtshof auch in seiner Entscheidung vom 6. Oktober 2015 zur Nichtigkeit der Safe Habor-Entscheidung der Europäischen Kommission eingefordert.[142] Soweit die Aufsichtsbehörde nicht eine eigene Rechtsverletzung geltend macht, sondern es – wie in diesem Verfahren – um eine Vertragsverletzung geht, die betroffene Personen betrifft, ist nicht eine Nichtigkeitsklage nach Art. 263 AEUV zu erheben, sondern ein Vorabentscheidungsverfahren nach Art. 267 AEUV durchzuführen. Für dieses Verfahren forderte der Europäische Gerichtshof, dass der nationalen Gesetzgeber Rechtsbehelfe vorzusehen hat, „die es der betreffenden nationalen Kontrollstelle ermöglichen, die von ihr für begründet erachteten Rügen vor den nationalen Gerichten geltend zu machen, damit diese, wenn sie die Zweifel der Kontrollstelle an der Gültigkeit der Entscheidung der Kommission teilen, um eine Vorabentscheidung über deren Gültigkeit ersuchen".[143] Dieser Umweg über ein Gerichtsverfahren im jeweiligen Mitgliedstaat[144] und die nationalstaatliche Anerkennung einer Parteifähigkeit und Klagebefugnis ist für die Nichtigkeitsklage nicht erforderlich. Diese kann die Aufsichtsbehörde unmittelbar beim Europäischen Gerichtshof einreichen.

Neben den Aufsichtsbehörden hat auch „jede natürliche oder juristische Person", die als Verantwortlicher, Auftragsverarbeiter oder Beschwerdeführer von einem Beschluss des Ausschusses unmittelbar und individuell betroffen ist,[145] das Recht, nach Art. 263 Abs. 4 AEUV beim Europäischen Gerichtshof eine Klage auf Nichtigerklärung dieses Beschlusses zu erheben.[146] Auch sie müssen gegen den Beschluss binnen zwei Monaten nach Veröffentlichung auf der Website des Ausschusses Klage auf Nichtigerklärung erheben.[147]

Die Aufsichtsbehörde, die den sie bindenden Beschluss gegen den Verantwortlichen, den Auftragsverarbeiter oder den Beschwerdeführer umgesetzt hat,

---

[142]*EuGH*, Urteil vom 6.10.2015, Rs. C-362/14, Rn. 65.

[143]*EuGH*, Urteil vom 6.10.2015, Rs. C-362/14, Rn. 65.

[144]S. zu diesem Verfahren bei Rügen gegen einen Angemessenheitsbeschluss der Europäischen Kommission Kap. 6.11.6.

[145]Dies dürfte jedoch selten der Fall sein, da Beschlüsse des Europäischen Datenschutzausschusses die Aufsichtsbehörden binden und diese danach die Verwaltungsakte mit Außenwirkung erlassen, die erst die Verantwortlichen oder die betroffenen Personen unmittelbar betreffen – s. hierzu auch *Hofmann*, Datenschutzkontrolle, in: Roßnagel, Datenschutz-Grundverordnung. 2017, 191.

[146]S. hierzu z.B. *Nguyen*, ZD 2015, 268; *Schantz*, NJW 2016, 1847.

[147]S. Erwägungsgrund 143 DSGVO.

ist in diesem Fall zwar nicht Partei des Verfahrens zur Nichtigerklärung des Beschlusses, aber dennoch Beteiligte und muss sich in dieser Funktion intensiv an dem Gerichtsverfahren beteiligen. Auch in diesem Fall, den die Aufsichtsbehörde nicht beherrschen kann, muss sie große zeitliche Aufwände für die Prozessbeteiligung aufbringen.

Unabhängig davon, ob die Aufsichtsbehörde als Antragsteller oder Beteiligter an einem Verfahren vor dem Europäischen Gerichtshof beteiligt ist, wird ein solcher Prozess für die Aufsichtsbehörde mit großen Aufwänden verbunden sein. Die Beauftragung einer Prozessvertretung entbindet sie nicht davon, den Prozess als Partei aktiv zu betreiben. Das hierfür erforderliche Personal muss ihr zur Verfügung stehen. Es darf nicht sein, dass sie diesen Prozess deshalb nicht führen kann, weil ihr dafür die erforderliche personelle Unterstützung fehlt.

6.11.5 Vorabentscheidungsverfahren

Der Betroffene, eventuell vertreten durch einen Verband, der Verantwortliche, der Auftragsverarbeiter, die Zertifizierungsstelle und die Überwachungsstelle können sich gegen den Verwaltungsakt der Aufsichtsbehörde mit einer Anfechtungsklage wehren.[148] Sofern die nationalen Gerichte in diesen Verfahren eine Entscheidung über eine Frage zur Anwendung der Datenschutz-Grundverordnung für erforderlich halten, um ihr Urteil erlassen zu können, können oder müssen sie nach Art. 267 Abs. 2 oder 3 AEUV[149] den Gerichtshof um eine Vorabentscheidung zur Auslegung des Unionsrechts und der Verordnung ersuchen.[150] In diesem Verfahren zur Vorabentscheidung ist die Aufsichtsbehörde als Partei des Ausgangsverfahrens beteiligt und aufgefordert Stellungnahmen abzugeben.[151]

Wird in einem Ausgangsverfahren der Beschluss einer Aufsichtsbehörde zur Umsetzung eines Beschlusses des Datenschutzausschusses vor einem mitgliedstaatlichen Gericht angefochten und wird die Gültigkeit des Beschlusses des Ausschusses in Frage gestellt, „so hat das mitgliedstaatliche Gericht nicht die Befugnis, den Beschluss des Ausschusses für nichtig zu erklären, sondern es muss im Einklang mit Art. 267 AEUV in der Auslegung des Gerichtshofs den Gerichtshof mit

---

[148]S. Kap. 6.11.1.

[149]S. hierzu z.B. *Ehricke*, in: Streinz, EUV/AEUV, 2. Aufl. 2012, Art. 267 AEUV, Rn. 41 ff.

[150]Hierauf weist Erwägungsgrund 143 DSGVO ausdrücklich hin.

[151]S. § 23 EuGH-Satzung; s. hierzu z.B. *Ehricke*, in: Streinz, EUV/AEUV, 2. Aufl. 2012, Art. 267 AEUV, Rn. 60 ff.

der Frage der Gültigkeit befassen, wenn es den Beschluss für nichtig hält. Allerdings darf ein einzelstaatliches Gericht den Gerichtshof nicht auf Anfrage einer natürlichen oder juristischen Person mit Fragen der Gültigkeit des Beschlusses des Ausschusses befassen, wenn diese Person Gelegenheit hatte, eine Klage auf Nichtigerklärung dieses Beschlusses zu erheben – insbesondere wenn sie unmittelbar und individuell von dem Beschluss betroffen war –, diese Gelegenheit jedoch nicht innerhalb der Frist" gemäß Art. 263 Abs. 6 AEUV „genutzt hat".[152]

Erlässt der Europäische Datenschutzausschuss einen verbindlichen Beschluss nach Art. 65 oder 66 DSGVO, besteht eine hohe Wahrscheinlichkeit, dass entweder die Aufsichtsbehörde selbst nach Art. 263 AEUV oder der Verantwortliche, der Auftragsverarbeiter oder der Beschwerdeführer, die von ihm unmittelbar betroffen sind, ebenfalls nach Art. 263 AEUV eine Nichtigkeitsklage an den Europäischen Gerichtshof richten oder dass ein mitgliedstaatliches Gericht die Frage der Gültigkeit dem Gerichtshof vorlegt. In all diesen Fällen kommen auf die Aufsichtsbehörde hohe zeitliche Aufwände zu, um die Verfahren vor dem Europäischen Gerichtshof mit der notwendigen Qualität zu betreiben.

6.11.6 Anfechtung eines Angemessenheitsbeschlusses der Kommission

Der Europäische Gerichtshof hat in seiner Entscheidung vom 6. Oktober 2015 zur Nichtigkeit des Safe Harbor-Entscheidung 2000/520/EG der Europäischen Kommission vom 26. Juli 2000 festgestellt, dass eine Kontrollstelle zum Schutz der Rechte und Freiheiten der betroffenen Person nach Art. 28 Abs. 3 UAbs. 1 dritter Gedankenstrich der Richtlinie 95/46 im Licht insbesondere von Art. 8 Abs. 3 GRCh ein Klagerecht gegen eine Institution der Europäischen Union haben muss.[153] „Insoweit ist es Sache des nationalen Gesetzgebers, Rechtsbehelfe vorzusehen, die es der betreffenden nationalen Kontrollstelle ermöglichen, die von ihr für begründet erachteten Rügen vor den nationalen Gerichten geltend zu machen, damit diese, wenn sie die Zweifel der Kontrollstelle an der Gültigkeit der Entscheidung der Kommission teilen, um eine Vorabentscheidung über deren Gültigkeit ersuchen."[154] Eine solche hat der deutsche Gesetzgeber den Aufsichtsbehörden bisher nicht eingeräumt. Die Möglichkeit, vor dem Europä-

---

[152] S. Erwägungsgrund 143 DSGVO.

[153] S. hierzu auch *Eichenhofer*, EuR 2016, 87.

[154] *EuGH*, Urteil vom 6.10.2015, Rs. C-362/14, Rn. 65.

ischen Gerichtshof gegen einen Beschluss einer Institution der Europäischen Union klagen zu können, wird den deutschen Aufsichtsbehörden erst ab dem 25. Mai 2018 eingeräumt.

Nach § 21 BDSG-E hat eine Aufsichtsbehörde, die einen Angemessenheitsbeschluss der Kommission, auf dessen Gültigkeit es bei der Entscheidung über die Beschwerde einer betroffenen Person ankommt, für europarechtswidrig hält, ihr Verfahren auszusetzen und einen Antrag auf gerichtliche Entscheidung an das Bundesverwaltungsgericht zu stellen. An diesem Verfahren ist die Aufsichtsbehörde als Antragstellerin beteiligt. Kommt das Bundesverwaltungsgericht zu der Überzeugung, dass der Angemessenheitsbeschluss der Kommission gültig ist, so stellt es dies in seiner Entscheidung fest. Andernfalls legt es die Frage nach der Gültigkeit des Angemessenheitsbeschlusses der Kommission gemäß Art. 267 AEUV dem Europäischen Gerichtshof zur Entscheidung vor.

Auch für ein Verfahren vor dem Bundesverwaltungsgericht kann ein hoher Arbeitsaufwand entstehen. Insoweit kann auf die Ausführungen zu den Verfahren vor dem Europäischen Gerichtshof verwiesen werden.[155] Ein solches Verfahren dürfte wohl nur von einer Aufsichtsbehörde als Präzedenzverfahren nach Abstimmung im Düsseldorfer Kreis betrieben werden. Insbesondere bei der umfangreichen Erhebung des Sachverhalts über das Datenschutzniveau in dem umstrittenen Drittstaat dürfte die klagende Aufsichtsbehörde Unterstützung durch andere Aufsichtsbehörden erhalten. Allerdings ist auch nicht auszuschließen, dass eine Aufsichtsbehörde ohne Absprache mit den übrigen Aufsichtsbehörden handelt und den gesamten Arbeitsaufwand der Vorbereitung und der Prozessführung auf sich nimmt. Eine solche Entscheidung muss jeder Aufsichtsbehörde frei stehen und ihr müssen hierfür auch die notwendigen Personalressourcen zur Verfügung stehen.

6.12   Koordinierung der Datenschutzaufsicht

Im Hinblick auf die koordinierte Umsetzung der Datenschutz-Grundverordnung in der gesamten Union soll die Aufsichtsbehörde nach Art. 57 Abs. 1 lit. g) DSGVO „mit anderen Aufsichtsbehörden zusammenarbeiten, auch durch Informationsaustausch, und ihnen Amtshilfe leisten, um die einheitliche Anwendung und Durchsetzung dieser Verordnung zu gewährleisten".[156]

---

[155]S. Kap. 6.11.4 und 6.11.5.
[156]S. hierzu auch Erwägungsgrund 10 DSGVO.

Die zur einheitlichen Anwendung und Durchsetzung der Verordnung notwendige Kooperation und Koordination der Aufsichtsbehörden soll durch einen
umfassenden Informationsaustausch, durch eine intensive Zusammenarbeit, durch
gegenseitige Amtshilfe und gemeinsame Maßnahmen, durch eine abgestimmte
Bewertung im Rahmen eines Kohärenzverfahrens sowie durch das Zusammenwirken im Rahmen des gemeinsamen Datenschutzausschusses stattfinden.
Soweit diese Tätigkeiten zur einheitlichen Anwendung und Durchsetzung der
Datenschutz-Grundverordnung als Pflichten mit eindeutigen Handlungsanweisungen für die Aufsichtsbehörden ausgestaltet sind, wurden sie bereits vorgestellt.[157]
Sie erfordern jedoch über die eindeutig vorgegebenen Tätigkeiten hinaus einen
kommunikativen Austausch, ohne den die unionsweiten Koordinierung der Aufsichtsbehörden nicht gelingen kann. Im Folgenden werden die kommunikativen
Tätigkeiten näher ausgeführt, die nur als Aufgaben ohne konkrete Handlungsan-
weisung und mit großen Entscheidungsspielräumen ausgestaltet sind.

6.12.1 Informationsaustausch

Die Datenschutz-Grundverordnung sieht mehrere formelle Pflichten für alle Aufsichtsbehörden vor, die die Zusammenarbeit der Aufsichtsbehörden und die einheitliche Anwendung der Verordnung durch diese gewährleisten sollen. Allein die
Erfüllung dieser Pflichten kann jedoch die inhaltliche Kooperation der Aufsichtsbehörden nicht sicherstellen. Diese erfordert darüber hinaus eine informelle Kooperation, wenn die angestrebte Koordination der Aufsichtsbehörden der gesamten
Union gelingen soll. Daher benennt die Datenschutz-Grundverordnung neben den
formellen Pflichten auch mehrere Aufgaben der Aufsichtsbehörden, um Informationen gegenseitig auszutauschen und über ihre Aufgabenerfüllung zu kommunizieren.

Nach Art. 57 Abs. 1 lit. g) DSGVO „muss" die Aufsichtsbehörde „mit anderen Aufsichtsbehörden zusammenarbeiten, auch durch Informationsaustausch".
Im Rahmen des Verfahrens der grenzüberschreitenden Zusammenarbeit fordert Art. 60 Abs. 1 Satz 2 DSGVO, dass die federführende Aufsichtsbehörde
und die betroffenen Aufsichtsbehörden bei grenzüberschreitenden Datenverarbeitungen „untereinander alle zweckdienlichen Informationen" austauschen.
Nach Art. 60 Abs. 12 DSGVO übermitteln die federführende Aufsichtsbehörde
und die anderen betroffenen Aufsichtsbehörden einander die im Verfahren der

---

[157]S. Kap. 5.5.

Zusammenarbeit „geforderten Informationen auf elektronischem Wege unter Verwendung eines standardisierten Formats".

Dieser informationelle Austausch wird auch von der Datenschutz-Richtlinie gefordert. Nach Art. 28 Abs. 6 UAbs. 2 DSRL sorgen die Kontrollstellen „für die zur Erfüllung ihrer Kontrollaufgaben notwendige gegenseitige Zusammenarbeit, insbesondere durch den Austausch sachdienlicher Informationen".[158] Das Bundesdatenschutzgesetz und die meisten Datenschutzgesetze der Länder kennen eine solche Aufgabe nicht.

Diese Aufgabe hat aber zur Umsetzung einer Verordnung eine völlig andere Bedeutung als zur Kooperation nach der Umsetzung einer Richtlinie in 31 Datenschutzgesetzen der Mitgliedstaaten der Europäischen Union und des Europäischen Wirtschaftsraums. Vor allem kennt die Richtlinie nicht das Verfahren bei grenzüberschreitender Datenverarbeitung und nicht die intensive und weitreichend Zusammenarbeit in einem Europäischen Datenschutzausschuss, der für alle Aufsichtsbehörden verbindliche Beschlüsse erlässt. Vielmehr sorgt die Richtlinie dafür, dass bei grenzüberschreitenden Sachverhalten immer nur eine Aufsichtsbehörde zuständig ist. Auch ist der Aufgabenbereich der Art. 29-Datenschutzgruppe weniger umfangreich und sind ihre Beschlüsse nicht rechtlich verbindlich.[159] Die Aufgabe des Informationsaustauschs und der Kommunikation zu Fragen der gemeinsamen Anwendung des in der gesamten Union einheitlichen Datenschutzrechts gewinnt unter der Datenschutz-Grundverordnung daher eine neue, erheblich größere Relevanz.

Die Umsetzung dieser neu akzentuierten und erheblich relevanteren Aufgabe erfordert einen deutlich höheren Arbeitsaufwand als bisher. Es gibt neben der gemeinsamen Entwicklung von konkretisierenden Regeln zum Umgang mit den neuen Datenschutzinstrumenten der Datenschutz-Folgenabschätzung, der datenschutzfreundlichen Systemgestaltung, der Verhaltensregeln und der Zertifizierung vor allem viele zusätzliche Anlässe und Erfordernisse zum Informationsaustausch und zur Kommunikation – vor allem durch das Verfahren der Zusammenarbeit und die Mitwirkung im Europäischen Datenschutzausschuss. Die hierfür notwendigen Abstimmungen, die zu einer einheitlichen Anwendung der Datenschutz-Grundverordnung durch die Aufsichtsbehörden führen sollen, sind

---

[158]S. *Brühann*, in: Grabitz/Hilf, Das Recht der Europäische Union, A 30, 95/46/EG, Art. 28 Rn. 15; *Thomé*, Reform der Datenaufsicht, 2015, 70.

[159]S. z.B. *Hofmann*, Datenschutzkontrolle, in: Roßnagel, Datenschutz-Grundverordnung, 2017, 189; *Laue/Nink/Kremer*, Das neue Datenschutzrecht, 2017, 276; *Kühling/Martini u.a.*, Die Datenschutz-Grundverordnung, 2016, 113.

inhaltlich schwierig und erfordern eine hohe datenschutz- und unionsrechtliche Qualifikation, technischen Sachverstand und diplomatisches Geschick. Auf die Schwierigkeiten der sprachlichen Verständigung zwischen 28 Mitgliedstaaten mit 24 Amtssprachen der Union und drei weiteren Mitgliedstaaten des Europäischen Wirtschaftsraums wurde bereits hingewiesen.[160]

Der Arbeitsaufwand für den Austausch von relevanten Informationen und die Kommunikation über wichtige Rechtsanwendungsprobleme entsteht nicht losgelöst von einzelnen Verfahren oder institutionellen Settings, in denen die Aufsichtsbehörden zusammenarbeiten. Daher wird der Arbeitsaufwand für Informationsaustausch und Kommunikation nicht getrennt davon gewürdigt, sondern als notwendiger und integraler Bestandteil des Arbeitsaufwands zur Erfüllung der anderen Pflichten und Aufgaben berücksichtigt.

6.12.2 Verfahren der Zusammenarbeit

Sind bei grenzüberschreitenden Datenverarbeitungen Aufsichtsbehörden in unterschiedlichen Mitgliedstaaten zuständig, fungiert die Aufsichtsbehörde, in deren Zuständigkeitsbereich der Verantwortliche oder der Auftragsverarbeiter seine Hauptniederlassung oder einzige Niederlassung hat, nach Art. 56 Abs. 1 DSGVO als zuständige „federführende" Aufsichtsbehörde. Aber auch jede weitere Aufsichtsbehörde kann nach Art. 56 Abs. 2 DSGVO zuständig sein, „sich mit einer bei ihr eingereichten Beschwerde oder einem etwaigen Verstoß gegen diese Verordnung zu befassen, wenn der Gegenstand nur mit einer Niederlassung in ihrem Mitgliedstaat zusammenhängt oder betroffene Personen nur ihres Mitgliedstaats erheblich beeinträchtigt". In diesem Fall haben beide Aufsichtsbehörden spezifische Kooperationspflichten, die in den Abs. 3 bis 5 des Art. 56 DSGVO geregelt sind.[161]

In welchem Umfang und in welcher Intensität die einzelne Aufsichtsbehörde die jeweils andere Aufsichtsbehörde informiert, mit ihr kooperiert und sie unterstützt sowie Tätigkeiten durchführt, um die Zusammenarbeit jenseits der einzelnen Maßnahmen, zu denen sie im Verfahren der Zusammenarbeit verpflichtet ist, zu fördern, unterliegt ihrem pflichtgemäßen Ermessen. Dieses muss sie im Sinn der von der Verordnung geforderten Zusammenarbeit ausüben, die die Verordnung in grenzüberschreitenden Angelegenheiten bestmöglich durchsetzt.

---

[160]S. näher Kap. 5.5.3.
[161]S. zu diesen näher Kap. 5.5.1.

6.12.3 Vorbereitende Maßnahmen zur gegenseitigen Amtshilfe

Ebenfalls nach Art. 57 Abs. 1 lit. g) DSGVO soll die Aufsichtsbehörde „mit anderen Aufsichtsbehörden zusammenarbeiten … und ihnen Amtshilfe leisten". Hierzu soll sie nach Art. 57 Abs. 1 lit. h) DSGVO „auch auf der Grundlage von Informationen einer anderen Aufsichtsbehörde oder einer anderen Behörde" geeignete „Untersuchungen über die Anwendung dieser Verordnung durchführen".

Diese Aufgabe wird in Art. 61 Abs. 1 DSGVO aufgegriffen: Danach übermitteln die Aufsichtsbehörden einander maßgebliche Informationen und gewähren einander Amtshilfe, um diese Verordnung einheitlich durchzuführen und anzuwenden, und treffen Vorkehrungen für eine wirksame Zusammenarbeit.

In welchem Umfang und in welcher Intensität die einzelne Aufsichtsbehörde Tätigkeiten durchführt, um die Aufgabe der gegenseitigen Unterstützung jenseits der Maßnahmen, zu denen sie im Rahmen der gegenseitigen Amtshilfe verpflichtet ist,[162] wahrzunehmen, unterliegt ihrem pflichtgemäßen Ermessen. Dieses muss sie im Sinn der von der Verordnung geforderten Zusammenarbeit ausüben. Aber auch für diese Maßnahmen, die die Amtshilfe ermöglichen und vorbereiten sollen, gilt die Forderung des Art. 52 Abs. 4 DSGVO, nach der jede Aufsichtsbehörde so auszustatten ist, dass sie ihre Aufgaben und Befugnisse „auch im Rahmen der Amtshilfe … effektiv" erfüllen kann.[163]

6.12.4 Gemeinsame Maßnahmen

Verfügt ein Verantwortlicher oder ein Auftragsverarbeiter über Niederlassungen in mehreren Mitgliedstaaten oder werden die Verarbeitungsvorgänge voraussichtlich auf eine bedeutende Zahl betroffener Personen in mehr als einem Mitgliedstaat erhebliche Auswirkungen haben, lädt die gemäß Art. 56 Abs. 1 oder 4 DSGVO zuständige Aufsichtsbehörde nach Art. 62 Abs. 2 DSGVO die Aufsichtsbehörde jedes dieser Mitgliedstaaten zur Teilnahme an Aufsichtsmaßnahmen, die sie beabsichtigt, ein. Jede dieser Aufsichtsbehörden ist berechtigt, an den gemeinsamen Maßnahmen teilzunehmen. Sie antwortet unverzüglich auf das Ersuchen einer Aufsichtsbehörde um Teilnahme. Die einladende Aufsichtsbehörde kann

---

[162]S. hierzu Kap. 5.5.2.
[163]S. hierzu bestätigend Erwägungsgrund 120 DSGVO.

den Mitgliedern oder Bediensteten jeder unterstützenden Aufsichtsbehörde nach
Art. 62 Abs. 3 DSGVO gestatten, Untersuchungen durchzuführen.[164]

Diese Aufgabe ist für den Datenschutz neu.[165] Sie ist weder in der
Datenschutz-Richtlinie noch im deutschen Datenschutzrecht vorgesehen. Art. 62
DSGVO regelt zwar keine Pflichten zu gemeinsamen Maßnahmen, sondern nur
Möglichkeiten der einladenden und der unterstützenden Aufsichtsbehörden sowie
Fragen der Haftung. Dabei steht es aber weder der einladenden noch der unterstützenden Aufsichtsbehörde frei, ob sie an gemeinsamen Maßnahmen teilnimmt.
Die einladende Behörde ist nach Art. 62 Abs. 2 DSGVO zur Einladung verpflichtet und jede eingeladene Aufsichtsbehörde hat nach pflichtgemäßem Ermessen
darüber zu entscheiden, ob sie der Einladung Folge leistet. Nach Erwägungsgrund
134 DSGVO sollte jede Aufsichtsbehörde „an gemeinsamen Maßnahmen von
anderen Aufsichtsbehörden teilnehmen". Daher kann die eingeladene Aufsichtsbehörde nur im Ausnahmefall eine Einladung nicht befolgen.

Jedenfalls muss die eingeladene Aufsichtsbehörde so ausgestattet sein, dass sie
nicht wegen Personalmangels der Einladung nicht Folge leisten kann. Die einladende Aufsichtsbehörde muss personell in der Lage sein, dass sie gemeinsame
Untersuchungen und gemeinsame Durchsetzungsmaßnahmen vorbereiten, organisieren, betreuen und auswerten kann.

6.12.5 Mitarbeit im Datenschutzausschuss

Nach Art. 57 Abs. 1 lit. t) DSGVO „muss" jede Aufsichtsbehörde „Beiträge zur
Tätigkeit des Ausschusses leisten".[166]

Fraglich ist, ob dies in Deutschland für jede Aufsichtsbehörde gilt. Denn
nicht jede Aufsichtsbehörde ist Mitglied des Datenschutzausschusses. Nach
Art. 68 Abs. 3 DSGVO besteht der Ausschuss „aus dem Leiter einer Aufsichtsbehörde jedes Mitgliedstaats und dem Europäischen Datenschutzbeauftragten oder
ihren jeweiligen Vertretern". Wenn – wie in Deutschland – in einem Mitgliedstaat „mehr als eine Aufsichtsbehörde für die Überwachung der Anwendung der
nach Maßgabe dieser Verordnung erlassenen Vorschriften zuständig" ist, so wird
nach Art. 68 Abs. 4 DSGVO „im Einklang mit den Rechtsvorschriften dieses

---

[164]S. hierzu näher *Kühling/Martini u.a.*, Die Datenschutz-Grundverordnung, 2016, 232f.

[165]S. zu einer vergleichbaren Regelung in Art. 18 Abs. 3 eIDAS-VO *Roßnagel*, Recht der
Vertrauensdienste, 2016, 144.

[166]S. hierzu z.B. *Nguyen*, ZD 2015, 267f.

Mitgliedstaats ein gemeinsamer Vertreter benannt". Mitglied und Stellvertreter werden also nur jeweils ein Leiter einer deutschen Aufsichtsbehörde, nicht alle.

Nach den Eingangsworten des Art. 57 Abs. 1 DSGVO gilt die Aufgabe nach lit. t) allerdings für „jede Aufsichtsbehörde", nicht nur für die Leiter der Aufsichtsbehörden, die Mitglied des Ausschusses sind. Das macht auch Sinn, weil die Aufgabe des Ausschusses nach den Eingangsworten des Art. 70 Abs. 1 DSGVO darin besteht, „die einheitliche Anwendung dieser Verordnung sicher" zu stellen. Die in Art. 70 Abs. 1 lit. a) bis y) DSGVO detailliert aufgelisteten Aufgaben des Ausschusses dienen alle diesem Ziel. Diesem ist nach Art. 51 Abs. 2 DSGVO auch jede Aufsichtsbehörde verpflichtet.[167] Wenn der Ausschuss für die einheitliche Bearbeitung der in Art. 70 Abs. 1 DSGVO genannten Aufgaben die zentrale Institution ist, um dieses gemeinsame Ziel zu erreichen, dann muss die Aufgabe, hierzu Beiträge zu leisten, für jede Aufsichtsbehörde gelten.

Allerdings werden sich die deutschen Aufsichtsbehörden abstimmen und koordiniert Beiträge zur Tätigkeit des Ausschusses erbringen. Dies erfolgt bisher für die Datenschutzaufsicht über öffentliche Stellen in der Konferenz der unabhängigen Datenschutzbehörden des Bundes und der Länder[168] und für die Datenschutzaufsicht über nicht-öffentliche Stellen im Düsseldorfer Kreis.[169] Beides sind informelle Gremien, die bisher einer rechtlich unverbindlichen Koordination der Aufsichtätigkeit in Deutschland dienen. Künftig werden sie aber verbindlich die Stellungnahmen des deutschen Vertreters im Europäischen Datenschutzausschuss festlegen müssen.

Aufgrund der Vertretungsregelungen für den Europäischen Datenschutzausschuss, der verbindliche Entscheidungen trifft,[170] und wegen des Gesetzgebungsauftrags der Art. 51 Abs. 3 und 68 Abs. 4 DSGVO wird die Koordination der Aufsichtsbehörde in Deutschland zusätzlich durch §§ 17 bis 19 BDSG-E verfasst und formalisiert:

Gemeinsamer Vertreter aller deutschen Aufsichtsbehörden im Europäischen Datenschutzausschuss soll nach § 17 Abs. 1 BDSG-E die Bundesbeauftragte für Datenschutz und Informationsfreiheit sein. Als Stellvertreter wählt der Bundesrat

---

[167]S. auch Erwägungsgrund 123 DSGVO.

[168]Dieses gesetzlich nicht vorgesehene Gremium hat inzwischen eine feste institutionelle Form. Es verabschiedet Beschlüsse zu allen relevanten Fragen des Datenschutzes, die oft durch feste Arbeitskreise vorbereitet werden. Diese Beschlüsse sind zwar nicht verbindlich, haben aber durch die fachliche Kompetenz des Gremiums eine hohe faktische Wirkung.

[169]S. zum Düsseldorfer Kreis auch Kap. 5.3.1.

[170]S. z.B. *Albrecht/Jotzo*, Das neue Datenschutzrecht der EU, 2017, 118.

den Leiter einer Landesaufsichtsbehörde. In Angelegenheiten, für die die Länder alleine das Recht zur Gesetzgebung haben oder die Landesbehörden betreffen, überträgt nach § 17 Abs. 2 BDSG-E der gemeinsame Vertreter dem Stellvertreter auf dessen Verlangen die Verhandlungsführung und das Stimmrecht im Europäischen Datenschutzausschuss.[171]

Nach § 18 Abs. 1 BDSG-E arbeiten die Aufsichtsbehörden des Bundes und der Länder in Angelegenheiten der Europäischen Union mit dem Ziel einer einheitlichen Anwendung der Datenschutz-Grundverordnung zusammen. Sie erarbeiten in allen Fragen, die Angelegenheiten der Europäischen Union betreffen, jeweils einen „gemeinsamen Standpunkt", den sie an die Aufsichtsbehörden der anderen Mitgliedstaaten, die Kommission oder den Europäischen Datenschutzausschuss übermitteln.[172] An diesen gemeinsamen Standpunkt ist nach § 18 Abs. 3 BDSG-E die Vertretung Deutschlands im Datenschutzausschuss gebunden.[173] Um vor der Abstimmung über einen gemeinsamen Standpunkt eine gemeinsame Willensbildung zu ermöglichen, geben sich die Aufsichtsbehörden des Bundes und der Länder frühzeitig Gelegenheit zur Stellungnahme. Zu diesem Zweck tauschen sie untereinander alle zweckdienlichen Informationen aus.[174]

Soweit sie kein Einvernehmen über den gemeinsamen Standpunkt erzielen, legen nach § 18 Abs. 2 BDSG-E die federführende Behörde oder in Ermangelung einer solchen der gemeinsame Vertreter und sein Stellvertreter einen Vorschlag für einen gemeinsamen Standpunkt vor. Können sich beide nicht einigen, legt der gemeinsame Vertreter einen Vorschlag fest. In Angelegenheiten, für die die Länder alleine das Recht zur Gesetzgebung haben oder die Landesbehörden betreffen, legt sein Stellvertreter den Vorschlag für einen gemeinsamen Standpunkt fest. Der vorgeschlagene Standpunkt ist den Verhandlungen auf europäischer Ebene zu Grunde zu legen, wenn nicht die Aufsichtsbehörden von Bund und Ländern einen anderen Standpunkt mit einfacher Mehrheit beschließen. Der Bund und jedes Land haben jeweils eine Stimme. Enthaltungen werden nicht gezählt.[175]

Die von Art. 57 Abs. 1 lit. t) DSGVO geforderten Beiträge der Aufsichtsbehörden zur Arbeit des Datenschutzausschusses wird für die Aufsichtsbehörden

---

[171]Zur Begründung s.BT-Drs. 18/11325, 89f.

[172]Zur Begründung s.BT-Drs. 18/11325, 89f.

[173]Zur Verhandlungsführung s. näher § 18 Abs. 3 BDSG-E.

[174]Sofern Angelegenheiten der Presse, des Rundfunks und der Medien oder der Religionsgemeinschaften betroffen sind, werden nach § 18 Abs. 1 Satz 4 BDSG-E auch deren Aufsichtsbehörden beteiligt.

[175]Zur Begründung s.BT-Drs. 18/11325, 90.

der Länder vor allem darin bestehen, in der Willensbildung zu den gemeinsamen Standpunkten mitzuwirken. Ein weiterer notwendiger Beitrag wird in der Mitarbeit in Arbeitskreisen des Datenschutzausschusses bestehen.[176]

Für die Beiträge, die „jede Aufsichtsbehörde" erbringen muss, fordert Art. 52 Abs. 4 DSGVO, diese in einem Umfang mit Finanzmitteln, Personal, Räumlichkeiten und Infrastruktur auszustatten, dass sie diese Aufgabe „effektiv" wahrnehmen kann. Der Umstand, dass Art. 52 Abs. 4 DSGVO die Aufgaben im Rahmen „der Mitwirkung im Ausschuss" ausdrücklich anspricht, kann nur so gedeutet werden, dass der Unionsgesetzgeber diese Beiträge für so umfangreich und bedeutend ansieht, dass er ihre ressourcielle Absicherung besonders betont.

6.12.6 Kohärenzverfahren

Diese Mitwirkung der Aufsichtsbehörde erwartet die Datenschutz-Grundverordnung insbesondere im Kohärenzverfahren. Dies bestätigt auch Erwägungsgrund 119 DSGVO, der in föderalen Staaten sichergestellt sehen will, dass alle Aufsichtsbehörden am Kohärenzverfahren beteiligt werden: „Errichtet ein Mitgliedstaat mehrere Aufsichtsbehörden, so sollte er mittels Rechtsvorschriften sicherstellen, dass diese Aufsichtsbehörden am Kohärenzverfahren wirksam beteiligt werden. Insbesondere sollte dieser Mitgliedstaat eine Aufsichtsbehörde bestimmen, die als zentrale Anlaufstelle für eine wirksame Beteiligung dieser Behörden an dem Verfahren fungiert und eine rasche und reibungslose Zusammenarbeit mit anderen Aufsichtsbehörden, dem Ausschuss und der Kommission gewährleistet."

Gerade um ihre Unabhängigkeit zu wahren und ihre Rechtsauffassung in der Anwendung der Datenschutz-Grundverordnung durchsetzen zu können, muss jede Aufsichtsbehörde sich an der Willensbildung beteiligen, die der Abstimmung des Vertreters Deutschlands im Europäischen Datenschutzausschuss vorausgehen muss.[177]

Da die Meinungsbildung zur Festlegung eines „gemeinsamen Standpunkts" der Aufsichtsbehörden Deutschlands nach § 18 BDSG-E unter den engen Fristen erfolgen muss, die für die Willensbildung im Europäischen Datenschutzausschuss gelten, müssen die inhaltlichen Beiträge der einzelnen Aufsichtsbehörden

---

[176]Zur Begründung s.BT-Drs. 18/11325, 89f.

[177]S. hierzu näher Kap. 6.12.5.

unter noch engeren Fristen erfolgen. Innerhalb dieser engen Fristen müssen sie die Kommunikationen im Ausschuss berücksichtigen, ihre eigene Bewertung erarbeiten, ihren Standpunkt mit anderen Aufsichtsbehörden kommunizieren und abstimmen und schließlich begründet mitteilen. Kumulieren mehrere wichtige Verfahren im Datenschutzausschuss, kann die Aufsichtsbehörde den dadurch verursachten hohen Arbeitsanfall nicht durch Verschieben von Arbeitsanteilen auf spätere Zeiten „abfangen", sondern muss diese Hochbelastung auch in kurzer Zeit abarbeiten können. Daher kann die Personalausstattung in diesem Bereich der Aufsichtsbehörde nicht an der Mindest- oder Durchschnittsbelastung orientiert werden. Vielmehr benötigen alle Aufsichtsbehörden eine Personalausstattung, die ihnen ermöglicht, auch unter Hochbelastung für jede entsprechende Angelegenheit innerhalb der von der Verordnung vorgegebenen engen Fristen einen gemeinsamen Standpunkt auszuarbeiten.

Art. 52 Abs. 4 DSGVO fordert ausdrücklich, die Ausstattung jeder Aufsichtsbehörde in einem Umfang, dass sie insbesondere ihre Aufgaben in der Zusammenarbeit mit anderen Aufsichtsbehörden „effektiv" erfüllen kann.[178]

6.13 Internationale Zusammenarbeit

Nach Art. 50 DSGVO haben die Aufsichtsbehörden die Aufgabe, im internationalen Umfeld mit Drittländern, internationalen Organisationen und maßgeblichen Interessenträgern zusammenzuarbeiten. Diese Aufgabe trifft sie gemeinsam mit der Europäischen Kommission. Daher ist davon auszugehen, dass die Kommission in dieser Zusammenarbeit die Interessen vertritt, die die gesamte Europäische Union betreffen. Auch ist von einer Arbeitsteilung zwischen der Bundesbeauftragten für den Datenschutz und die Informationsfreiheit und den Aufsichtsbehörden der Länder auszugehen. Sie vertritt die Interessen des Bundes, die einzelne Aufsichtsbehörde die Interessen des jeweiligen Landes. Nach dieser Arbeitsteilung kann die internationale Zusammenarbeit zum Aufgabenbereich der Aufsichtsbehörde eines Bundeslandes gehören, wenn es etwa im nichtöffentlichen Bereich um die Datenverarbeitung durch einen international tätigen Verantwortlichen geht, der eine Niederlassung in diesem Bundesland hat, oder wenn Personen, die in diesem Bundesland wohnen, von der Datenverarbeitung durch einen international agierenden Verantwortlichen betroffen sein können.

---

[178]S. hierzu bestätigend Erwägungsgrund 120 DSGVO.

In solchen Fällen gehört es nach Art. 50 lit. a) DSGVO zum Aufgabenbereich der Aufsichtsbehörde, geeignete Maßnahmen zu treffen, um „Mechanismen der internationalen Zusammenarbeit" zu entwickeln, „durch die die wirksame Durchsetzung von Rechtsvorschriften zum Schutz personenbezogener Daten erleichtert wird". Diese Aufgabe wird nicht jede Aufsichtsbehörde für sich erfüllen. Vielmehr drängt es sich auf, diese „Mechanismen der internationalen Zusammenarbeit" gemeinsam in der Konferenz der unabhängigen Datenschutzbehörden des Bundes und der Länder zu erarbeiten. Zur Erfüllung dieser Aufgabe muss aber jede Aufsichtsbehörde ihren Beitrag leisten. Die wesentliche Aufgabe wird in der Entwicklung der Mechanismen der internationalen Zusammenarbeit liegen. Ihre Aktualisierung wird nur nach Änderung wichtiger Rechtsregelungen sowie in größeren zeitlichen Abständen notwendig sein.

Daneben gehört es nach Art. 50 lit. b) DSGVO zum Aufgabenbereich der Aufsichtsbehörde, „internationale Amtshilfe bei der Durchsetzung von Rechtsvorschriften zum Schutz personenbezogener Daten" zu leisten, „unter anderem durch Meldungen, Beschwerdeverweisungen, Amtshilfe bei Untersuchungen und Informationsaustausch, sofern geeignete Garantien für den Schutz personenbezogener Daten und anderer Grundrechte und Grundfreiheiten bestehen". Das heißt, dass jede Aufsichtsbehörde Vorbereitungen für eine gegenseitige internationale Amtshilfe zu treffen hat, die mit den Vorbereitungen nach Art. 61 Abs. 1 DSGVO zur Amtshilfe in der Europäischen Union und im Europäischen Wirtschaftsraum vergleichbar sind.[179] Diese Vorbereitungen bestehen unter anderem auch darin, die wichtigsten Rechtsfragen in der Amtshilfe für Drittstaaten oder internationale Organisationen vorab zu klären,[180] um im Anforderungsfall sofort zu wissen, ob die Aufsichtsbehörde dem Ersuchen um Amtshilfe nachkommen kann. Auch muss sie klären, welche Informationen sie bei eigenen und bei fremden Amtshilfeersuchen übermitteln darf.

Außerdem hat jede Aufsichtsbehörde nach Art. 50 lit. c) DSGVO „maßgebliche Interessenträger in Diskussionen und Tätigkeiten" einzubinden, „die zum Ausbau der internationalen Zusammenarbeit bei der Durchsetzung von Rechtsvorschriften zum Schutz personenbezogener Daten dienen". Dies bedeutet, dass es zu den Amtspflichten jeder Aufsichtsbehörde gehört, Kontakte mit maßgeblichen Interessenträgern auf internationaler Ebene zu halten und an Diskussionen

---

[179]S. näher Kap. 6.12.3.

[180]Z.B. zum Erfordernis geeigneter Garantien im jeweiligen Drittstaat – s. z.B. *Pauly*, in: Paal/Pauly, DSGVO, 2016, Art. 50 Rn. 5

auf Tagungen und sonstigen Veranstaltungen teilzunehmen. Wer maßgebliche Interessenträger sind, lässt die Datenschutz-Grundverordnung offen. Von der Zielsetzung der Vorschrift her, ist an Vertreter großer Konzerne, insbesondere deren Datenschutzbeauftragte ebenso zu denken wie an internationale oder wichtige nationale Datenschutzverbände oder Strafverfolgungsbehörden.[181] Mit diesen sollen die Aufsichtsbehörden Möglichkeiten erörtern, Datenschutz auch im internationalen Datenverkehr zu gewährleisten und zu verbessern.

Schließlich gehört es nach Art. 50 lit. d) DSGVO zum Aufgabenbereich der Aufsichtsbehörde, den Austausch und die „Dokumentation von Rechtsvorschriften und Praktiken zum Schutz personenbezogener Daten einschließlich Zuständigkeitskonflikten mit Drittländern" zu fördern. Dies bedeutet, dass die Aufsichtsbehörden in Deutschland – in gemeinsamer, arbeitsteiliger Anstrengung – die Rechtsvorschriften des nationalen Datenschutzrechts und die Konzeptionen, Handreichungen, Verfahrensabläufe, Hilfestellungen, „Best Practices" und weitere unterstützende Materialien in den wichtigsten Sprachen der Welt öffentlich zur Verfügung stellen sollten. Hinsichtlich der Unterlagen der Europäischen Union dürfen sie davon ausgehen, dass die auch von der Vorschrift adressierte Europäische Kommission zuständig ist.[182]

Die Erfüllung dieser Aufgabe der internationalen Zusammenarbeit betrifft die zentrale Zielsetzung der Aufsichtsbehörde. Sie soll sicherstellen, dass die Grundrechte und Freiheiten der betroffenen Personen auch in der internationalen Datenverarbeitung gewährleistet werden. Den Stellenwert dieser Aufgabe beschreibt Erwägungsgrund 116 wie folgt: „Wenn personenbezogene Daten in ein anderes Land außerhalb der Union übermittelt werden, besteht eine erhöhte Gefahr, dass natürliche Personen ihre Datenschutzrechte nicht wahrnehmen können und sich insbesondere gegen die unrechtmäßige Nutzung oder Offenlegung dieser Informationen zu schützen.[183] Ebenso kann es vorkommen, dass Aufsichtsbehörden Beschwerden nicht nachgehen oder Untersuchungen nicht durchführen können, die einen Bezug zu Tätigkeiten außerhalb der Grenzen ihres Mitgliedstaats haben. Ihre Bemühungen um grenzüberschreitende Zusammenarbeit können auch durch unzureichende Präventiv- und Abhilfebefugnisse, widersprüchliche Rechtsordnungen und praktische Hindernisse wie Ressourcenknappheit behindert werden. Die Zusammenarbeit zwischen den Datenschutzaufsichtsbehörden muss daher

---

[181]S. auch *Pauly*, in: Paal/Pauly, DSGVO, 2016, Art. 50 Rn. 6.

[182]Für offen hält die Arbeitsteilung *Pauly*, in: Paal/Pauly, DSGVO, 2016, Art. 50 Rn. 7.

[183]In dem Text des Erwägungsgrunds fehlt offensichtlich ein „nicht".

gefördert werden, damit sie Informationen austauschen und mit den Aufsichtsbehörden in anderen Ländern Untersuchungen durchführen können."

Daher fordert Art. 50 DSGVO nach Erwägungsgrund 116 DSGVO von allen Aufsichtsbehörden, „Mechanismen der internationalen Zusammenarbeit zu entwickeln, die die internationale Amtshilfe bei der Durchsetzung von Rechtsvorschriften zum Schutz personenbezogener Daten erleichtern und sicherstellen". Daher sollten die Kommission und die Aufsichtsbehörden „Informationen austauschen und bei Tätigkeiten, die mit der Ausübung ihrer Befugnisse in Zusammenhang stehen, mit den zuständigen Behörden der Drittländer nach dem Grundsatz der Gegenseitigkeit und gemäß dieser Verordnung zusammenarbeiten."

Der Umfang und die Intensität in der Wahrnehmung dieser Aufgabe stehen im pflichtgemäßen Ermessen der Aufsichtsbehörden. Die geforderten Maßnahmen zur internationalen Zusammenarbeit sind eine Grundvoraussetzung, um die Grundrechte der Betroffenen auch im internationalen Datenverkehr schützen zu können, und daher auch eine Grundvoraussetzung, um einen internationalen Datenverkehr mit personenbezogenen Daten zulassen zu können. Diese hohe Bedeutung der internationalen Zusammenarbeit wirkt sich auf die Ermessensausübung der Aufsichtsbehörden aus. Sie dürfen diese Aufgabe nicht vernachlässigen und zu Gunsten anderer Aufgaben hintanstellen.

6.14   Sonstige Aufgaben der Aufsichtsbehörde

Nach Art. 57 Abs. 1 lit. v) DSGVO muss jede Aufsichtsbehörde in ihrem Hoheitsgebiet „jede sonstige Aufgabe im Zusammenhang mit dem Schutz personenbezogener Daten erfüllen". Diese Aufgabenzuweisung zeigt, dass die in Art. 57 Abs. 1 lit. a) bis u) DSGVO genannten Aufgaben nur beispielhaft und keinesfalls abschließend gemeint sind. Ergeben sich aus der Auslegung der Datenschutz-Grundverordnung weitere Aufgaben der Aufsichtsbehörde, muss sie diese Aufgaben ebenfalls wahrnehmen. Unter diese sonstigen Aufgaben der Aufsichtsbehörde nach Art. 57 Abs. 1 lit. v) DSGVO fallen unter anderem die Folgenden:

Nicht unmittelbar in Art. 57 Abs. 1 DSGVO enthalten ist die Aufgabe, Verarbeitungsvorgänge daraufhin zu überprüfen, ob für sie die Vorgaben von „Privacy by Design" und „Privacy by Default" umgesetzt worden sind. Ist dies nicht der Fall, folgen die weiteren Aufgaben, Hinweise zu geben, wie dies verbessert werden kann, und anzuordnen, welche technisch-organisatorischen Maßnahmen ergriffen werden müssen. Diese Aufgaben ergeben sich aus einem auf die Ziele der Datenschutz-Grundverordnung ausgerichteten Verständnis der Aufgaben in

Art. 57 Abs. 1 lit. a), d), h), i) und n) sowie der Befugnisse in 58 Abs. 1 lit. c) und d) sowie Abs. 2 lit. a), b) und d) DSGVO.

Nach Erwägungsgrund 78 DSGVO soll den Grundsätzen des Datenschutzes durch Systemgestaltung und durch datenschutzfreundliche Voreinstellungen „auch bei öffentlichen Ausschreibungen Rechnung getragen werden". Dies einzufordern, zu überprüfen und geltend zu machen, ist ebenfalls eine Aufgabe der Aufsichtsbehörde, die unter Art. 57 Abs. 1 lit. v) DSGVO fällt.

Nach Art. 34 Abs. 4 DSGVO muss die Aufsichtsbehörde die Benachrichtigung einer Person, die von einer Verletzung des Schutzes personenbezogener Daten betroffen ist, überprüfen und durchsetzen. Sie hat dabei die Wahrscheinlichkeit, mit der die Verletzung des Schutzes personenbezogener Daten zu einem hohen Risiko führt, zu berücksichtigen. Sie kann von dem Verantwortlichen verlangen, die Benachrichtigung nachzuholen, oder mit einem Beschluss feststellen, dass eine der in Art. 34 Abs. 3 DSGVO genannten Voraussetzungen erfüllt sind, nach denen die Benachrichtigung unterbleiben kann.

In der Aufgabenbeschreibung des Art. 57 Abs. 1 DSGVO und in der Befugnisregelung des Art. 58 DSGVO ist nicht ausdrücklich die Beratung des betrieblichen oder behördlichen Datenschutzbeauftragten[184] erwähnt, obwohl in Art. 57 Abs. 3 DSGVO geregelt ist, dass die die Erfüllung der Aufgaben der Aufsichtsbehörde gegenüber dem Datenschutzbeauftragten unentgeltlich ist. Daher ist die Beratung der Datenschutzbeauftragten als eine sonstige Aufgabe der Aufsichtsbehörde anzusehen.[185]

Schließlich fehlt in Art. 57 Abs. 1 die Aufgabe, gemäß Art. 50 DSGVO im internationalen Umfeld mit Drittländern, internationalen Organisationen und maßgeblichen Interessenträgern zusammenzuarbeiten.[186]

---

[184]S. zu dieser Kap. 6.5.1.

[185]S. hierzu § 40 Abs. 5 BDSG-E.

[186]S. hierzu Kap. 6.13.

Die Erfüllung aller Pflichten und die Wahrnehmung aller Aufgaben sind durch die Regelungskonzeption der Datenschutz-Grundverordnung geprägt und werden durch ihre Defizite und Mängel[1] beeinträchtigt. Diese Rahmenbedingungen für alle Tätigkeiten der Aufsichtsbehörden beeinflussen auch den Arbeitsaufwand, der für eine effektive und wirksame Erfüllung der Pflichten und die Wahrnehmung der Aufgaben erforderlich ist. Sie werden im Folgenden in einer querschnittlichen Betrachtung untersucht.

7.1 Präzisierung und Konkretisierung von Vorgaben

Die Datenschutz-Grundverordnung enthält teilweise präzisere Regelungen als das bisherige Datenschutzrecht – etwa für die Informationspflichten des Verantwortlichen nach Art. 12 bis 14 DSGVO oder hinsichtlich der Aufgaben und Befugnisse der Aufsichtsbehörde in Art. 57 und 58 DSGVO. Überwiegend ist sie aber viel allgemeiner und genereller – sehr oft enthält sie nur sehr abstrakte Generalklauseln oder Zielbestimmungen. Sie ist daher vielfach ausfüllungsbedürftig und erfordert zu ihrem Vollzug eine vorherige Präzisierung oder Konkretisierung der Regeln, die zur Anwendung kommen sollen.

Aufgrund ihrer Entstehungsgeschichte[2] ist die Datenschutz-Grundverordnung hinsichtlich ihrer Bestimmtheit und Regelungskraft eine „Richtlinie im Verordnungsgewand".[3] Als Verordnung ist sie jedoch unmittelbar anwendbar und hat

---

[1]*Dammann*, ZD 2016, 309 und 311.

[2]S. Kap. 4.1.

[3]*Kühling/Martini*, EuZW 2016, 448; *Buchner*, DuD 2016, 159.

© Springer Fachmedien Wiesbaden GmbH 2017
A. Roßnagel, *Datenschutzaufsicht nach der
EU-Datenschutz-Grundverordnung,* DuD-Fachbeiträge,
DOI 10.1007/978-3-658-18506-0_7

Anwendungsvorrang gegenüber geltendem und künftigem nationalem Recht.[4] Trotz ihrer richtliniengleichen inhaltlichen Offenheit und Unvollständigkeit kann in vielen Fällen der nationale Gesetzgeber keine ausfüllende Regelung treffen. Die notwendige Präzisierung oder Konkretisierung der Regelung ist dann vor allem Aufgabe der Aufsichtsbehörde.

Dies sei am Beispiel der Regelungen zur Zulässigkeit der Datenverarbeitung erläutert: Die Datenschutz-Grundverordnung regelt die Erlaubnistatbestände in Art. 6 Abs. 1 UAbs. 1 DSGVO durch offen gehaltene Generalklauseln.[5] Sie übernimmt nahezu wörtlich die Regelungen aus Art. 7 DSRL. Sie sieht neben der Einwilligung für alle denkbaren gegenwärtigen und künftigen Datenverarbeitungen nur fünf extrem abstrakte Erlaubnistatbestände vor. Diese Form der Regulierung war in Art. 7 DSRL akzeptabel, weil die Erlaubnistatbestände nur Vorgaben einer Richtlinie für die nationalen Gesetzgeber waren, sie bereichs- und problemspezifisch in nationalen Gesetzen zu konkretisieren. Wenn nun aber die gleichen fünf sehr abstrakten – schon 1995 überholten – Erlaubnistatbestände in Art. 6 Abs. 1 UAbs. 1 DSGVO unmittelbar gelten und die bestehenden ausdifferenzierten nationalen Regelungen ersetzen sollen, können sie weder auf konkrete Sachverhalte unmittelbar bezogen werden noch zwischen den Aufsichtsbehörden in der Union zu einer einheitlichen Bewertung führen und auch nicht den Verantwortlichen und den betroffenen Personen Rechtssicherheit vermitteln.[6]

In besonderem Maß besteht die Rechtsunsicherheit bei der Interessensabwägungsklausel des Art. 6 Abs. 1 UAbs. 1 lit. f) DSGVO. Nach diesem Erlaubnistatbestand soll der Verantwortliche eine offene Abwägung seiner berechtigten Interessen mit den schutzwürdigen Interessen der betroffenen Person durchführen. „Die weitgehend inhaltslosen und dehnbaren Kriterien eines berechtigten Verbreitungs- und eines überwiegenden Betroffeneninteresses eröffnen eine so weitgehende Variationsbreite möglicher Norminterpretationen, dass praktisch jede Datenverarbeitung – je nach rechtspolitischer Positionierung – als zulässig oder unzulässig eingeordnet werden kann. Irgendeine Richtung, wie gegenläufige Interessen zu gewichten sind, gibt die Verordnung gerade nicht vor."[7]

---

[4]S. hierzu *Roßnagel*, Anwendungsvorrang, in: ders., Datenschutz-Grundverordnung, 2017, 67 ff.

[5]S. z.B. *Buchner*, DuD 2016, 159.

[6]S. ausführlich *Roßnagel*, Das neue Datenschutzrecht, in: ders., Datenschutz-Grundverordnung, 2017, 60f.

[7]*Buchner*, DuD 2016, 159.

Nicht nur für die wichtige Frage der Zulässigkeit der Datenverarbeitung, sondern auch in vielen anderen drängenden Fragen des Datenschutzrechts enthält die Datenschutz-Grundverordnung zahlreiche Regelungslücken und unvollständige Regelungen, die ausgefüllt werden müssen.[8] Jede Unbestimmtheit einer datenschutzrechtlichen Regelung geht aber stets mit einer entsprechenden Rechtsunsicherheit einher.[9] Diese zu beseitigen und die Verordnung zu präzisieren oder zu konkretisieren, ist Aufgabe der jeweils zuständigen Aufsichtsbehörde. Hier Musterbeispiele, Fallgruppen, Kategorien und Unterregelungen zu erarbeiten und einander zuzuordnen wird sehr viel zusätzlichen Aufwand erfordern.

Die Mechanismen der Zusammenarbeit mit anderen Aufsichtsbehörden, das Kohärenzverfahren und die Abstimmungen im Europäischen Datenschutzausschuss werden diesen Arbeitsaufwand nicht verringern, sondern erhöhen. Es gibt außer der jeweiligen abstrakten, allgemeinen und wenig aussagekräftigen Regelung in der Datenschutz-Grundverordnung keinen gemeinsamen Orientierungspunkt für die notwendige Diskussion. Jede Aufsichtsbehörde wird erst einmal versuchen, diese Regelung nach der bisherigen Datenschutzkultur und dem bisher geltenden Datenschutzrecht in ihrem Mitgliedstaat auszufüllen.[10] Dies aber erschwert die Zusammenarbeit zwischen den Aufsichtsbehörden und die Mehrheitsbildung im Europäischen Datenschutzausschuss sehr. Nur in mühsamen Diskussionen und dem vielfachen Ausloten von Kompromissmöglichkeiten werden sich tragfähige Lösungen finden lassen.

7.2 Bestimmung des Anwendungsvorrangs der Verordnung

Die Datenschutz-Grundverordnung gilt nach Art. 288 Abs. 2 AEUV in allen Mitgliedstaaten unmittelbar als Teil ihrer Rechtsordnung.[11] Die Europäische Union hat jedoch keine Kompetenz, deutsche Gesetze zu verändern oder außer Kraft zu setzen. Eine Unionsverordnung hat keinen Geltungsvorrang. Daher

---

[8]*Dammann*, ZD 2016, 311 und 314.

[9]S. *Buchner*, DuD 2016, 159.

[10]S. *Roßnagel*, Das neue Datenschutzrecht, in: ders., Datenschutz-Grundverordnung, 2017, 60f.

[11]S. hierzu näher *Roßnagel*, Anwendungsvorrang, in: ders., Datenschutz-Grundverordnung, 2017, 67 ff.

gelten auch nach ihrem Erlass die deutschen Datenschutzregelungen unverändert weiter. Dieses Nebeneinander kann dazu führen, dass sich Regelungen widersprechen und sich die Frage stellt, welche Regelung anwendbar ist. In einem solchen Konflikt genießt die Unionsverordnung Anwendungsvorrang:[12] Die widersprechende – weiterhin geltende – deutsche Vorschrift darf nicht angewendet werden.[13]

Der Anwendungsvorrang gilt allerdings nur, soweit eine mitgliedstaatliche Regelung einer Vorgabe der Unionsverordnung in der Anwendung im Einzelfall widerspricht. Soweit kein Widerspruch vorliegt, kann eine deutsche Regelung weiter anwendbar bleiben, auch wenn sich ihr Wortlaut von dem der Verordnung unterscheidet. Dies ist der Fall, wenn sie unbestimmte Rechtsbegriffe der Verordnung präzisiert oder ausfüllungsbedürftige Vorgaben konkretisiert, ohne das Regelungsziel der Verordnung zu verletzten.[14] Ob ein solcher Widerspruch besteht, ist im Einzelfall zu prüfen.

Wegen der Unbestimmtheit vieler Vorgaben der Datenschutz-Grundverordnung ist der Anwendungsvorrang für jede einzelne Vorschrift des deutschen Datenschutzrechts zu bestimmen. Dies kann im Einzelfall sehr aufwändige rechtliche Überlegungen erfordern.

Diese Arbeit wird dadurch erleichtert, dass das im Gesetzgebungsverfahren befindliche neue Bundesdatenschutzgesetz die bisherige Fassung ersetzt und dadurch bestehende Regelungen an die Datenschutz-Grundverordnung anpasst und generell nicht mehr anwendbare Regelungen streicht. Die neuen Regelungen sollen alle neben der Datenschutz-Grundverordnung anwendbar sein und deren Umsetzung in Deutschland unterstützen.

Das neue Bundesdatenschutzgesetz schafft aber nur Klarheit für das nur subsidiär anwendbare allgemeine Datenschutzrecht des Bundes. Die Notwendigkeit, den Anwendungsvorrang der Datenschutz-Grundverordnung zu untersuchen, bleibt jedoch für alle bereichsspezifischen Datenschutzregelungen des Bundes. Diese gehen den allgemeinen Regelungen des Bundesdatenschutzgesetzes vor. Sie gilt auch uneingeschränkt weiter für alle Regelungen des Landesdatenschutzrechts

---

[12]*EuGH*, Rs. 6/64, Costa/ENEL, Slg. 1964, 1251, Ls. 3; *EuGH*, Rs. 11/70, Internationale Handelsgesellschaft, Slg. 1970, 1125, Rn. 3; *EuGH*, Rs. 106/77, Simmenthal II, Slg. 1978, 629, Rn. 17f.; *EuGH, Rs. 94/77*, Zerbone, Slg. 1978, 99, Rn. 22, 27; *BVerfGE* 31, 145 (173 ff.); 73, 223 (244).

[13]*EuGH*, Rs. C-106/77, Simmenthal II, Slg. 1978, 629, Rn. 21/23.

[14]*EuGH*, Rs. 272/83, Kommission/Italien, Slg. 1985, 1057 Rn. 25.

in allen Bundesländern. Für die weit überwiegende Mehrheit aller Fälle, über die die Aufsichtsbehörden der Länder zu entscheiden haben, bleibt die Prüfung des Anwendungsvorrangs weiterhin notwendig.

Für Bundesrecht wird sich mit der Zeit eine mehrheitlich anerkannte Meinung bilden und die Aufsichtsbehörden können voneinander lernen. Aber für Landesdatenschutzvorschriften muss dies jede Aufsichtsbehörde für ihr Land selbst bestimmen.

7.3 Technik- und Risikoneutralität

Nach Erwägungsgrund 15 DSGVO soll in der Datenschutz-Grundverordnung „der Schutz natürlicher Personen technologieneutral sein und nicht von den verwendeten Techniken abhängen", „um ein ernsthaftes Risiko einer Umgehung der Vorschriften zu vermeiden". Dieser Grundsatz technikneutraler Regulierung ist sinnvoll, wenn er bewirken soll, dass rechtliche Vorschriften so formuliert werden, dass sie auch bei technischen Weiterentwicklungen weiter anwendbar sind.[15] Dies soll im Technikrecht verhindern, dass technische Regelungen an bestimmten technischen Ausprägungen anknüpfen oder solche vorschreiben. Technikneutralität soll aber gerade nicht verhindern, dass riskante Funktionen oder Eigenschaften technischer Systeme Gegenstand rechtlicher Abwehr- oder Vorsorgeregelungen werden, die Grundrechte vor Technikrisiken schützen sollen.

Die Datenschutz-Grundverordnung verkennt jedoch das Gebot der Technikneutralität und nutzt es im Sinn einer Risikoneutralität. Sie knüpft vielfach an Lösungen an, die weit über 20 Jahre alt sind. Dadurch wird sie den künftigen Herausforderungen der technischen Entwicklung nur selten gerecht. Aber sie versucht es nicht einmal, sie anzusprechen. Dies liegt an dem spezifischen Verständnis von Technikneutralität der Datenschutz-Grundverordnung. In keiner Regelung adressiert oder beseitigt die Verordnung die spezifischen künftigen, aber klar absehbaren Risiken für die Grundrechte[16] – wie etwa

---

[15]S. *Roßnagel*, Techникneutrale Regulierung, in: Eifert/Hoffmann-Riem, Innovationsfördernde Regulierung, 2009, 323 ff.

[16]S. zusammenfassend *Roßnagel/Geminn/Jandt/Richter*, Datenschutzrecht 2016 – „Smart" genug für die Zukunft?, 2016, 155 ff.

für E-Health,[17] Smart Car,[18] Smart Home,[19] Cloud Computing,[20] Big Data,[21] Ubiquitous Computing,[22] oder datengetriebenen Geschäftsmodellen.[23] Die gleichen Zulässigkeitsregeln, Zweckbegrenzungen oder Rechte der betroffenen Person gelten für die Kundenliste beim „Bäcker um die Ecke" ebenso wie für diese risikoreichen Datenverarbeitungsformen. Dadurch werden gerade die spezifischen Grundrechtsrisiken verfehlt. Nur eine Berücksichtigung typischer Risiken bestimmter Formen der Datenverarbeitung im Verordnungstext hätte die notwendige Rechtssicherheit und Interessengerechtigkeit erreicht.[24]

Nach der Kalkar-Rechtsprechung des Bundesverfassungsgerichts[25] sind diese Regelungen unfertig und defizitär. Daher müssen die Aufsichtsbehörden „das Regelungsdefizit der normativen Ebene ausgleichen".[26] Wenn Grundrechtsschutz gegen die neuen Herausforderungen gewährleistet werden soll, müssen die Aufsichtsbehörden in jedem Fall eine Vorgabe treffen, was gelten soll. Diese müssen sie aus einer grundrechtskonformen Interpretation der technikneutralen Regelungen gewinnen. Technikneutralität, wie die Datenschutz-Grundverordnung sie versteht, führt somit nicht zu einer geringeren Regelungsdichte, sondern letztlich nur zur Verschiebung der Aufgabe der Regelsetzung vom demokratisch gewählten Gesetzgeber zu dem zuständigen Vollzugsorgan, den datenschutzrechtlichen Aufsichtsbehörden.[27]

---

[17]S. z.B. *Jandt*, DuD 2016, 574.

[18]S. z.B. *Roßnagel*, Datenschutz im vernetzten Fahrzeug, in: Hilgendorf, Autonome Systeme und neue Mobilität, 2017, 23 ff.

[19]S. z.B. *Geminn*, DuD 2016, 579f.

[20]S. z.B. *Kroschwald*, Informationelle Selbstbestimmung in der Cloud, 2015, 465; *Roßnagel*, Datenschutzfragen des Cloud Computing, in: ders., Wolken über dem Rechtsstaat?, 2015, 21.

[21]S. z.B. *Richter*, DuD 2016, 583 ff.

[22]S. z.B. *Roßnagel*, DuD 2016, 563 ff.

[23]S. z.B. *Kugelmann*, DuD 2016, 566.

[24]S. z.B. vorbildlich Art. 6 der eCall-Verordnung (EU) 2015/758, der klare Anforderungen des Datenschutzes an die Zulässigkeit des automatisierten Notrufs stellt. S. auch die sinnvollen technik- und risikospezifischen Regelungen in der Richtlinie zum Datenschutz in der Telekommunikation 2008/58 und dort Erwägungsgrund 7 sowie im Entwurf einer Verordnung über Privatspähe und elektronische Kommunikation, COM(2017) 10 final.

[25]S. Kap. 4.2.3.

[26]*BVerfGE* 49, 89 (138).

[27]S. hierzu *Roßnagel*, Technikneutrale Regulierung, in: Eifert/Hoffmann-Riem, Innovationsfördernde Regulierung, 2009, 323 ff

Da die Aufsichtsbehörden dem Schutz der Grundrechte und Freiheiten verpflichtet sind,[28] müssen sie zur Risikoabwehr und -vorsorge unvollständigen Regelungen der Datenschutz-Grundverordnung so konkretisieren, dass sie hinsichtlich des primärrechtlich vorgegebenen Schutzes vollzugsfähig werden. Das Gelingen dieser Aufgabe ist eine entscheidende Voraussetzung für den Grundrechtsschutz in der digitalen Welt.

7.3.1 Konkretisierung durch Regelsetzung

Technikneutralität und Risikoneutralität müssen im Vollzug der Datenschutz-Grundverordnung für jede Branche und für jeden Anwendungsbereich überwunden werden. Für die Rationalität und Rechtssicherheit des Vollzugs wäre es sehr hilfreich, wenn die Aufsichtsbehörden sich selbst Regeln setzen würden, nach denen sie bestimmte Maßnahmen vorsehen.

Auch wenn die Datenschutz-Grundverordnung Technikneutralität als Risikoneutralität versteht, knüpft sie an anderer Stelle an Risiken der Datenverarbeitungsvorgänge für Grundrechte an – allerdings nicht um die Grundrechte besser zu schützen, sondern um bestimmte Pflichten der Verantwortlichen und Auftragsverarbeiter begrenzen zu können.[29] Vor allem kleine und mittlere Unternehmen sollen von diesen Pflichten ausgenommen sein. Dies gilt zum Beispiel für technisch-organisatorische Maßnahmen nach Art. 24 DSGVO, für den Datenschutz durch Technikgestaltung nach Art. 25 DSGVO, für das Verzeichnis aller Verarbeitungstätigkeiten nach Art. 30 DSGVO, für Maßnahmen zur Datensicherheit nach Art. 32 DSGVO, für die Meldung von Verletzungen des Schutzes personenbezogener Daten an die Aufsichtsbehörde nach Art. 33 DSGVO, für die Benachrichtigung einer betroffenen Person über Schutzverletzungen nach Art. 34 DSGVO und für die Datenschutz-Folgenabschätzung nach Art. 35 DSGVO.[30]

Nach Art. 35 Abs. 4 DSGVO ist die zuständige Aufsichtsbehörde ohnehin verpflichtet, typische Datenverarbeitungsvorgänge hinsichtlich ihrer Risiken für die Rechte und Freiheiten natürlicher Personen zu bewerten und eine Liste der Verarbeitungsvorgänge aufzustellen, für die eine Datenschutz-Folgenabschätzung durchzuführen ist, weil sie voraussichtlich ein hohes Risiko zur Folge haben. Für

---

[28]S. Art. 51 Abs. 1 und Erwägungsgrund 10 und 117 DSGVO.

[29]S. z.B. *Veil*, ZD 2015, 347 ff.

[30]Dies führt dazu, dass diese Pflichten oft nur für einen kleinen Bruchteil aller Unternehmen gelten, die meisten Unternehmen von diesen Pflichten aber verschont bleiben.

die anderen Pflichten der Verantwortlichen und Auftragsverarbeiter bietet es sich auch an, die Risiken bestimmter Verarbeitungstypen zu bewerten und zu klassifizieren. Dies sollte dann auch für einzelne Branchen, Anwendungsbereiche und Gruppen von Datenverarbeitungsvorgängen durchgeführt werden. Aus den Risikoeinschätzungen sollten Maßnahmen zur Risikominimierung abgeleitet und im Rahmen der Datenschutzaufsicht zur Anwendung gebracht werden. Solche Listen und Regeln zu erstellen, wird vielfach notwendig, aber in jedem Fall mit einem hohen Arbeitsaufwand verbunden sein. Diese Tätigkeit erfordert eine hohe juristische Qualifikation, weil in quasi gesetzgeberischer Arbeit allgemeine Regeln erstellt werden müssen, die für viele Einzelfälle angewendet werden und dennoch in sich stimmig sein müssen.

Soweit die Listen nach Art. 35 Abs. 4 und 5 DSGVO Verarbeitungstätigkeiten betreffen, „die mit dem Angebot von Waren oder Dienstleistungen für betroffene Personen oder der Beobachtung des Verhaltens dieser Personen in mehreren Mitgliedstaaten im Zusammenhang stehen oder die den freien Verkehr personenbezogener Daten innerhalb der Union erheblich beeinträchtigen könnten", ist für diese nach Art. 35 Abs. 6 DSGVO das Kohärenzverfahren durchzuführen. Aber auch für die anderen Listen und Maßnahmen sollte die Aufsichtsbehörde zumindest die Abstimmung in der Konferenz der unabhängigen Datenschutzbehörden oder im Düsseldorfer Kreis suchen.

7.3.2 Konkretisierung im Einzelfall

Allgemeine Regeln zur Risikobewertung und Risikominimierung aufzustellen, wird nicht in allen Bereichen und für alle Fälle möglich sein. Solche die Datenschutz-Grundverordnung ausfüllenden internen Regeln der Aufsichtsbehörden werden ohnehin nur nach und nach zu Stande kommen. Je länger dies dauert, desto öfter muss die jeweilige Aufsichtsbehörde in jedem Einzelfall die technikneutrale Regelung mit jeweils hohem Konkretisierungsaufwand auf den jeweiligen Datenverarbeitungsvorgang anwenden.

Für die grundrechtskonforme Steuerung von Verarbeitungsvorgängen gibt es zwei Ansatzpunkte: die Zulässigkeitsregeln des Art. 6 Abs. 1 UAbs. 1 DSGVO und die Abhilfemaßnahmen im Rahmen der Datenschutzaufsicht nach Art. 58 Abs. 2 DSGVO.

Die Erlaubnistatbestände des Art. 6 Abs. 1 UAbs. 1 DSGVO stellen sehr geringe Anforderungen an die Zulässigkeit der Datenverarbeitung. Für die Erlaubnistatbestände in lit. c) und e) wird es über die Öffnungsklausel des Art. 6 Abs. 2 DSGVO weitgehend bei den bereichsspezifischen nationalen Regelungen bleiben, die vielfach die Zielsetzung der Risikominimierung beinhalten. Im Anwendungsbereich der lit. b) und f) könnten die Erlaubnistatbestände leicht uferlos ausgelegt werden. Auf die Konturenlosigkeit der Zulässigkeitsregelung in lit. f) wurde bereits hingewiesen.[31] Im Anwendungsbereich des lit. b) könnten die Anbieter von Produkten und Dienstleistungen diese vertraglich so ausgestalten, dass sie zur Erfüllung der vereinbarten Vertragszwecke alle von ihnen gewünschten Daten erheben und verarbeiten dürfen.[32] Dies wäre zum Beispiel der Fall, wenn sie die Daten benötigten, um dem Käufer oder Nutzer die Personalisierung und Individualisierung von Produkten und Dienstleistungen bieten zu können. Eine andere Möglichkeit für sie wäre, entsprechende Informationen über das gekaufte Produkt, ähnliche Produkte oder andere Produkte des Anbieters oder Dritter, die den Nutzer aufgrund der vorhandenen Informationen über ihn interessieren könnten, zum Bestandteil ihres Angebots zu machen. Eine Einwilligung mit ihren Begrenzungen nach Art. 7 DSGVO wäre dafür nicht notwendig. Hier zeigt sich die Schwäche der Risikoneutralität des Art. 6 DSGVO. Der Wortlaut des Art. 6 Abs. 1 UAbs. 1 lit. b) DSGVO enthält keine Grenze für solche Vertragsbeschreibungen, der Grundsatz der Datenminimierung des Art. 5 Abs. 1 lit. c) DSGVO greift erst, wenn ein Zweck bestimmt ist, nicht aber (wie die Datensparsamkeit des § 3a BDSG)[33] zur Bestimmung des Zwecks.

Allerdings könnten die Aufsichtsbehörden versuchen, in einer am Grundrechtsschutz orientierten Interpretation dieses Erlaubnistatbestands Grenzen der vertraglichen Zweckbestimmung zu definieren, die einem Kopplungsverbot mehrerer Vertragszwecke nahe kommen. Dabei ist die ausufernde Nutzung der Erlaubnistatbestände des lit. b) nur ein Beispiel für viele, in denen die Aufsichtsbehörde grundrechtsschützende und risikoorientierte Interpretationen der Datenschutz-Grundverordnung erst noch entwickeln und dann zur Geltung bringen müssen.

Ein anderer Ansatzpunkt für die gebotene Orientierung an Risiken für Grundrechte und Freiheiten bieten die Abhilfebefugnisse des Art. 58 Abs. 2 DSGVO. Insbesondere die Befugnis nach lit. f), „eine vorübergehende oder endgültige Beschränkung der Verarbeitung, einschließlich eines Verbots, zu verhängen", könnte zur Minimierung von Grundrechtsrisiken genutzt werden. Das Verhältnis

---

[31]S. Kap. 7.1.

[32]S. zu diesem Problem z.B. *Wendehorst/Westphalen*, NJW 2016, 3745 ff.; *Wendehorst*, NJW 2016, 2011f.

[33]S. *Roßnagel*, Das Gebot der Datenvermeidung, in: Eifert/Hoffmann-Riem, Innovation, Recht und öffentliche Kommunikation, 2011, 41 ff.

zu den Zulässigkeitstatbeständen in Art. 6 Abs. 1 UAbs. 1 DSGVO ist wie folgt
zu bestimmen: Die Zulässigkeit der Verarbeitung personenbezogener Daten
ist nach Art. 6 Abs. 1 UAbs. 1 DSGVO kaum eingeschränkt, sondern durch die
sechs generalklauselartigen und nicht risikoorientierten Erlaubnistatbestände
breit erlaubt. Eine Vormarktkontrolle findet somit nicht statt. Grundsätzlich ist die
Verarbeitung personenbezogener Daten damit zulässig.[34] Jede danach zulässige
Datenverarbeitung steht aber unter dem Vorbehalt, dass die Aufsichtsbehörde sie
im Einzelfall nach Art. 58 Abs. 2 lit. f) DSGVO einschränkt oder verbietet. Dies
ist allerdings nur dann möglich, wenn die Datenverarbeitung Grundrechte verletzt
oder gefährdet und die Anordnung zum Schutz der Grundrechte geeignet und
erforderlich sowie angesichts der Schwere des Eingriffs angemessen ist.

Die Aufsichtsbehörden benötigen sehr viel hochqualifizierte juristische Arbeit,
solche risikoorientierten Interpretationen der Datenschutz-Grundverordnung zu
entwickeln, die zum einen den Text der Datenschutz-Grundverordnung respektie-
ren, zum anderen aber ihre Zielsetzung des Grundrechtsschutzes ausreichend und
effektiv erreichen. Mindestens genauso große Anstrengung wird die Aufsichtsbehörde die Rechtskommunikation über diese Interpretationen kosten. Sie muss
versuchen, sich mit allen Aufsichtsbehörden, mit dem Europäischen Datenschutzausschuss und mit den meisten Gerichten auf geeignete und mit der Verordnung
vereinbare Einschränkungen dieser Erlaubnistatbestände zu verständigen.

7.4   Regelsetzung

Aufgrund der nahezu durchgängigen Unterkomplexität der Regelungen der
Datenschutz-Grundverordnung ist eine ergänzende Regelsetzung auch unabhängig von dem Problem technik- und risikoneutraler Regelungen notwendig. Dieser Bedarf ergibt sich zum einen aus den hochabstrakten Regelungen, durch die
die Datenschutz-Grundverordnung „für das komplexe und grundrechtssensible
Datenschutzregime des digitalen Zeitalters als solche nicht hinreichend vollzugsfähig" ist.[35] Zum anderen fehlen der Datenschutz-Grundverordnung verglichen

---

[34]Diese Erkenntnis steht im direkten Gegensatz zu den zu Unrecht vielfach aufgestellten
Behauptungen, im Datenschutzrecht gelte ein Verbotsprinzip und dieses führe zu einem
Verbot mit Erlaubnisvorbehalt. Stattdessen handelt es sich um die schlichte Anwendung
des Vorbehalts des Gesetzes für Grundrechtseingriffe mit generalklauselartigen gesetzlichen Freigaben des Eingriffs.
[35]*Kühling/Martini*, EuZW 2016, 449.

mit dem Entwurf der Kommission 40 Ermächtigungen für delegierte Rechtsakte und für Durchführungsrechtsakte, die die Kommission für sich vorgesehen hatte.[36] Da der Unionsgesetzgeber diese zugunsten von Demokratie und Gewaltenteilung gestrichen hat, muss die notwendige Konkretisierung der Datenschutz-Grundverordnung von anderen Instanzen vorgenommen werden. Hierfür sieht die Verordnung selbst Regelungen durch die Mitgliedstaaten oder durch die Aufsichtsbehörden vor.

Der Rat hat in der Datenschutz-Grundverordnung 70 Öffnungsklauseln[37] durchgesetzt, die den Mitgliedstaaten ermöglichen, konkretisierende Datenschutzregelungen beizubehalten oder zu erlassen. Diese Öffnungsklauseln betreffen Regelungsbereiche, die nicht den Kern des gemeinsamen (digitalen) Binnenmarkts betreffen, sondern Regelungsmaterien, in denen es aus Sicht des gemeinsamen Markts vertretbar erscheint, dass in den Mitgliedstaaten unterschiedliche Datenschutzregelungen gelten.

Soweit jedoch trotz der Abstraktheit der Datenschutz-Grundverordnung an dem Ziel einheitlicher Datenschutzregelungen in der Europäischen Union und im Europäischen Wirtschaftsraum festgehalten werden soll, werden nicht die Mitgliedstaaten, sondern die Aufsichtsbehörden mit der konkretisierenden Regelsetzung beauftragt. Dadurch kann ein doppelter Effekt erzielt werden. Die Aufsichtsbehörden können einerseits die Datenschutzregeln an die Besonderheiten der jeweiligen Umstände und der jeweiligen Rechtsordnung anpassen und dennoch kann ein ausreichendes Maß an Einheitlichkeit durch den Europäischen Datenschutzausschuss und durch das Kohärenzverfahren erreicht werden. Diese Vorgehensweise, den Konkretisierungsbedarf der Verordnung zu decken, findet in den in Art. 64 Abs. 1 DSGVO genannten Verfahren statt. In den dort genannten Fällen muss die Aufsichtsbehörde eigene Regelungen entwerfen und diese, wenn sie für den Binnenmarkt relevant sind, dem Datenschutzausschuss vorlegen. Dieser prüft die Regelungsentwürfe und gibt Empfehlungen, die im Idealfall zu einer Regulierung beitragen, die den örtlichen Verhältnissen angepasst ist, aber dennoch zu einer vereinheitlichten Aufsichtspraxis in der Union und im Europäischen Wirtschaftsraum beitragen. Die Aufsichtsbehörden haben außerdem über ihre Mitwirkung im Europäischen Datenschutzausschuss gemäß Art. 70 Abs. 1 lit. d) bis k, m) und p) DSGVO die Aufgabe, unmittelbar und unionsweit

---

[36]S. Kap. 4.
[37]Eigene Zählung; *Kühling/Martini u.a.*, Die Datenschutz-Grundverordnung, 2016, 14 ff. erörtern 50 Öffnungsklauseln.

Vorgaben der Datenschutz-Grundverordnung zu präzisieren und durch Leitlinien, Empfehlungen und Verfahrensmuster zu ergänzen und zu konkretisieren.

In all diesen Fällen haben die Aufsichtsbehörden Mängel und Lücken der Datenschutz-Grundverordnung auszugleichen und quasi gesetzgeberische Aufgaben zu erfüllen. Diese Aufgaben der expliziten Regelsetzung sind für die Aufsichtsbehörden neu und bedürfen zusätzlicher hochqualifizierter personeller Unterstützung, um sie in der notwendigen Qualität erfüllen zu können.

7.5   Erweiterter Anwendungsbereich

Schließlich ist zu berücksichtigen, dass sich durch die Regelungen zum Marktortprinzip des Art. 3 Abs. 2 DSGVO der Anwendungsbereich des europäischen Datenschutzrechts erheblich erweitert. Dieses greift künftig auch in Fällen, in denen Verantwortliche oder Auftragsverarbeiter keine Niederlassung in der Europäischen Union oder im Europäischen Wirtschaftsraum haben. Voraussetzung ist, dass die Datenverarbeitung Personen betrifft, die sich in der Union befinden. Eine weitere Voraussetzung ist, dass die Datenverarbeitung im Zusammenhang damit steht, betroffenen Personen Waren oder Dienstleistungen anzubieten, unabhängig davon, ob von diesen betroffenen Personen eine Zahlung zu leisten ist. Alternativ genügt es, wenn die Datenverarbeitung dazu dient, das Verhalten betroffener Personen in der Union zu beobachten.[38] Damit können Datenverarbeitungen auf der ganzen Welt unter die Datenschutz-Grundverordnung und damit in den Aufsichtsbereich der Aufsichtsbehörden fallen.

Die Aufsichtsbehörden müssen ab dem 25. Mai 2018 auch die Anfragen und Beschwerden von Verbrauchern und Nutzern in Deutschland bearbeiten, die Internetdienste nutzen oder am E-Commerce teilnehmen, auch wenn die Anbieter nicht in der Europäischen Union oder im Europäischen Wirtschaftsraum niedergelassen sind.[39] Sie müssen den Beschwerden nachgehen und müssen die Fälle daraufhin untersuchen, ob die Anforderungen der Datenschutz-Grundverordnung eingehalten sind und ob die Rechte der betroffenen Person beachtet werden.[40] Hierfür müssen die Aufsichtsbehörden ihre Informations- und Einflussmöglichkeiten

---

[38]S. dazu auch *Barlag*, Anwendungsbereich, in: Roßnagel, Datenschutz-Grundverordnung, 2017, 114f.; *Albrecht*, CR 2016, 88 (90); *Schantz*, NJW 2016, 1841 (1842); *Roßnagel*, DuD 2016, 561 (562).

[39]S. Erwägungsgrund 122 DSGVO.

[40]S. Erwägungsgrund 122 DSGVO.

nutzen, die ihnen zur Verfügung stehen, auch wenn die Verantwortlichen und Auftragsverarbeiter nicht in einem Mitgliedstaat der Europäischen Union oder des Europäischen Wirtschaftsraums niedergelassen sind. Hierzu müssen sie Kontakte zu ausländischen Aufsichtsbehörden oder zu maßgeblichen Interessensträgern nutzen oder aufbauen und die in Art. 50 DSGVO genannten Maßnahmen der internationalen Zusammenarbeit ergreifen.[41]

Die Ausweitung des Anwendungsbereichs der Datenschutz-Grundverordnung betrifft jedoch nicht nur die Aufgaben und Befugnisse zur Untersuchung und Beeinflussung von Datenverarbeitungsvorgängen im Ausland jenseits der Europäischen Union und des Europäischen Wirtschaftsraums, sondern auch alle anderen Aufgaben des Art. 57 DSGVO und alle weiteren Befugnisse des Art. 58 DSGVO. Erwägungsgrund 122 DSGVO nennt in diesem Zusammenhang beispielhaft „die Förderung der Information der Öffentlichkeit über Risiken, Vorschriften, Garantien und Rechte im Zusammenhang mit der Verarbeitung personenbezogener Daten". Dies gilt aber auch für die Beratungs-, Förderungs- und Unterstützungsaufgaben der Aufsichtsbehörden.

Diese Ausweitung des Anwendungsbereichs führt somit zu einer erheblichen zusätzlichen Arbeitsbelastung der Aufsichtsbehörden, die alle ihre Aufgaben und Befugnisse betreffen kann. Der Umstand, dass sie außerhalb ihres Zuständigkeitsbereichs keine Hoheitsgewalt ausüben kann, reduziert nicht ihre Arbeitsbelastung, sondern erhöht sie, weil sie ihre Aufgabe, die Grundrechte und Freiheiten zu schützen und ihre Beachtung zu erreichen, mit anderen, weniger unmittelbar wirksamen Mitteln wahrnehmen muss. Diese Ausweitung ihrer Aufgaben wird künftig mit der Globalisierung der Vernetzung und Datenverarbeitung immer wichtiger und ihre Arbeitsbelastung ständig zunehmen.

---

[41]S. hierzu Kap. 6.13.

Umsetzung der Unabhängigkeit

8

Nach Art. 51 Abs. 1 DSGVO hat jeder Mitgliedstaat eine oder mehrere „unabhängige Behörden" einzurichten, die „für die Überwachung der Anwendung dieser Verordnung zuständig sind, damit die Grundrechte und Grundfreiheiten natürlicher Personen bei der Verarbeitung geschützt werden und der freie Verkehr personenbezogener Daten in der Union erleichtert wird". Diese Aufsichtsbehörden müssen nach Art. 52 Abs. 1 DSGVO bei der Erfüllung ihrer Aufgaben und bei der Ausübung ihrer Befugnisse „völlig unabhängig" handeln können.[1]

Zur Gewährleistung der „völligen Unabhängigkeit" der Aufsichtsbehörden hat sich im Nachvollzug der Rechtsprechung des Europäischen Gerichtshofs als geeignete Rechtsform die Ausgestaltung der Aufsichtsbehörde als eine oberste Behörde des Bundes oder eines Landes erwiesen,[2] die „eigenständig und unabhängig ausgestaltet ist".[3] Der notwendigen Unabhängigkeit entspricht auch, dass der Leiter der Aufsichtsbehörde vom Bundestag oder Landtag gewählt wird und ausschließlich durch dieses Organ und die Gerichte kontrolliert wird.[4]

Damit wird die Behörde, die für die Wahrung der Grundrechte und Freiheiten in der digitalen Gesellschaft anderen obersten Behörden wie etwa den Ministerien und den Rechnungshöfen vom rechtlichen Status her gleichgestellt. Sie muss eine unabhängige Behörde sein, die in keine Struktur der Exekutive

---

[1]Zu den Anforderungen an die völlige Unabhängigkeit in der Rechtsprechung des EuGH s. Kap. 2.1.

[2]S. hierzu am Beispiel des Bundes *Roßnagel*, ZD 2015, 106 ff.

[3]S. für den Bund BT-Drs. 18/2848, 1, 13; s. im Bund § 22 Abs. 5 Satz 1 BDSG.

[4]S. für den Bund BT-Drs. 18/2848, 12.

© Springer Fachmedien Wiesbaden GmbH 2017
A. Roßnagel, *Datenschutzaufsicht nach der EU-Datenschutz-Grundverordnung*, DuD-Fachbeiträge,
DOI 10.1007/978-3-658-18506-0_8

eingebunden ist.[5] Im Bund und in den meisten Ländern ist die Aufsichtsbehörde
nicht mehr organisatorisch und haushälterisch in ein Ministerium eingegliedert.
Es besteht keine Dienstaufsicht und auch keine Rechtsaufsicht durch eine andere
Behörde, sondern nur eine demokratische und rechtsstaatliche Kontrolle durch
das Parlament und die Gerichte. Zur geforderten Unabhängigkeit gehört auch,
dass die Aufsichtsbehörde über einen eigenen Haushalt und eigene Mitarbeiter
verfügt, die sie selbst auswählen kann.

Die Legitimation für ihre Unabhängigkeit bezieht die Aufsichtsbehörde aus
dem Unionsrecht und dem deutschen Verfassungsrecht, ihre persönliche Legitimation gewinnt ihre Leitung aus ihrer Wahl durch das demokratische gewählte
Parlament und ihre inhaltliche Legitimation entstammt der Bindung an die demokratisch zustande gekommenen Gesetze und der unmittelbaren parlamentarischen
Kontrolle ihrer Aufgabenwahrnehmung und der jederzeit möglichen gerichtlichen
Kontrolle ihrer Entscheidungen.[6]

Die Aufsichtsbehörde muss nach Art. 52 Abs. 4 DSGVO so ausgestattet sein,
dass sie ihre Pflichten und Aufgaben mit der erforderlichen Unabhängigkeit
„effektiv" erfüllen kann. Soweit Aufsichtsbehörden der Länder noch nicht als
oberste Landesbehörde verselbständigt sind, sollte dies vor Geltungsbeginn der
Datenschutz-Grundverordnung nachgeholt werden. Nur wenn die zuvor genannten Merkmale in Status und Ausgestaltung der Aufsichtsbehörde gegeben sind,
erfüllt sie die unions- und verfassungsrechtlichen Anforderungen an ihre Unabhängigkeit.

Für die nähere Ausgestaltung und Ausstattung der unabhängigen Aufsichtsbehörde bietet es sich an, sie an Merkmalen des jeweiligen Landesrechnungshofs
auszurichten. Dies muss auch für die Ausstattung mit personellen, technischen
und finanziellen Ressourcen, Räumlichkeiten und Infrastrukturen gelten. Das Personal der Aufsichtsbehörde muss so besoldet werden und Karrierechancen haben,
dass es für gute Bewerber attraktiv ist, bei der Aufsichtsbehörde zu arbeiten. Die
Aufsichtsbehörde kontrolliert die Datenverarbeitung der größten Unternehmen
und aller Verwaltungszweige bis hin zu Ministerien. Sie kann diesen Anordnungen erteilen und sogar die weitere Datenverarbeitung untersagen, wenn sie diese

---

[5]S. für den Bund BT-Drs. 18/2848, 16. Damit wird für die Datenschutzaufsicht der – von
vielen gefürchtete – ministerialfreie Raum hergestellt; s. zur Diskussion *Hillenbrandt-Beck*,
Aufsichtsbehörden, in: Roßnagel, Handbuch Datenschutzrecht, 2003, 824f. und *Thomé*,
Reform der Datenschutzaufsicht, 2015, 94 ff., jeweils m.w.N.
[6]S. auch BT-Drs. 18/2848, 13; s. hierzu ausführlich *Thomé*, Reform der Datenschutzaufsicht,
2015, 112 ff.

für rechtswidrig hält. Die Ausübung dieser Kompetenzen ist aus einer unabhängigen Position heraus nur möglich, wenn die Aufsichtsbehörde den zu kontrollierenden Verantwortlichen „auf Augenhöhe" begegnet. Das setzt für die Leitung und die Mitarbeiter der Aufsichtsbehörde eine diesen Aufgaben angemessene Besoldung voraus. Ebenso wie bei der Organisationsform der Aufsichtsbehörde bietet sich auch bei der aufgabenangemessenen Besoldung ein Vergleich mit der Leitung des Landesrechnungshofs an. Ein anderer angemessener Vergleich könnte die Leitung eines Ministeriums (Staatssekretär) sein.

Wenn die Aufsichtsbehörde eine oberste Landesbörde mit organisatorischer, finanzieller und personeller Unabhängigkeit ist, muss sie auch selbst die erforderlichen Aufgaben der Behördenorganisation, der Haushaltsführung und der Personalverwaltung übernehmen. Hierfür benötigt sie die entsprechende personelle Ausstattung.

Aufgaben mit zusätzlichem Personalbedarf

9

Im diesem abschließenden Kapitel werden die Ergebnisse der Untersuchung mit Blick auf die zusätzlichen Arbeitsaufwände der Aufsichtsbehörden zusammengefasst. Dabei werden aus den Erkenntnissen zu neuen Pflichten und Aufgaben durch die Vorgaben der Datenschutz-Grundverordnung zusätzliche Arbeitsbelastungen prognostiziert und aus diesen ein zusätzlicher Personalbedarf der Aufsichtsbehörden abgeleitet. Dabei bestimmt sich die Zusätzlichkeit aus dem Vergleich mit bisherigen und weiterhin bestehenden notwendigen Tätigkeitsbereichen.

Hierzu beschreiben die folgenden Unterkapitel kurz die Inhalte zusätzlicher Tätigkeitbereiche mit dauerhaften Arbeitsaufgaben, ihren Umfang sowie die dafür notwendige Qualifikation (9.1), die zeitliche Reihenfolge der notwendigen Tätigkeiten zu vorübergehenden Arbeitsaufgaben (9.2) und den weiteren zusätzlichen Arbeitsbedarf durch andere Regelungen und Entwicklungen als die Datenschutz-Grundverordnung (9.3). Abschließend erfolgen ein Versuch, den zusätzlichen Personalbedarf zu quantifizieren (9.4), und ein Hinweis auf die Notwendigkeit, diesen in regelmäßigen Abständen zu evaluieren (9.5).

Zu diesen Fragen lassen sich allerdings nur generische Überlegungen vorstellen, die den Durchschnitt aller Aufsichtsbehörden betreffen. Ob diese in einzelnen Aufsichtsbehörden jeweils greifen und zu Personalmaßnahmen zwingen, hängt von der konkreten Ausstattung, der spezifischen Organisation und der bewährten Arbeitsweise der einzelnen Aufsichtsbehörde ab.

© Springer Fachmedien Wiesbaden GmbH 2017
A. Roßnagel, *Datenschutzaufsicht nach der EU-Datenschutz-Grundverordnung,* DuD-Fachbeiträge,
DOI 10.1007/978-3-658-18506-0_9

9.1 Einzelne Bereiche mit zusätzlichem Arbeitsbedarf

Die folgenden Überlegungen fassen die zusätzlichen Arbeitsaufgaben, die in den Kapiteln 5 bis 8 mit ihren Inhalten und in ihrer Relevanz für die Umsetzung der Datenschutz-Grundverordnung dargestellt worden sind, in Bereiche[1] zusammen, denen dann der Personalbedarf zugeordnet werden kann. Ob diese Bereiche tatsächlich so ausgestaltet werden sollten, hängt von der bestehenden Organisationsstruktur in der einzelnen Aufsichtsbehörde ab. Durch die Bildung von Aufgabenbereichen können aber Möglichkeiten, Arbeiten zu teilen, zusammenzuführen oder zu unterstützen, ebenso berücksichtigt werden wie Notwendigkeiten oder Empfehlungen, Tätigkeiten zu trennen und selbständig zu organisieren.

9.1.1 Datenschutzprüfungen und -anordnungen

Die zentrale Aufgabe der Aufsichtsbehörden im *nicht-öffentlichen* Bereich bleibt die Überprüfung von Datenverarbeitungsvorgängen und die Anordnung von Maßnahmen, Verstöße gegen die Datenschutz-Grundverordnung zu beseitigen. Dies betrifft die Aufgaben in Art. 57 Abs. 1 lit. a) und h) DSGVO und die Befugnisse in Art. 58 Abs. 1 lit. a), b), d), e) und f) und Abs. 2 lit. a) bis g) DSGVO. Diese Tätigkeiten nehmen jedoch durch die Digitalisierung aller Lebensbereiche[2] und die Globalisierung der Datenverarbeitung ständig zu. Das Marktortprinzip des Art. 3 Abs. 2 DSGVO führt zu einer Ausweitung der Überwachungsaufgaben.[3] Für diesen Bereich machen sich auch die Unbestimmtheit und Technikneutralität der Vorgaben der Datenschutz-Grundverordnung arbeitssteigernd spürbar.[4] Diese Vorgaben bei immer wieder neuen Formen und Zwecken der Datenverarbeitung auf den Einzelfall anzuwenden, erfordert eine hohe juristische und technische Qualifikation.

Die ordnungsrechtlichen Tätigkeiten der Aufsicht über die Datenverarbeitung im nicht-öffentlichen Bereich werden auch dadurch zunehmen, dass sich betroffene Personen und die sie vertretenden Verbände mit einer Beschwerde nach Art. 77 DSGVO an die Aufsichtsbehörde wenden und deren Bearbeitung in enger

---

[1]Mit Bereich ist eine organisatorische Einheit gemeint – unabhängig davon, ob diese als Referat, Unterabteilung, Stabsstelle oder in anderer Form organisiert ist.
[2]S. Kap. 3.
[3]S. Kap. 7.5.
[4]S. Kap. 7.1 bis 7.3.

zeitlicher Frist einfordern. Da sie die umfassende und intensive Bearbeitung der Beschwerde gerichtlich erzwingen können, kommen durch die Bearbeitungen der Beschwerden viele zusätzliche Arbeitsaufgaben auf die Aufsichtsbehörde zu.

Neue Tätigkeitsfelder ergeben sich im nicht-öffentlichen Bereich, sobald die Aufsichtsbehörde Zertifizierungsstellen oder Überwachungsstellen akkreditiert hat. Dann muss die Aufsichtsbehörde nach Art. 41 und 43 DSGVO die Tätigkeit der Zertifizierungsstellen und der Überwachungsstellen überwachen. Stellt die Aufsichtsbehörde dabei fest, dass die Voraussetzungen für die Akkreditierung einer Zertifizierungsstelle oder einer Überwachungsstelle nicht oder nicht mehr erfüllt sind oder diese Maßnahmen ergreift, die nicht mit der Verordnung vereinbar sind, hat sie die Akkreditierung nach Art. 43 Abs. 7 oder 41 Abs. 5 DSGVO zu widerrufen.

Während im nicht-öffentlichen Bereich die ordnungsrechtlichen Tätigkeiten sich zwar ausweiten, strukturell und inhaltlich jedoch weitgehend die gleichen bleiben, werden im *öffentlichen* Bereich dagegen nicht nur die Zunahme der Datenverarbeitungsvorgänge und der Datenschutzrisiken zu einem beträchtlichen Mehraufwand der Aufsichtsbehörden führen, sondern auch die neuen Eingriffsbefugnisse der Aufsichtsbehörde gegenüber öffentlichen Stellen.[5] Mit der Zuerkennung dieser Abhilfebefugnisse in Art. 58 Abs. 2 DSGVO ist ein fundamentaler Wandel der Aufsichtsbehörden von reinen Kontroll- und Beratungsstellen in echte Aufsichtsbehörden verbunden, die mit Weisungs- und Verbotsbefugnissen ausgestattet sind. Dies wird einen erheblichen Mehraufwand an qualifizierter juristischer Tätigkeit im Datenschutzrecht bedingen, der durch die unbestimmten und technik- und risikoneutralen Vorgaben der Datenschutz-Grundverordnung noch erhöht wird. Dieser zusätzliche Arbeitsbedarf könnte zu einem gewissen Grad abgemildert werden, wenn die Gesetzgeber in Deutschland die Öffnungsklausel des Art. 6 Abs. 2 DSGVO in dem Sinn nutzen, dass sie das geltende bereichsspezifische Datenschutzrecht im öffentlichen Bereich beibehalten.[6]

Ja nach Tätigkeitsfeldern und Zahl der Verantwortlichen, den vermutlichen Beschwerden und den von globaler Datenverarbeitung betroffenen Personen sollten die Bereiche in der Aufsichtsbehörde, die die nicht-öffentliche Datenverarbeitung beaufsichtigen, um einen bis drei Datenschutzjuristen und einen technischen Experten aufgestockt werden.

Die Bereiche, die die Behörden des Bundeslands beaufsichtigen, sollten um zwei bis drei Datenschutzjuristen ergänzt werden.

---

[5]S. Kap. 6.2.

[6]S. hierzu *Roßnagel*, Anwendungsvorrang, in: ders., Datenschutz-Grundverordnung, 2017, 72f.

9.1.2   Kooperation in der Union

Die Aufgaben in der Kooperation innerhalb der Union gemäß Art. 60 bis 76 DSGVO und im internationalen Umfeld gemäß Art. 50 DSGVO sind für die Aufsichtsbehörden vollkommen neu. Sie müssen diese organisatorisch und personell neu aufbauen.

Jedes Aufsichtsverfahren und jede Beschwerde zu grenzüberschreitender Datenverarbeitung entsprechend Art. 4 Nr. 23 DSGVO können dazu führen, dass die Aufsichtsbehörde zur federführenden oder betroffenen Aufsichtsbehörde wird und zusätzlich das Verfahren der Zusammenarbeit nach Art. 60 DSGVO durchführen muss. Dieses Verfahren ist kompliziert, mit engen Fristen verbunden und führt im Konfliktfall zwischen den beteiligten Aufsichtsbehörden zu schwierigen, intensiven und unter Umständen auch langwierigen Auseinandersetzungen.[7] Die Verhandlungen mit anderen Aufsichtsbehörden, die Vorlage von Entwürfen und Stellungnahmen und die Suche nach gemeinsamen Standpunkten werden erheblich dadurch erschwert, dass Kenntnisse in fremden Sprachen, fremden Rechtsordnungen und Erfahrungen mit den Datenschutzregelungen und der Datenschutzpraxis (untergesetzliche Regelungen der Aufsichtsbehörden, Rechtsprechung, Praxishilfen in Form von Handbüchern etc.) in anderen Mitgliedstaaten erforderlich sind und notfalls erst beschafft werden müssen.

Nicht jede Aufsichtsbehörde muss diese Kenntnisse und Erfahrungen bezogen auf 30 andere Mitgliedstaaten selbst vorhalten. Hier wird unterstellt, dass die Aufsichtsbehörden in Deutschland untereinander diese Aufgabe aufteilen, unterschiedliches Spezialwissen aufbauen und untereinander austauschen. Dies reduziert den Arbeitsaufwand in Bezug auf die Mitgliedstaaten, die andere Aufsichtsbehörden „betreuen", erhöht aber den Arbeitsaufwand in Bezug auf die wenigen Mitgliedstaaten, für die die jeweilige Aufsichtsbehörde zum „Spezialisten" werden muss. Auch entstehen durch den Aufwand, Wissen von anderen Aufsichtsbehörden abzurufen, Transaktionskosten in Form von Arbeitszeit. Eine umfassende Einarbeitung in die spezifischen Anforderungen des im Verfahren der Zusammenarbeit zu bearbeitenden Falles muss die Aufsichtsbehörde jedoch immer leisten.

Kommt zwischen den Aufsichtsbehörden in unterschiedlichen Mitgliedstaaten keine Einigung zustande, müssen sie den Fall in das Kohärenzverfahren nach Art. 64 DSGVO, in das Verfahren der Streitbeilegung nach Art. 65 DSGVO und

---

[7]S. hierzu Kap. 6.12.1 und 6.12.2.

eventuell auch in das Dringlichkeitsverfahren nach Art. 66 DSGVO bringen. In diesem Fall muss die Aufsichtsbehörde das jeweilige Verfahren vor dem Europäischen Datenschutzausschuss betreiben, Strategien und Argumentationen entwickeln sowie Entwürfe, Stellungnahmen und Anträge verfassen. Hierfür ist es notwendig, das Abstimmungsverhalten im Datenschutzausschuss ständig zu verfolgen oder vor eigenen Stellungnahmen kennenzulernen.[8] Die Aufgabe, die Entwicklungen auf der Ebene der Union ständig zu beobachten, können die Mitarbeiter der Datenschutzaufsicht nicht neben ihrem operativen Tagesgeschäft leisten. Sie ist daher diesem speziellen Bereich zu übertragen.

Zur Zusammenarbeit mit anderen Aufsichtsbehörden gehört auch die Amtshilfe, die nach Art. 61 DSGVO verpflichtend ist und mit dem digitalen Binnenmarkt erheblich zunehmen wird. Bei grenzüberschreitender Datenverarbeitung muss die Aufsichtsbehörde solche Amtshilfe entweder von anderen Aufsichtsbehörden in Anspruch nehmen oder einer anderen Aufsichtsbehörde leisten. Die Amtshilfe bezieht sich nach Art. 61 Abs. 1 Satz 2 DSGVO „insbesondere auf Auskunftsersuchen und aufsichtsbezogene Maßnahmen, beispielsweise Ersuchen um vorherige Genehmigungen und eine vorherige Konsultation, um Vornahme von Nachprüfungen und Untersuchungen".[9] Um innerhalb der vorgesehenen kurzen Fristen Amtshilfe leisten zu können, muss jede Aufsichtsbehörde geeignete vorbereitende Maßnahmen treffen.[10]

Bei grenzüberschreitender Datenverarbeitung kann es immer vorkommen, dass die Aufsichtsbehörde gemeinsame Maßnahmen mit einer anderen Aufsichtsbehörde in einem anderen Mitgliedstaat durchführen oder andere Aufsichtsbehörden zu gemeinsamen Maßnahmen in ihrem Zuständigkeitsbereich einladen und diese mit ihnen durchführen muss.[11] Auf interne und externe gemeinsame Maßnahmen muss sich daher jede Aufsichtsbehörde vorbereiten. Sie benötigt daher Verfahren für deren Abwicklung und Personal, das für die Koordination solcher gemeinsamen Maßnahmen zuständig ist.

Eine wichtige und vornehme Aufgabe jeder Aufsichtsbehörde ist die Mitwirkung im Europäischen Datenschutzausschuss. Nach Art. 57 Abs. 1 lit. t) DSGVO „muss" jede Aufsichtsbehörde „Beiträge zur Tätigkeit des Ausschusses leisten". Dies betrifft nicht nur Verfahren im Datenschutzausschuss, in denen die

---

[8]S. hierzu Kap. 5.5.3 und 6.12.6.
[9]S. näher Kap. 5.5.2.
[10]S. Kap. 6.12.3.
[11]S. Kap. 6.12.4.

Aufsichtsbehörde als Partei beteiligt ist. Dies betrifft vielmehr auch alle anderen gesetzgebenden Tätigkeiten, Einzelfallentscheidungen im Kohärenzverfahren oder im Verfahren der Streitbeilegung, in denen der Ausschuss entscheidet. Denn, auch wenn die Aufsichtsbehörde nicht selbst an dem Verfahren beteiligt ist, kann jede Entscheidung präjudiziell für die eigene Aufsichtspraxis sein. Jede Aufsichtsbehörde muss daher die Arbeiten im Datenschutzausschuss beobachten und bewerten.[12]

In den Fällen, in denen die Aufsichtsbehörde an den Verfahren im Ausschuss nicht selbst beteiligt ist, erfolgt ihre Mitwirkung in Deutschland über die Erarbeitung gemeinsamer Standpunkte unter den deutschen Aufsichtsbehörden nach § 18 BDSG-E. Diese Abstimmungen unter den deutschen Aufsichtsbehörden erfordert, alle Verfahren im Ausschuss zur Kenntnis zu nehmen, zu bewerten, mit anderen Aufsichtsbehörden zu erörtern und sich mit ihnen auf einen gemeinsamen Standpunkt zu verständigen.[13]

Schließlich zwingt die hohe Bedeutung der internationalen Zusammenarbeit zur Gewährleistung des Datenschutzes in der globalen Datenverarbeitung nach Art. 50 DSGVO die Aufsichtsbehörden zum Austausch von Informationen, zur Erörterung von konkreten Datenschutzproblemen, zur internationalen Diskussion von allgemeinen Problemen des globalen Datenschutzes und zur Pflege internationaler Netzwerke der Kooperation im Datenschutz.[14]

Für die Kalkulation des Personalbedarfs zur Kooperation in der Union und zur internationalen Zusammenarbeit im internationalen Bereich ist zu beachten, dass Art. 52 Abs. 4 DSGVO von den Mitgliedstaaten ausdrücklich fordert, ausreichende Ressourcen zur Verfügung zu stellen. Sie sollen so bemessen sein, dass die Aufsichtsbehörde die geforderten Maßnahmen, Verfahren und Mitwirkungen durchführen kann, um effektiv diese Aufgaben wahrzunehmen.

Zu beachten ist, dass diese Arbeitsaufgaben mit klaren Pflichten und unter strikten engen Zeitvorgaben zu erfüllen sind. Auch bei einem hohen Arbeitsanfall kann die Aufsichtsbehörde diesen nicht durch Verschieben von Arbeitsanteilen auf spätere Zeiten „abfangen", sondern muss diese Hochbelastung auch in kurzer Zeit abarbeiten können. Daher kann die Personalausstattung nicht an der Mindest- oder Durchschnittsbelastung, sondern muss an einer solchen Hochbelastung orientiert werden. Auch für die nicht ständig, sondern immer wiederkehrend

---

[12]S. Kap. 6.12.5.
[13]S. Kap. 6.12.5.
[14]S. Kap. 6.13.

erforderlichen Amtshilfen und gemeinsamen Maßnahmen muss die Ausstattung so gewählt werden, dass die Aufsichtsbehörde auch bei einer hohen Belastung personell in der Lage ist, diese Aktionen vorzubereiten, zu organisieren, zu betreuen und auszuwerten.

Für diesen neuen Tätigkeitsbereich empfiehlt sich, einen eigenen Bereich einzurichten, der mit den Aufsichtsbereichen eng zusammenarbeitet, der aber bezogen auf die Institutionen, Netzwerke, Kooperationsformen und bisherigen Entscheidungen in der Union und ebenso bezogen auf die Datenschutzrechtsordnungen, -kulturen und -praktiken in anderen Mitgliedstaaten eine eigene spezifische Kompetenz aufbaut. Zu beachten ist auch, dass dieser Bereich weitgehend seine Arbeiten in englischer Sprache und eventuell auch noch in anderen Amtssprachen der Union abwickeln muss. Er sollte die Verfahren der Zusammenarbeit, der Kohärenz, der Streitbeilegung und der dringlichen Entscheidungen, der Amtshilfe und der gemeinsamen Maßnahmen abwickeln und dadurch die Aufsichtsbereiche, die weiterhin die inhaltliche Bewertung durchführen, unterstützen und entlasten.

Dieser neue Bereich sollte zumindest aus einer Leitung, einem qualifizierten Datenschutzjuristen mit internationaler Erfahrung, drei bis vier Datenschutzjuristen, einem Verwaltungssachbearbeiter und einem Sekretariat mit Fremdsprachenkenntnissen bestehen.

9.1.3 Datenschutzkommunikation

Die Datenschutz-Grundverordnung hat den Stellenwert, den Kommunikation über Datenschutzrecht, insbesondere Beratung, im Aufgabenspektrum der Aufsichtsbehörden einnehmen soll, erheblich erhöht.[15] Die Aufwertung dieser Kommunikationsaufgaben drückt sich auch in den Aufgabenbeschreibungen des Art. 57 Abs. 1 in lit. c), d), e), i,) l), m) und n) DSGVO aus und ebenso in den Befugnisregelungen des Art. 58 Abs. 1 lit. d), Abs. 2 lit. a) sowie Abs. 3 lit. a) b) und d) DSGVO.

Um in der Lage zu sein, die jeweils neuesten Risiken für Grundrechte und die jeweils neuesten Schutzmechanismen zu kennen und über sie zu informieren, müssen die Aufsichtsbehörden nach Art. 57 Abs. 1 lit. i) DSGVO permanent die Entwicklung der Datenverarbeitung beobachten. Auf dieser Grundlage können sie

---

[15]S. Kap. 4.2.5.

dann den Gesetzgeber, Verantwortliche und betroffene Person in Datenschutzfragen beraten.

Art. 57 Abs. 1 lit. c) DSGVO fordert die Aufsichtsbehörde auf, „das nationale Parlament, die Regierung und andere Einrichtungen und Gremien über legislative und administrative Maßnahmen zum Schutz der Rechte und Freiheiten natürlicher Personen in Bezug auf die Verarbeitung (zu) beraten". Sie darf dazu nach Art. 58 Abs. 3 lit. b) DSGVO selbst initiativ werden[16] und sich „zu allen Fragen, die im Zusammenhang mit dem Schutz personenbezogener Daten stehen, von sich aus oder auf Anfrage Stellungnahmen an das nationale Parlament (und) die Regierung des Mitgliedstaats ... richten". Eine besondere Form der Beratung des Gesetzgebers erfolgt gemäß Art. 36 Abs. 4 DSGVO bei Gesetzentwürfen.[17]

Eine wichtige Maßnahme der Datenschutzkommunikation der Aufsichtsbehörde besteht nach Art. 57 Abs. 1 lit. d) DSGVO darin, die Verantwortlichen und die Auftragsverarbeiter für ihre datenschutzrechtlichen Pflichten zu „sensibilisieren" und die Datenschutzbeauftragten zu beraten.[18]

Außerdem hat die Aufsichtsbehörde mit den Verantwortlichen und den Auftragsverarbeitern in einer Reihe besonderer Situationen intensiv zu kommunizieren und sie vielfach auch im Sinn eines präventiven Einwirkens auf die Verpflichteten zu beraten.

Dies betrifft zum einen die Datenschutz-Folgenabschätzung.[19] Die Aufsichtsbehörde hat die Verantwortlichen nach Art. 57 Abs. 1 lit. d) DSGVO für ihre Pflicht zur Datenschutz-Folgenabschätzung zu sensibilisieren. Dabei hat sie den einzelnen Verantwortlichen auch hinsichtlich der Notwendigkeit der Datenschutz-Folgenabschätzung zu beraten, bei ihm solche Folgenabschätzungen zu initiieren, ihn in der Durchführung zu unterstützen, ihn nach Art. 36 DSGVO hinsichtlich der Ergebnisse zu beraten und ihm Empfehlungen zu Datenschutzmaßnahmen zu geben. Um diese Kommunikationsaufgaben wahrnehmen zu können und die Umsetzung von Datenschutz-Folgenabschätzungen zu unterstützen, müssen die Aufsichtsbehörden eine Konzeption entwickeln, in welchem Verfahren mit welchen Methoden nach welchen Kriterien welche Ergebnisse festgestellt und wie so erkannte Risiken beseitigt werden müssen.

Zum anderen sind Kommunikationsaufgaben zur Umsetzung der datenschutzgerechten Systemgestaltungen und Voreinstellungen nach Art. 25 DSGVO

---

[16]S. Kap. 6.4.

[17]S. Kap. 6.4.

[18]S. Kap. 6.5.1.

[19]S. zum Folgenden Kap. 5.3.2 und 6.5.2.

notwendig. Diese Vorschrift wird von den Verantwortlichen und Auftragsverarbeitern nur dann umgesetzt werden, wenn die Aufsichtsbehörden dafür branchen- und technikspezifische Informationen, Grundlagen, Vorschläge, Anreize und Unterstützung liefern. Im Sinn präventiver Beratung und eigenen Kompetenzaufbaus müssen sie entsprechende Initiativen ergreifen, Projekte anstoßen und in ihnen durch konkrete Gestaltungs- und Einstellungshinweise mitwirken.[20]

Drittens muss die Aufsichtsbehörde nach Art. 57 Abs. 1 lit. n) DSGVO die Einführung von Mechanismen zur Datenschutzzertifizierung „anregen" und nach Art. 42 Abs. 1 DSGVO „fördern". Auch dieses für die Union, den Bund und viele Bundesländer neue Datenschutzinstrument ist auf anregende und fördernde Kommunikation durch die Aufsichtsbehörde angewiesen. Sie muss auf die Vorteile der Zertifizierung hinweisen, Beratung und Unterstützung anbieten und – sofern der Antragsteller dies will – auch als Zertifizierungsstelle tätig werden.[21]

Schließlich hat die Aufsichtsbehörde Beratung auch bei der Erstellung von Verhaltensregeln anzubieten. Nach Art. 57 Abs. 1 lit. m) DSGVO muss sie die Ausarbeitung von Verhaltensregeln gemäß Art. 40 Abs. 1 DSGVO „fördern" und zu diesen Verhaltensregeln „Stellungnahmen abgeben". Um eine Stellungnahme abgeben und Entwürfe von Verhaltensregeln gemäß Art. 40 Abs. 5 DSGVO billigen zu können, stehen der Aufsichtsbehörde nach Art. 58 Abs. 3 lit. d) DSGVO alle notwendigen Beratungsbefugnisse zur Verfügung.[22]

Neben der Kommunikation mit dem Gesetzgeber und den Verantwortlichen soll die Aufsichtsbehörde auch die Öffentlichkeit über Risiken, Vorschriften, Garantien und Rechte im Zusammenhang mit der Verarbeitung personenbezogener Daten aufklären. Diesen Bildungsauftrag zur Medienkompetenz und zur Betroffenensouveränität soll die Aufsichtsbehörde sowohl durch allgemeine Information der Öffentlichkeit als auch durch spezifische Bildungsangebote an besonders gefährdete Gruppen, insbesondere Kinder, erfüllen. Instrumente sind zum einen der Jahresbericht, den jede Aufsichtsbehörde nach Art. 59 DSGVO erstellen muss, zum anderen Materialien zur Aufklärung über Datenschutzrisiken und weitere Bildungs- und Informationsmaßnahmen. Diesen verschiedenen Ansätzen und Maßnahmen sollte eine spezifische Kommunikationskonzeption für die Aufklärung der Öffentlichkeit zugrunde liegen. Sie sollte auf möglichst

---

[20]S. näher Kap. 6.5.2 und 6.8.

[21]S. hierzu Kap. 6.5.2 und 6.9.1.

[22]S. Kap. 6.5.2 und 6.6.

nachhaltige Wirkungen zielen und eine Kooperation mit den Landesmedienanstalten und den Bildungseinrichtungen vorsehen.[23]

Für die Datenschutzkommunikation sollten die Aufsichtsbehörden einen speziellen Bereich einrichten, der in enger Kooperation mit den Bereichen der Datenschutzaufsicht für Öffentlichkeitsarbeit, Anregungs- und Förderprojekte, spezifische Beratungen sowie Bildungsarbeit zuständig ist.

Die spezifischen Beratungen sowie die Anregungs- und Förderprojekte setzen hohe juristische und technische Kompetenzen voraus, die gemeinsam und interdisziplinär die Beratung durchführen müssen. Nur mit dieser Doppelqualifikation wird die Beratung von den Verantwortlichen, Auftragsverarbeitern und Datenschutzbeauftragten ernst genommen und wert geschätzt. Da die Datenschutz-Grundverordnung der präventiven Beratung einen deutlich höheren Stellenwert zumisst, als ihr nach der bisherigen Rechtslage und Rechtspraxis zukommt, und die Anregung und Förderung von Datenschutz-Folgenabschätzung, datenschutzgerechter Technikgestaltung, Zertifizierung und Verhaltensregeln neue Aufgaben sind, erfordert dieser Aufgabenbereich zwei bis drei Datenschutzjuristen und zwei bis drei Datenschutzinformatiker. Für die Aufgabenbereiche der Öffentlichkeitsarbeit und der Bildungsarbeit ist jeweils ein Experte (eventuell ein Pädagoge und ein Journalist) notwendig. Der Bereich sollte außerdem durch zwei Verwaltungsmitarbeiter unterstützt werden.

9.1.4   Verfahrensmanagement

Für die Aufsichtsbehörden neu ist auch ihre Funktion als Genehmigungs-, Akkreditierungs- und Zertifizierungsbehörde. Diesen neuen Aufgaben gemeinsam ist, dass zu ihrer Wahrnehmung jeweils ein Verwaltungsverfahren durchgeführt werden muss, das konzipiert und vorbereitet und später betrieben und mit einer Entscheidung in Form eines Verwaltungsakts abgeschlossen werden muss.

Nach Art. 57 Abs. 1 lit. q) DSGVO hat die zuständige Aufsichtsbehörde die Akkreditierung von Überwachungsstellen für die Einhaltung von anerkannten Verhaltensregeln vorzunehmen und die Befugnis für Zertifizierungsstellen zu erteilen, die Verordnungskonformität von Datenverarbeitungsvorgängen zu zertifizieren.[24] Zuvor muss sie auf Antrag prüfen, ob die Stellen die Anforderungen des Art. 41 und 43 DSGVO erfüllen.[25]

---

[23]S. hierzu Kap. 6.3.

[24]S. hierzu § 39 BDSG-E. Die Erteilung erfolgt auf der Grundlage einer Akkreditierung durch die Deutsche Akkreditierungsstelle.

[25]S. hierzu Kap. 5.4.4 und 5.4.5.

Gemäß Art. 40 Abs. 5 DSGVO können Verbände und andere Vereinigungen den Entwurf von Verhaltensregeln der für sie zuständigen Aufsichtsbehörde vorlegen. Diese prüft den Entwurf und gibt eine Stellungnahme darüber ab, ob er mit der Verordnung vereinbar ist. Im positiven Fall genehmigt sie diesen Entwurf.

Schließlich muss die Aufsichtsbehörde auf Antrag eines Verantwortlichen oder eines Auftragsverarbeiters auf Zertifizierung der Datenschutzkonformität seines Datenverarbeitungsvorgangs nach Art. 42 Abs. 5 DSGVO den Antrag prüfen und bescheiden. Erfüllt der Datenverarbeitungsvorgang die Vorgaben der Verordnung, zertifiziert sie ihn.[26]

Für die Durchführung dieser Zertifizierungs-, Akkreditierungs- und Genehmigungsverfahren, muss die Aufsichtsbehörde im Vorfeld – also bis zum 25. Mai 2018 – ein Managementsystem für den Umgang mit den Anträgen etablieren und einen Verfahrensablauf institutionalisieren. Nach diesem Datum muss jede Aufsichtsbehörde einen Antrag auf Zertifizierung, Akkreditierung, Befugniserteilung oder Genehmigung bescheiden. Sie muss dafür ihr Managementsystem nutzen, das vorbereitete Verfahren durchführen, die eingeforderten Unterlagen prüfen und über die Zertifizierung, Akkreditierung, Befugniserteilung oder Genehmigung nach ihren eigenen Kriterien[27] entscheiden.

Diese Verfahren werden nicht so einfach ablaufen, wie es der Wortlaut der Verordnung nahelegt. Vielmehr zeigt die geringe bisherige Erfahrung mit solchen oder ähnlichen Verfahren, dass die Anträge in einem langwierigen iterativen Prozess von Entwürfen, Verhandlungen, Modifikationen, Kompromisssuchen, Überarbeitungen, Prüfungen und letztlich einer Einigung überarbeitet werden müssen, um datenschutzkonform zu sein. Dieser Prozess fordert von den Aufsichtsbehörden einen großen Arbeitseinsatz.

Wie oft dieser Arbeitseinsatz abgefordert werden wird, ist derzeit noch unklar. Dies hängt von freiwilligen Entscheidungen der Verantwortlichen, der Auftragsverarbeiter, der Verbände, der Zertifizierungs- und der Überwachungsstellen ab. Die Genehmigung von Verhaltensregeln wurde in der Vergangenheit selten beantragt, Anträge auf Datenschutzzertifizierung wurden dagegen dort, wo eine Zertifizierung angeboten wurde, öfter nachgefragt. Die Nachfrage nach bisher nicht möglichen Akkreditierungen von Überwachungs- und Zertifizierungsstellen ist abhängig von der Anzahl genehmigter Verhaltensregeln und der Nachfrage nach Zertifizierungen. Bei einer Extrapolation aus der Vergangenheit ist mit Anträgen auf Genehmigung von Verhaltensregeln und auf

---

[26]S. Kap. 5.3.4.
[27]S. zu diesen Kap. 5.4.1, 5.4.2 und 5.4.3 sowie Kap. 9.1.6.

Akkreditierung von Überwachungsstellen deutlich weniger zu rechnen als mit Anträgen auf Zertifizierung von Verarbeitungsvorgängen und auf Akkreditierung von Zertifizierungsstellen. Für Zertifizierungsverfahren bleibt unsicher, ob die Verantwortlichen und Auftragsverarbeiter die Zertifizierung eher bei privaten akkreditierten Zertifizierungsstellen beantragen oder bei der zuständigen Aufsichtsbehörde.

Da jede Aufsichtsbehörde damit rechnen muss, dass sie Zertifizierungs-, Genehmigungs- und Akkreditierungsverfahren durchzuführen hat, muss sie sich darauf einstellen und alle bereits dargestellten notwendigen Maßnahmen vorbereiten. Für diese neuen oder neu geregelten Arbeitsaufgaben muss sie auch ausreichend ausgestattet sein. Dabei muss unterstellt werden, dass eine gewisse, anfangs eher niedrige Nachfrage nach diesen Verfahren entsteht. Es erscheint sinnvoll, die Genehmigungs- und Akkreditierungsverfahren in einem eigenen Bereich zusammenzufassen und diesen mit zwei Juristen und einem Verwaltungssachbearbeiter auszustatten. Dieser Bereich könnte auch die Erstellung und Betreuung der Kriterien für die Akkreditierung von Überwachungs- und Zertifizierungsstellen und für die Genehmigung von Verhaltensregeln übernehmen.[28]

Für die Durchführung von Zertifizierungen ist in der Aufsichtsbehörde ein eigener, von den Aufsichts- und Akkreditierungsbereichen abgeschotteter Bereich einzurichten, der nur für Zertifizierungen zuständig ist. Durch diese Vorkehrung soll zum einen deutlich gemacht werden, dass die Zertifizierung nicht die Datenschutzaufsicht präjudiziert, wie Art. 42 Abs. 4 DSGVO dies auch vorsieht. Zum anderen sollte der Zertifizierungsbereich aus wettbewerbsrechtlichen Gründen von dem Bereich getrennt sein, der innerhalb der Aufsichtsbehörde für die Akkreditierung der privaten und mit der Aufsichtsbehörde konkurrierenden Zertifizierungsstellen zuständig ist.[29] Dieser Zertifizierungsbereich ist sinnvoller Weise mit den Personen zu besetzen, die vor Geltung der Datenschutz-Grundverordnung die Kriterien, das Verfahren und das Managementsystem für die Zertifizierung erarbeitet haben. Diese kennen sich innerhalb der Aufsichtsbehörde am besten mit diesen Themen aus und können mit den geringsten „Rüstzeiten" und Reibungsverlusten Zertifizierungen durchführen. Dieser Bereich sollte mit ein bis zwei Datenschutzjuristen, ein bis zwei Experten für technischen Datenschutz und einem Verwaltungssachbearbeiter besetzt werden.

---

[28] S. hierzu Kap. 9.2.
[29] S. hierzu Kap. 5.4.5.

Die Überprüfung der Zertifizierungen und ihr Widerruf sollten innerhalb der Aufsichtsbehörde von den zuständigen Bereichen der Datenschutzaufsicht vorgenommen werden.[30]

9.1.5   Justiziariat, Beschwerde- und Sanktionsstelle

Schließlich sind für den spezifischen Personalbedarf zur Umsetzung der Datenschutz-Grundverordnung die Gerichtsverfahren, die Bußgeldverfahren und die Beschwerdeverfahren zu beachten.

Das Risiko, ein Gerichtsverfahren durchführen zu müssen, steigt für die Aufsichtsbehörde künftig erheblich an.[31] Die Aufsichtsbehörde muss vor allem aus zwei Gründen, die mit der Datenschutz-Grundverordnung zusammenhängen, damit rechnen, dass sie in erheblich mehr Verwaltungsgerichtsprozessen als Beklagte oder Antragsgegnerin beteiligt sein wird. Zum einen weist ihr die Datenschutz-Grundverordnung eine Fülle von Verpflichtungen und Ermächtigungen zu, rechtsmittelfähige Verwaltungsakte zu erlassen. Zum anderen sind viele Regelungen der Datenschutz-Grundverordnung sehr abstrakt, unvollständig, unterkomplex und widersprüchlich und provozieren sehr viele Auslegungsfragen, die viele Adressaten und Betroffene der Verwaltungsakte verleiten werden, sie gerichtlich klären zu lassen.[32]

Auch die Zahl der gerichtlichen Bußgeldverfahren wird zunehmen, weil sowohl die Zahl der Bußgelder als auch ihre Höhe steigen und dadurch mehr gerichtliche Überprüfungen zur Folge haben werden. Auch wenn für die Durchführung von Gerichtsverfahren in Deutschland nach § 39 BDSG-E im Rahmen der Ordnungswidrigkeitenverfahren die Staatsanwaltschaft zuständig bleibt, muss die Aufsichtsbehörde sie vor und während des Verfahrens mit Argumenten versorgen. Da nach § 39 Abs. 2 Satz 3 BDSG-E die Staatsanwaltschaft das Verfahren nur mit Zustimmung der Aufsichtsbehörde, die den Bußgeldbescheid erlassen hat, einstellen kann, muss die Aufsichtsbehörde die weitere Durchführung des Gerichtsverfahrens beobachten und bewerten, um über diese Zustimmung entscheiden zu können. Die argumentative Unterstützung der Staatsanwaltschaft und die Begleitung des Bußgeldverfahrens können sehr aufwändig sein und erfordern eine qualitativ anspruchsvolle juristische Begründung des eigenen Rechtsstandpunkts.[33]

---

[30]S. Kap. 9.1.1.
[31]S. insgesamt Kap. 6.11.
[32]S. Kap. 6.11.1.
[33]S. Kap. 6.10 und 6.11.3.

Neu ergeben sich dadurch, dass die Datenschutz-Grundverordnung den Datenschutz durch eine Unionsverordnung geregelt und den Europäischen Datenschutzausschuss als europäische Institution etabliert hat, Möglichkeiten der
Aufsichtsbehörden, als Antragsteller oder Beteiligte an Nichtigkeitsklagen oder
Vorabentscheidungsverfahren vor dem Europäischen Gerichtshof teilzunehmen
oder vor dem Bundesverwaltungsgericht gegen Angemessenheitsbeschlüsse der
Europäischen Kommission zu klagen.[34]

Das Betreiben oder Begleiten all dieser Gerichtsverfahren erfordert von der
Aufsichtsbehörde hohe zeitliche Aufwände, um die Verfahren mit der notwendigen Qualität durchzuführen. Es bietet sich an, die Qualifikation hierfür in einem
eigenen Bereich zu konzentrieren.

Dies gilt auch für die Anordnung von Bußgeldern. Wenn künftig die Aufsichtsbehörden öfter höhere Geldbußen anordnen, wird auch öfter mit einer
Gegenwehr zu rechnen sein, die in einem gerichtlichen Verfahren über die Rechtmäßigkeit der Anordnung und die Höhe der Geldbuße mündet. Daher werden die
Anordnungen der Geldbußen unter Berücksichtigung aller Umstände des Einzelfalls, die in Art. 83 Abs. 2 DSGVO genannt sind, sehr sorgfältig geprüft und
begründet werden müssen. Dies gilt auch für die Festlegung des Adressaten,
den im Fall von Unternehmen die Aufsichtsbehörde nach dem kartellrechtlichen
Begriff von Unternehmen entsprechend Art. 101 und 102 AEUV bestimmen
muss.[35] Dies hat zur Konsequenz, dass die Aufsichtsbehörde, um rechtsgemäß
Sanktionen verhängen zu können, unter Umständen schwierige Untersuchungen
zu Konzernstrukturen und Unternehmensverflechtungen, Einflussregelungen und
globalen Umsätzen von Konzernen anstellen muss.

Das neu durch die Verordnung ausgestaltete Recht jeder betroffenen Person,
nach Art. 77 Abs. 1 DSGVO selbst oder durch einen sie vertretenden Verband
eine Beschwerde bei einer Aufsichtsbehörde einzulegen, wenn sie „der Ansicht
ist, dass die Verarbeitung der sie betreffenden personenbezogenen Daten gegen
diese Verordnung verstößt", erfordert für die Aufsichtsbehörde die Einrichtung
eines Beschwerdemanagements. Die Aufsichtsbehörde ist verpflichtet, diese
Beschwerde zu untersuchen und zu bearbeiten und der betroffenen Person spätestens nach drei Monaten eine Auskunft über diese Bearbeitung zu erteilen. Erfolgt
dies nicht, kann die betroffene Person oder der sie vertretende Verband Untätigkeitsklage vor dem Verwaltungsgericht einlegen.[36]

---

[34]S. Kap. 6.11.4 bis 6.11.6.
[35]S. Kap. 6.10.
[36]S. Kap. 5.1.

Es ist zu empfehlen, wie dies bereits in mehreren Aufsichtsbehörden der Fall ist, die Erfüllung dieser drei Arbeitsaufgaben in einem Bereich zusammenzufassen. Dieser ist für das Betreiben der Gerichtsverfahren, die Erstellung der Sanktionsanordnungen und das Management der Beschwerdeverfahren zuständig. Er arbeitet hierzu sehr eng mit den inhaltlich zuständigen Bereichen der Datenaufsicht zusammen, bei denen die inhaltliche Entscheidung über die Durchführung eines Gerichtsverfahrens, die inhaltliche Argumentation vor Gericht, die Anordnung eines Bußgelds und die Bearbeitung einer Beschwerde verbleibt. Die Kompetenz für das Betreiben der Verfahren und die Erstellung von Schriftsätzen wird jedoch in diesem neuen Bereich konzentriert. Der Bereich „Justiziariat, Beschwerde- und Sanktionsstelle" sollte mindestens mit zwei bis drei Juristen mit forensischer Erfahrung und einem Verwaltungssachbearbeiter besetzt sein.

9.1.6 Organisation der Unabhängigkeit

Wird die Aufsichtsbehörde als institutionell völlig unabhängige oberste Landesbehörde ausgestaltet, muss sie unter Umständen selbst Verwaltungsarbeiten wahrnehmen, die bisher die Verwaltungsdienststelle erledigt hat, der sie zugeordnet war. Dies betrifft im Regelfall die Aufgaben der Haushaltsführung und Haushaltsanmeldung, der Personalverwaltung und der Organisationsentwicklung. Wo notwendig, sind die dafür notwendigen Stellen der Aufsichtsbehörde zuzuweisen.

9.2 Zeitliche Verteilung des Arbeitsbedarfs

Die bisher genannten Tätigkeiten ergeben sich aus Standardaufgaben, die dauerhaft zu erfüllen sind. Die Aufgaben der Akkreditierung von Überwachungs- und Zertifizierungsstellen, der Genehmigungen von Verhaltensregeln und der Zertifizierung von Datenverarbeitungsvorgängen[37] fallen an, wenn sie beantragt werden, sollen aber nach der Zielvorstellung der Datenschutz-Grundverordnung wegen der entsprechend hohe Nachfrage auch Standardaufgaben sein.

Diese Aufgaben fallen alle in ihrer Durchführung erst an, wenn die Datenschutz-Grundverordnung ab dem 25. Mai 2018 in den Mitgliedstaaten gilt. Bis dahin sollten aber alle die Vorbereitungsarbeiten erledigt sein, die nicht das

---

[37]S. Kap. 9.1.4.

Gelten der Datenschutz-Grundverordnung voraussetzen. Alle bereits genannten Tätigkeitsbereiche erfordern solche Vorbereitungstätigkeiten. Diese können sehr umfangreich sein, wie etwa die Entwicklung einer Konzeption für die Datenschutz-Folgenabschätzung: So sollten zum Beispiel die Operationalisierungen dieser Konzeption in Form von Verfahrensanleitungen, Ablaufplänen, Mustern, Formularen und ähnlichen Arbeitshilfen bis zum 25. Mai 2018 umgesetzt sein, um ab der Geltung der Datenschutz-Grundverordnung auch bald Datenschutz-Folgenabschätzungen durchführen zu können. Zumindest aber erfordern alle genannten Tätigkeiten Schulungen im neuen Datenschutzrecht und das Durchspielen von Standardarbeitsprozessen unter den neuen Rechtsvorgaben. In nahezu allen Tätigkeitsbereichen der Aufsichtsbehörde sind Formulare und Arbeitshilfen neu zu erstellen oder der neuen Rechtslage anzupassen. Um den neuen Mitarbeitern diese Einarbeitungszeit zu ermöglichen, sollten daher die Einstellungen möglichst bald erfolgen.

Bestimmte Tätigkeiten nennt jedoch die Datenschutz-Grundverordnung selbst, die bis zum 25. Mai 2018 so vorbereitet sein müssen, dass sie möglichst rasch nach Geltungsbeginn der Datenschutz-Grundverordnung umgesetzt werden können. Dies betrifft vor allem die Vollendung legislativer Programme, die die Datenschutz-Grundverordnung nicht selbst vorgenommen, sondern den Aufsichtsbehörden und den Verfahren zu ihrer unionsweiten Koordination überlassen hat. Diese konkretisierenden oder ergänzenden legislativen Maßnahmen betreffen

– Standardvertragsklauseln, die die Aufsichtsbehörde nach Art. 57 Abs. 1 lit. j) DSGVO für die Auftragsverarbeitung gemäß Art. 28 Abs. 8 DSGVO festlegen muss,
– Standardvertragsklauseln, die die Aufsichtsbehörde nach Art. 57 Abs. 1 lit. j) DSGVO für die Datenverarbeitung in einem Drittland ohne angemessenes Datenschutzniveau im Sinn des Art. 46 Abs. 2 lit. d) DSGVO festlegen muss,
– Akkreditierungskriterien für Überwachungs- und von Zertifizierungsstellen, die die Aufsichtsbehörde nach Art. 57 Abs. 1 lit. p) DSGVO in Verbindung mit Art. 41 Abs. 3 und 43 Abs. 3 DSGVO festlegen muss,
– Zertifizierungskriterien, die die Aufsichtsbehörde nach Art. 57 Abs. 1 lit. n) DSGVO in Verbindung mit Art. 42 Abs. 5 DSGVO billigen muss,
– Listen der Verarbeitungsvorgänge, für die die Aufsichtsbehörde nach Art. 35 Abs. 4 und Art. 57 Abs. 1 lit. k) DSGVO bestimmen muss, wann eine Datenschutz-Folgenabschätzung durchzuführen ist.

Diese legislativen Maßnahmen sind Voraussetzungen dafür, dass bestimmte Rechte wahrgenommen und Pflichten erfüllt werden können. Sie sollten daher bis zum Geltungsbeginn der Datenschutz-Grundverordnung abgeschlossen sein, bedürfen aber für den Beschluss durch die Aufsichtsbehörden der Geltung der Datenschutz-Grundverordnung. Die Arbeit an diesen legislativen Maßnahmen sollten also soweit gediehen sein, dass die jeweilige Aufsichtsbehörde ihren Beschluss am 25. Mai 2018 oder bald danach treffen kann.

Nach dem Mai 2018 werden weitere Arbeiten an den legislativen Maßnahmen notwendig sein, da erst nach Geltung der Datenschutz-Grundverordnung mit ihnen Erfahrungen gewonnen und Praxiskenntnisse erworben werden können. Dies wird zu vielfältigen Erörterungen und zu mehrfachen Anpassungen der legislativen Maßnahmen an die Erfordernisse der Praxis führen, die von Aufsichtsbehörden erbracht werden müssen.

Für die Erstellung der legislativen Maßnahmen ist zu beachten, dass die Aufsichtsbehörde sie im Düsseldorfer Kreis abstimmen wird. Dies kann die Arbeit an ihnen erleichtern, der Abstimmungsprozess kann sie aber auch erschweren. Jedenfalls muss sich jede Aufsichtsbehörde auch mit den legislativen Maßnahmen aller anderen Aufsichtsbehörden befassen. Unabhängig von der Abstimmung zwischen den deutschen Aufsichtsbehörden muss jede Aufsichtsbehörde ihre eigenen legislativen Maßnahmen erstellen und im Kohärenzverfahren vertreten.

Mit der Erstellung der legislativen Maßnahmen erfüllt die Aufsichtsbehörde materiell eine gesetzgeberische Funktion und holt nach, was der Unionsgesetzgeber versäumt hat. Da die legislativen Maßnahmen das künftige Handeln der Aufsichtsbehörde bindet, muss die Aufsichtsbehörde sorgfältig alle denkbaren Fälle erwägen und bewerten. Diese gesetzgeberische Tätigkeit ist sehr anspruchsvoll und fordert von der Aufsichtsbehörde eine hohe juristische Qualifikation.

Die Arbeit an den legislativen Maßnahmen ist eine Vorbereitung für die Aufgaben der Akkreditierung, der Zertifizierung, der Datenschutz-Folgenabschätzung, der Genehmigung von Verhaltensregeln und der Datenschutzaufsicht über Auftragsdatenverarbeiter und Datenexporteure. Sie wird nach dem 25. Mai 2018 in der täglichen Arbeit der Aufsichtsbehörde fortgesetzt. Es bietet sich daher an, die dafür vorgesehenen Personen schon sehr bald einzustellen, damit sie die jeweiligen Vorbereitungsarbeiten bis zum 25. Mai 2018 übernehmen und nach diesem Datum als Standardaufgaben fortsetzen.

9.3 Weiterer Personalbedarf

Bisher wurde nur der zusätzliche Personalbedarf dargestellt, der durch die Datenschutz-Grundverordnung verursacht wird. Dies ist jedoch nicht der gesamte Personalbedarf der Aufsichtsbehörden, der durch neue legislative und judikative Entwicklungen verursacht wird.

Weiterer Personalbedarf ergibt sich beispielsweise durch die Richtlinie (EU) 2016/680 des Europäischen Parlaments und des Rates vom 27. April 2016 zum Schutz natürlicher Personen bei der Verarbeitung personenbezogener Daten durch die zuständige Behörden zum Zwecke der Verhütung, Ermittlung, Aufdeckung oder Verfolgung von Straftaten oder der Strafvollstreckung sowie zum freien Datenverkehr und zur Aufhebung des Rahmenbeschlusses 2008/977/JI des Rates.[38] Diese Richtlinie wird für die Stellen des Bundes, die mit der Verhütung, Ermittlung, Aufdeckung oder Verfolgung von Straftaten oder der Strafvollstreckung befasst sind, durch die §§ 45 bis 84 der Neufassung des Bundesdatenschutzgesetzes umgesetzt, die ab dem 25. Mai 2018 gelten soll. Für die Landesbehörden müssen die Länder entsprechende Umsetzungsgesetze erlassen. Die Richtlinie ist an der Datenschutz-Grundverordnung angelehnt und bringt für die angesprochenen Behörden ähnliche Änderungen wie die Verordnung. Entsprechend entstehen für die Aufsichtsbehörden vergleichbare neue Aufgaben und hierfür auch zusätzlicher Personalbedarf. Allerdings entstehen nicht die Aufgaben zur Akkreditierung, Zertifizierung und Genehmigung von Verhaltensregeln und auch nicht die Aufgaben zur umfassenden Kooperation innerhalb der Union.

Ein weiterer Bedarf ergibt sich außerdem etwa aus dem Urteil des Bundesverfassungsgerichts zur Anti-Terror-Datei. In diesem fordert das Gericht zum Ausgleich für heimliche Datenerfassungen eine Überprüfung der Erhebungspraxis durch unabhängige Aufsichtsbehörden. Um diesen Ausgleich bieten zu können, müssen sie so ausgestattet sein, dass sie bei einem Zuwachs der Überwachungstätigkeit auch über mehr Kontrollpersonal verfügen.[39]

9.4   Erfüllung des Personalbedarfs

Die Ausstattung der Aufsichtsbehörden mit dem erforderlichen Personal ist eine unionsrechtliche Verpflichtung des Bundes und der Ländern. Sie haben nach Art. 52 Abs. 4 DSGVO sicherzustellen, „dass jede Aufsichtsbehörde mit den personellen, technischen und finanziellen Ressourcen, Räumlichkeiten und Infrastrukturen ausgestattet wird, die sie benötigt, um ihre Aufgaben und Befugnisse auch im Rahmen der Amtshilfe, Zusammenarbeit und Mitwirkung im Ausschuss effektiv wahrnehmen zu können". Mit dieser Verpflichtung will die Datenschutz-Grundverordnung zum einen den tatsächlichen Vollzug des in der

---

[38]EU ABl. Nr. L 119 vom 4.5. 2016, 89.

[39]*BVerfGE* 133, 277 (370f.) für die regelmäßige Kontrolle der Anti-Terror-Datei.

Datenschutz-Grundverordnung enthaltenen materiellen Datenschutzrechts verbürgen und zum anderen die Unabhängigkeit der Aufsichtsbehörden gewährleisten.[40]

Den Maßstab für die Erforderlichkeit hat das Bundesverfassungsgericht operationalisiert: Die Aufsichtsbehörden müssen so ausgestattet sein, dass sie in der Lage sind, den Gefährdungen durch eine sich ständig fortentwickelnde Datenverarbeitungswelt wirksam entgegenzuwirken. Ist die Datenschutzaufsicht nicht in der Lage, einen angemessenen Grundrechtsschutz zu gewährleisten, stellt dies einen unverhältnismäßigen Eingriff in das Grundrecht auf informationelle Selbstbestimmung dar, der verfassungsrechtlich gerügt werden kann.[41] Das Gleiche gilt hinsichtlich des Grundrechts auf Datenschutz und seine Sicherung durch unabhängige Aufsichtsbehörden gemäß Art 16 Abs. 2 Satz 2 AEUV und Art. 8 Abs. 3 GrCh. Wenn die Aufsichtsbehörden nicht angemessen ausgestattet werden, um in Unabhängigkeit ihre Pflichten und Aufgaben nach der Datenschutz-Grundverordnung zu erfüllen, ist ein Vertragsverletzungsverfahren wegen Verstoßes gegen Art. 52 Abs. 4 DSGVO nicht auszuschließen.

Als Ergebnis der vorliegenden Untersuchung kann etwa der in Tabelle 9.1 dargestellte Personalbedarf – je nach bisheriger Ausstattung und konkreter Ausgestaltung der zu erwartenden Aufgaben – festgehalten werden:

Nicht in die Liste aufgenommen werden die Vorbereitungsarbeiten vor dem 25. Mai 2018. Diese Vorbereitungsarbeiten können mit den Mitarbeitern bewältigt werden, die in der Liste aufgeführt sind. Diese müssen für die Vorbereitungsarbeiten aber möglichst bald eingestellt werden.

Nicht in die Liste aufgenommen werden auch die Stellen, die zur organisatorischen Umsetzung der institutionellen Unabhängigkeit der Aufsichtsbehörde als oberste Landesbehörde erforderlich sind, da diese Frage nur einige Aufsichtsbehörden betrifft und sehr von den Umständen vor Ort abhängig ist.

Tab. 9.1 Voraussichtlicher Personalbedarf

	Juristen	Informatiker	Öffentl./Bildung	Sachb./Sekretar.
Aufsicht	3 – 6	1		
Kooperation	4 – 5			2
Kommunikation	2 – 3	2 – 3	2	2
Verfahrensmanagement.	1 – 2	1 – 2		1
Justiziariat	2 – 3			1
Zusammen	12 - 19	4 – 5	2	6

---

[40]S. *Kühling/Martini u.a.*, Die Datenschutz-Grundverordnung, 2016, 158.
[41]S. hierzu auch *Lüdemann/Wenzel*, RDV 2015, 287.

Zu berücksichtigen ist, dass im Bereich Justiziariat zusätzlich Kosten für die Prozessvertretung durch Rechtsanwälte vorzusehen sind. Diese sind je nach Anfall und Bedeutung der Verfahren zu beauftragen, damit die Aufsichtsbehörde ihre Verfahren immer mit der erforderlichen Qualität führen kann. Außerdem sind Kosten für Übersetzungen vorzusehen, wenn die Kommunikation mit anderen Aufsichtsbehörden in einer anderen Sprache als Englisch erfolgt.

9.5   Notwendigkeit der Evaluation

In vielen Fällen können die Anforderungen an die Personalausstattung der Aufsichtsbehörde nur schwer prognostiziert werden. Daher ist es besonders wichtig, dass eine regelmäßige Evaluierung des konkreten Bedarfs vorgesehen wird. Auch wenn für Bereiche, in denen der präzise Bedarf wegen der unsicheren Nachfrage nach Leistungen der Aufsichtsbehörde nicht sicher prognostiziert werden kann, erst einmal nur ein Aufwuchs an Personal zur Sicherung einer Basisversorgung vorgesehen wird, kann dies vertretbar erscheinen, wenn in kurzen Zeitabständen der tatsächliche Bedarf solide evaluiert wird.

Literatur

Albers, M.: Informationelle Selbstbestimmung, Baden-Baden 2005.

Albrecht, J. P.: Das neue EU-Datenschutzrecht – von der Richtlinie zur Verordnung, CR 2016, 88.

Albrecht, J. P./Jotzo, F.: Das neue Datenschutzrecht der EU, Baden-Baden 2017.

Ashkar, D.: Durchsetzung und Sanktionierung des Datenschutzrechts nach den Entwürfen der Datenschutz-Grundverordnung, DuD 2015, 796.

Balzer, T./Nugel, M.: Das Auslesen von Fahrzeugdaten zur Unfallrekonstruktion im Zivilprozess, NJW 2016, 193.

Barlag, C.: Anwendungsbereich der Datenschutzgrundverordnung, in: Roßnagel, A. (Hrsg.): Europäische Datenschutz-Grundverordnung. Vorrang des Unionsrechts – Anwendbarkeit des nationalen Rechts, Baden-Baden 2017, 108.

Barlag, C.: Datenschutz durch Technikgestaltung, in: Roßnagel, A. (Hrsg.): Europäische Datenschutz-Grundverordnung. Vorrang des Unionsrechts – Anwendbarkeit des nationalen Rechts, Baden-Baden 2017, 172.

Becker, E.-M./Schwab, D.: Big Data im Gesundheitswesen. Datenschutzrechtliche Zulässigkeit und Lösungsansätze, ZD 2015, 151.

Benneke, A./Wagner, J.: Öffnungsklauseln in der Datenschutz-Grundverordnung und das deutsche BDSG, DVBl. 2016, 600.

Berliner Beauftragter für Datenschutz und Informationsfreiheit: Datenschutz und Informationsfreiheit – Dokumente, Berlin 2012.

Bieker, F./Hansen, M./Friedewald, M.: Die grundrechtskonforme Ausgestaltung der Datenschutz-Folgenabschätzung nach der neuen europäischen Datenschutz-Grundverordnung, RDV 2016, 188.

Bittner, T.: Der Datenschutzbeauftragte gemäß EU-Datenschutz-Grundverordnungs-Entwurf, RDV 2014, 183.

Buchner, B.: Datenschutz im vernetzten Automobil, DuD 2015, 372.

Buchner, B.: Grundsätze und Rechtmäßigkeit der Datenverarbeitung unter der DS-GVO, DuD 2016, 155.

Calliess, C./Ruffert, M. (Hrsg.): EUV/AEUV – Das Verfassungsrecht der Europäischen Union mit Europäischer Grundrechtecharta, Kommentar, 5. Aufl. München 2016.

Caspar, J.: Das aufsichtsbehördliche Verfahren nach der EU-Datenschutz-Grundverordnung – Defizite und Alternativregelungen, ZD 2012, 555.

© Springer Fachmedien Wiesbaden GmbH 2017
A. Roßnagel, *Datenschutzaufsicht nach der EU-Datenschutz-Grundverordnung*, DuD-Fachbeiträge,
DOI 10.1007/978-3-658-18506-0

Conrad, I.: „Accountability by Design" – die neue Lösung im Datenschutz, ZD 2016, 553.

Dammann, U.: Erfolge und Defizite der EU-Datenschutzgrundverordnung. Erwarteter Fortschritt, Schwächen und überraschende Innovationen, ZD 2016, 307.

Dammann, U./Simitis, S., EG-Datenschutzrichtlinie, Kommentar, Baden-Baden 1997.

Danwitz T., Die Grundrechte auf Achtung der Privatsphäre und auf Schutz personenbezogener Daten, DuD 2015, 581.

Dieterich, T.: Rechtsdurchsetzungsmöglichkeiten der DS-GVO. Einheitlicher Rechtsrahmen führt nicht zwangsläufig zu einheitlicher Rechtsanwendung, ZD 2016, 260.

Dönch, J.: Verbandsklagen bei Verstößen gegen das Datenschutzrecht – neue Herausforderungen für die Datenschutz-Compliance, BB 2016, 962.

Ehmann, E./Helfrich, M.: EG-Datenschutzrichtlinie, München 1999.

Eichenhofer, J.: „e-Privacy" im europäischen Grundrechtsschutz: Das „Schrems"-Urteil des EuGH, EuR 2016, 87.

Ekardt, H.-P./Manger, D./Neuser, U./Pottschmidt, A./Roßnagel, A./Rust, I.: Rechtliche Risikosteuerung. Sicherheitsgewährleistung in der Entstehung von Infrastrukturanlagen, Baden-Baden 2000.

Faust, S./Spittka, J./Wybitul, T.: Milliardenbußgelder nach der DS-GVO? – Ein Überblick über die neuen Sanktionen bei Verstößen gegen den Datenschutz, ZD 2016, 120.

Friedewald, M./Obersteller, H./Nebel, M./Bieker, F./Rost, M.: White Paper Datenschutz-Folgenabschätzung, Ein Werkzeug für einen besseren Datenschutz, Karlsruhe 2016, https://www.forum-privatheit.de/forum-privatheit-de/texte/veroeffentlichungen-des-forums/themenpapiere-white-paper/Forum_Privatheit_White_Paper_Datenschutz-Folgenabschaetzung_2016.pdf.

Geiger, R./Khan, D.-E./Kotzur, M. (Hrsg.): EUV/AEUV-Kommentar, 6. Aufl. München 2017.

Geminn, C. L.: Das Smart Home als Herausforderung für das Datenschutzrecht – Enthält die DSGVO risikoadäquate Regelungen?, DuD 2016, 575.

Gierschmann, S.: Was „bringt" deutschen Unternehmen die DS-GVO? – Mehr Pflichten, aber die Rechtsunsicherheit bleibt, ZD 2016, 51.

Gossen, H./Schramm, M.: Das Verarbeitungsverzeichnis der DS-GVO. Ein effektives Instrument zur Umsetzung der neuen unionsrechtlichen Vorgaben, ZD 2017, 7.

Grabitz, E./Hilf, M./Nettesheim, M. (Hrsg.): Das Recht der Europäischen Union, Loseblatt, A 30, 95/46/EG, München 2009.

Halfmeier, A.: Die neue Datenschutzverbandsklage, NJW 2016, 1126.

Hansen, M.: Das Netz im Auto das Auto im Netz, DuD 2015, 367.

Hansen, M.: Datenschutz-Folgenabschätzung – gerüstet für Datenschutzvorsorge?, DuD 2016, 587.

Hillenbrandt-Beck, R.: Aufsichtsbehörden, in: Roßnagel, A. (Hrsg.), Handbuch Datenschutzrecht, München 2003, 816.

Hoeren, T.: Big Data und Datenqualität – ein Blick auf die DS-GVO. Annäherung an Qualitätsstandards und deren Harmonisierung, ZD 2016, 459.

Hoffmann-Riem, W.: Informationelle Selbstbestimmung in der Informationsgesellschaft – Auf dem Weg zu einem neuen Konzept des Datenschutzes, AöR 1998, 514.

Hofmann, J.: Auftragsdatenverarbeitung, in: Roßnagel, A. (Hrsg.): Europäische Datenschutz-Grundverordnung. Vorrang des Unionsrechts – Anwendbarkeit des nationalen Rechts, Baden-Baden 2017, 180.

Hofmann, J.: Datenschutzkontrolle, in: Roßnagel, A. (Hrsg.): Europäische Datenschutz-Grundverordnung. Vorrang des Unionsrechts – Anwendbarkeit des nationalen Rechts, Baden-Baden 2017, 189.

Hohmann, C.. Sanktionen, in: Roßnagel, A. (Hrsg.): Europäische Datenschutz-Grundverordnung. Vorrang des Unionsrechts – Anwendbarkeit des nationalen Rechts, Baden-Baden 2017, 199.

Hornung, G.: Eine Datenschutz-Grundverordnung für Europa?, ZD 2012, 99.

Jandt, S.: Smart Health – Wird die DSGVO den dynamischen Herausforderungen gerecht? DuD 2016, 571.

Jandt, S./Roßnagel, A. / Volland, B.: Datenschutz für Smart Meter –Spezifische Neuregelungen im EnWG, ZD 2011, 99.

Jarass, H. D.: Grundrechte-Charta, 3. Aufl., München 2016.

Johannes, P. C.: Grundrechtecharta – Grundgesetz, in: Roßnagel, A. (Hrsg.): Europäische Datenschutz-Grundverordnung. Vorrang des Unionsrechts – Anwendbarkeit des nationalen Rechts, Baden-Baden 2017, 78.

Johannes, P. C./Roßnagel, A.: Der Rechtsrahmen für einen Selbstschutz der Grundrechte in der Digitalen Welt, Kassel 2016.

Keppeler, L. M.: Der US-amerikanische Entwurf des „Security and Privacy in your Car Act" – eine Analyse vor dem Hintergrund der deutschen Connected Car Debatte, RDV 2015, 299.

Kinast, K./Kühnl, C.: Telematik und Bordelektronik – Erhebung und Nutzung von Daten zum Fahrverhalten, NJW 2014, 3057.

Klug, C.: Der Datenschutzbeauftragte in der EU. Maßgaben der Datenschutz-Grundverordnung, ZD 2016, 315.

Kort, M.: Was ändert sich für die Datenschutzbeauftragten, Aufsichtsbehörden und Betriebsrat mit der DS-GVO? Die zukünftige Rolle der Institutionen rund um den Beschäftigtendatenschutz, ZD 2017, 3.

Kranig, T./Peintinger, S.: Selbstregulierung im Datenschutzrecht. Rechtslage in Deutschland, Europa und den USA unter Berücksichtigung des Vorschlags zur DS-GVO, ZD 2014, 3.

Kraska, S.: Datenschutz-Zertifizierungen in der EU-Datenschutzgrundverordnung, ZD 2016, 153.

Kroschwald, S.: Informationelle Selbstbestimmung in der Cloud – Datenschutzrechtliche Bewertung und Gestaltung des Cloud Computing aus dem Blickwinkel des Mittelstands, Berlin u.a. 2015.

Kühling, J./Martini, M.: Die Datenschutz-Grundverordnung: Revolution oder Evolution im europäischen und deutschen Datenschutzrecht?, EuZW 2016, 448.

Kühling, J./Martini, M./Heberlein, J./Kühl, B./Nink, D./Weinzierl, Q./Wenzel, M.: Die Datenschutz-Grundverordnung und das nationale Recht – Erste Überlegungen zum innerstaatlichen Regelungsbedarf, Münster 2016.

Kugelmann, D.: Datenfinanzierte Internetangebote – Regelungs- und Schutzmechanismen der DSGVO, DuD 2016, 566.

Ladeur, K.-H.: „Big Data" im Gesundheitsrecht – Ende der „Datensparsamkeit"?, DuD 2016, 360.

Laue, P./Nink, J./Kremer, S.: Das neue Datenschutzrecht in der betrieblichen Praxis, Baden-Baden 2017.

Lepperhoff, N.: Dokumentationspflichten in der DS-GVO, RDV 2016, 197.

Lüdemann, V.: Connected Cars. Das vernetzte Auto nimmt Fahrt auf, der Datenschutz bleibt zurück, ZD 2015, 247.

Lüdemann, V./Wenzel, D.: Zur Funktionsfähigkeit der Datenschutzaufsicht in Deutschland, RDV 2015, 285.

Marschall, K.: Datenschutz-Folgenabschätzung und Dokumentation, in: Roßnagel, A. (Hrsg.): Europäische Datenschutz-Grundverordnung. Vorrang des Unionsrechts – Anwendbarkeit des nationalen Rechts, Baden-Baden 2017, 156.

Marschall, K./Müller, P.: Der Datenschutzbeauftragte im Unternehmen zwischen BDSG und DS-GVO. Bestellung, Rolle, Aufgaben und Anforderungen im Fokus europäischer Veränderungen, ZD 2016, 415.

Martini, M.: Do it yourself im Datenschutzrecht – Der „GeoBusiness Code of Conduct" als Erprobungsfeld regulierter Selbstregulierung, NVwZ 2016, 353.

Mestmäcker, E.-J./Schweitzer, H.: Europäisches Wettbewerbsrecht, 3. Aufl. München 2014.

Meyer, J. (Hrsg.): Charta der Grundrechte der Europäischen Union, 4. Aufl. Baden-Baden 2014.

Nebel, M.: Erlaubnis zur Datenverarbeitung, in: Roßnagel, A. (Hrsg.): Europäische Datenschutz-Grundverordnung. Vorrang des Unionsrechts – Anwendbarkeit des nationalen Rechts, Baden-Baden 2017, 130.

Nebel, M./Richter, P.: Datenschutz bei Internetdiensten nach der DS-GVO. Vergleich der deutschen Rechtslage mit dem Kommissionsentwurf, ZD 2012, 407.

Nguyen, A. M.: Die zukünftige Datenschutzaufsicht in Europa, ZD 2015, 265.

Paal, B. P./Pauly, D. A. (Hrsg.), Datenschutz-Grundverordnung, München 2016.

Petri, T.: Auftragsdatenverarbeitung – heute und morgen – Reformüberlegungen zur Neuordnung des europäischen Datenschutzrechts, ZD 2015, 305.

Pohler, V.: 20 Jahre Datenschutzaufsicht im Düsseldorfer Kreis. Datenschutz im privaten Bereich auch in Zukunft eine gemeinsame Herausforderung, CR 1998, 309.

Raabe, O./Wagner, M.: Verantwortlicher Einsatz von Big Data, DuD 2016, 434.

Raabe, O./Weis, E.: Datenschutz im „SmartHome", RDV 2014, 231.

Reding, V.: Sieben Grundbausteine der europäischen Datenschutzreform, ZD 2012, 195.

Richter, P. (Hrsg.): Privatheit, Öffentlichkeit und demokratische Willensbildung in Zeiten von Big Data, Baden-Baden 2015.

Richter, P.: Big Data, Statistik und die Datenschutz-Grundverordnung, DuD 2016, 581.

Roßnagel, A.: Datenschutzaudit, Braunschweig/Wiesbaden 2000.

Roßnagel, A. (Hrsg.): Handbuch Datenschutzrecht, München 2003.

Roßnagel, A.: Datenschutz in einem informatisierten Alltag, Berlin 2007.

Roßnagel, A.: Technikneutrale Regulierung: Möglichkeiten und Grenzen, in: Eifert/Hoffmann-Riem (Hrsg.), Innovationsfördernde Regulierung, Berlin 2009, 323.

Roßnagel, A.: Datenschutzaudit – ein modernes Steuerungsinstrument, in: Hempel, L./Krasmann, S./Bröckling, U. (Hrsg.), Sichtbarkeitsregime – Überwachung, Sicherheit und Privatheit im 21. Jahrhundert, Leviathan Sonderheft 2010, 263.

Roßnagel, A.: Das Gebot der Datenvermeidung und -sparsamkeit als Ansatz wirksamen technikbasierten Persönlichkeitsschutzes?, in: Eifert/Hoffmann-Riem (Hrsg.), Innovation, Recht und öffentliche Kommunikation, Berlin 2011, 41.

Roßnagel, A.: Datenschutzgesetzgebung: Monopol oder Vielfalt?, DuD 2012, 553.

Roßnagel, A.: Big Data – Small Privacy?, ZD 2013, 562.

Roßnagel, A.: Neue Maßstäbe für den Datenschutz in Europa. Folgerungen aus dem Urteil des EuGH zur Vorratsdatenspeicherung, MMR 2014, 372.

Roßnagel, A.: Regulierung – was leistet unser Datenschutzrecht (nicht)? in: Hill (Hrsg.), E-Transformation – Veränderung der Verwaltung durch digitale Medien, Baden-Baden 2014, 78.

Roßnagel, A.: Datenschutzfragen des Cloud Computing, in: Roßnagel, A. (Hrsg.), Wolken über dem Rechtsstaat? Recht und Technik des Cloud Computing in Verwaltung und Wirtschaft, Baden-Baden 2015, 21.

Roßnagel, A.: Unabhängigkeit der Datenaufsicht – Zweites Gesetz zur Änderung des BDSG, ZD 2015, 106.

Roßnagel, A.: Wie zukunftsfähig ist die Datenschutz-Grundverordnung?, DuD 2016, 561.

Roßnagel, A., Das Recht der Vertrauensdienste – Die eIDAS-Verordnung in der deutschen Rechtsordnung, Baden-Baden 2016.

Roßnagel, A. (Hrsg.): Arbeitshilfe zur Datenschutz-Grundverordnung – Vergleich der deutschen Übersetzung der DSGVO in der Entwurfsfassung vom 28. Januar 2016 zur verkündeten Fassung, ITeG Technical Reports, Band 4, Kassel 2016, http://www.upress. uni-kassel.de/katalog/abstract.php?978-3-7376-5012-0.

Roßnagel, A. (Hrsg.): Europäische Datenschutz-Grundverordnung. Vorrang des Unionsrechts – Anwendbarkeit des nationalen Rechts, Baden-Baden 2017.

Roßnagel, A.: Einleitung: Das künftige Datenschutzrecht nach Geltung der Datenschutz-Grundverordnung, in: Roßnagel, A. (Hrsg.): Europäische Datenschutz-Grundverordnung. Vorrang des Unionsrechts – Anwendbarkeit des nationalen Rechts, Baden-Baden 2017, 49.

Roßnagel, A.: Anwendungsvorrang des europäischen Rechts, in: Roßnagel, A. (Hrsg.): Europäische Datenschutz-Grundverordnung. Vorrang des Unionsrechts – Anwendbarkeit des nationalen Rechts, Baden-Baden 2017, 67.

Roßnagel, A.: Datenschutz im vernetzten Fahrzeug, in: Hilgendorf, E. (Hrsg.), Autonome Systeme und neue Mobilität – Ausgewählte Beitrage zur 3. und 4. Würzburger Tagung zum Technikrecht, Baden-Baden 2017, 23.

Roßnagel, A./Geminn, C./Jandt, S./Richter, P.: Datenschutzrecht 2016 – „Smart" genug für die Zukunft? Ubiquitous Computing und Big Data als Herausforderungen des Datenschutzrechts, Kassel 2016, Open Access: URN: urn:nbn:de:0002-401558, DOI: 10.19211/KUP9783737601559.

Roßnagel, A./Pfitzmann, A./Garstka H.: Modernisierung des Datenschutzrechts, Gutachten im Auftrag des Bundesministeriums des Innern, Berlin 2001.

Roßnagel, A./Nebel, M.: (Verlorene) Selbstbestimmung im Datenmeer – Privatheit im Zeitalter von Big Data, DuD 2015, 455.

Roßnagel, A./Richter, P.: Big Data and Informational Self-Determination. Regulative Approaches in Germany: The Case of Police and Intelligence Agencies, in: van der Sloot, B./Broeders, D./Schrijvers, E. (Eds.), Exploring the Boundaries of Big Data, Amsterdam 2016, 261.

Sarunski, M.: Big Data – Ende der Anonymität?, DuD 2016, 424.

Schaar, P.: Selbstregulierung im Datenschutz – Chancen, Grenzen, Risiken, 2013; https:// www.divsi.de/selbstregulierung-im-datenschutz-chancen-grenzen-risiken/.

Schaller, F.: Öffentlicher Bereich, in: Roßnagel, A. (Hrsg.): Europäische Datenschutz-Grundverordnung. Vorrang des Unionsrechts – Anwendbarkeit des nationalen Rechts, Baden-Baden 2017, 216.

Schantz, P.: Datenschutz-Grundverordnung, NJW 2016, 1841.

Schmidt, B./Freund, B.: Perspektiven der Auftragsverarbeitung. Wegfall der Privilegierung mit der DS-GVO?, ZD 2017, 14.

Schmitz, B./Dall'Armi, J. v.: Standardvertragsklauseln – heute und morgen. Eine Alternative für den Datentransfer in Drittländer?, ZD 2016, 217.

Schmitz, B./Dall'Armi, J. v.: Auftragsdatenverarbeitung in der DS-GVO – das Ende der Privilegierung? Wie Daten künftig von Dienstleistern verarbeitet werden müssen, ZD 2016, 427.

Schulze, R./Zuleeg, M./Kadelbach, S. (Hrsg.): Europarecht – Handbuch für die deutsche Rechtspraxis, 3. Aufl. Baden-Baden 2015.

Schwarze, J./Becker, U./Hatje, A./Schoo, J. (Hrsg.): EU-Kommentar, 3. Aufl. Baden-Baden 2012.

Simitis, S.: Die informationelle Selbstbestimmung – Grundbedingung einer verfassungskonformen Informationsordnung, NJW 1984, 398.

Simitis, S. (Hrsg.): Bundesdatenschutzgesetz, Kommentar, 8. Aufl. Baden-Baden 2014.

Skistims, H.: Smart Homes – Rechtsprobleme intelligenter Haussysteme unter besonderer Beachtung des Grundrechts auf Gewährleistung der Vertraulichkeit und Integrität informationstechnischer Systeme, Baden-Baden 2016.

Spindler, G.: Verbandsklagen und Datenschutz – das neue Verbandsklagerecht. Neuregelungen und Probleme, ZD 2016, 114.

Spindler, G.: Selbstregulierung und Zertifizierungsverfahren nach der DS-GVO. Reichweite und Rechtsfolgen der genehmigten Verhaltensregeln, ZD 2016, 407.

Spyra, G.: Der Schutz von Daten bei vernetzten (Software-)Medizinprodukten aus Herstellersicht, MPR 2015, 15.

Streinz, R. (Hrsg.): EUV/AEUV, Kommentar, 2. Aufl., München 2012.

Talidou, Z.: Regulierte Selbstregulierung im Bereich des Datenschutzes, Frankfurt 2005.

Tettinger, P. J./Stern, K. (Hrsg.): Europäische Grundrechte-Charta, München 2006.

Thomé, S.: Reform der Datenaufsicht, Berlin u.a. 2015.

Veil, W.: DS-GVO: Risikobasierter Ansatz statt rigides Verbotsprinzip – Eine erste Bestandsaufnahme, ZD 2015, 347.

Vomhof, M.: Verhaltensregeln nach § 38a BDSG, PinG 2014, 209.

Wagner, E.: Datenschutz als Bildungsauftrag, DuD 2012, 83.

Weichert, T.: Datenschutzberatung – Hilfe zur Selbsthilfe, in: Bäumler, H. (Hrsg.), Der neue Datenschutz – Datenschutz in der Informationsgesellschaft von morgen, Neuwied 1998, 213.

Weichert, T.: Big Data und Datenschutz. Chancen und Risiken einer neuen Form der Datenanalyse, ZD 2013, 251.

Weichert, T.: Big Data, Gesundheit und der Datenschutz, DuD 2014, 831.

Weiß, S.: Die Struktur der Aufsichtsbehörden in den EU-Staaten und deren Kompetenzen – ein aktueller Überblick, RDV 2014, 319.

Wendehorst, C.: Die Digitalisierung und das BGB, NJW 2016, 2609.

Wendehorst, C./Westphalen, E. Graf von: Das Verhältnis zwischen Datenschutz-Grundverordnung und AGB-Recht, NJW 2016, 3745.

Wichtermann, M.: Die Datenschutz-Folgenabschätzung in der DS-GVO, DuD 2016, 797.

Wolff, H. A.: Verhaltensregeln nach Art. 40 DS-GVO auf dem Prüfstand. Neuauflage eines europäischen Instituts mit schlechter Entwicklungsprognose, ZD 2017, 151.

Wolff, H. A./Brink, S. (Hrsg.): Datenschutzrecht in Bund und Ländern, München 2013.

Wybitul, T.: Die DS-GVO – ein Compliance-Thema?, ZD 2016, 105.

Printed in the United States
By Bookmasters